CAIZHENGXUE
ANLI YU SHIXUN JIAOCHENG

财政学
案例与实训教程

主 编 丁晓莉

西南财经大学出版社

图书在版编目(CIP)数据

财政学案例与实训教程/丁晓莉主编.—成都:西南财经大学出版社,2013.8

ISBN 978-7-5504-1170-8

Ⅰ.①财… Ⅱ.①丁… Ⅲ.①财政学—教材 Ⅳ.①F810

中国版本图书馆 CIP 数据核字(2013)第 188280 号

财政学案例与实训教程

主　编:丁晓莉

责任编辑:孙　婧
封面设计:墨创文化
责任印制:封俊川

出版发行	西南财经大学出版社(四川省成都市光华村街 55 号)
网　　址	http://www.bookcj.com
电子邮件	bookcj@foxmail.com
邮政编码	610074
电　　话	028-87353785　87352368
照　　排	四川胜翔数码印务设计有限公司
印　　刷	郫县犀浦印刷厂
成品尺寸	185mm×260mm
印　　张	15.25
字　　数	490 千字
版　　次	2013 年 8 月第 1 版
印　　次	2013 年 8 月第 1 次印刷
印　　数	1—2000 册
书　　号	ISBN 978-7-5504-1170-8
定　　价	38.80 元

总序

人才培养质量是大学的生命线，人才培养模式改革是大学发展永恒的主题。作为一所地方性、应用型本科院校，人才培养有什么优势和特色，决定着学校的发展方向、前途和命运。自2007年3月起，德州学院组织全体教授认真学习、研究了《教育部、财政部实施高等学校本科教学质量与教学改革工程的意见》和《教育部关于进一步深化本科教学改革，全面提高教学质量的若干意见》两个重要文件，先后出台了《德州学院关于深化教学改革，全面提高教学质量的意见》、《德州学院关于人才培养模式改革的实施意见》和《德州学院人才培养模式创新实验区建设与管理办法（试行）》三个执行文件。2009年初，德州学院决定集全校之力，开展经管类创业型人才培养模式创新实验区建设工作。

德州学院于2011年3月17日制定了《关于培养创新性应用型人才的实施意见》，提出了创新性应用型人才的教育改革思路。2011年10月，德州学院决定以经管类创业型人才培养模式创新实验区建设为试点，集全校之力，开展创新创业型人才培养工作；同时明确经管类创业型人才培养模式创新实验区的任务：扎实开展经管类创业型人才培养模式的理论研究和实践探索，总结培养创新性应用型人才的经验和教训，为创建山东省应用型人才培养特色名校提供理论支撑和工作经验。2012年8月，该实验区（基于四位一体理念的创业教育创新实验区）被山东省教育厅评为“省级人才培养模式创新实验区”。

从国家与山东省经济发展战略来看，培养经管类创新性应用型人才刻不容缓。目前，我国经济正从工业化初期向工业化中后期转变，以培养基础扎实的专业型人才为主要目标的人才培养模式暴露出了不能满足社会多元化需求的缺陷，造成了大量经管类学生的就业困难。经管类人才培养模式的改革：第一，需要转变教育理念。教育不能局限于知识的传授，教师的作用应该是培养学生的自学能力，注重发掘学生的特长、引导学生形成良好的个性品质，同时教师要树立培养学生创新与创业精神的教育理念。第二，要调整培养目标。学校应该以适应地方经济和社会发展变化的岗位工作需要为导向，把培养目标转向知识面宽、能力强、素质高、适应能力强的复合型创业人才；同时，把质量标准从单纯的学术专业水平标准变成社会适应性标准。第三，要改变培养方式。经管类人才培养要与社会对接和交流，要从封闭式走向开放式；同时，应该加快素质教育和能力培养内容与方法的改革，全面提升学生的社会适应能力和在不同环境下的应变能力，把学生培养成为具有创新意识、长于行动、敢担风险、勇担责任、百折不挠的创新创业型人才。

人才培养方案的改革是人才培养模式改革的首要工作。创新实验区课题工作小组对德州学院经管类创业型人才培养目标从政治方向、知识结构、应用能力、综合素质、就业岗位、办学定位、办学特色等七个方面进行了综合描述，从经管类人才培养的知识结构、应用能力和综合素质三个方面进行了规格设计，针对每一项规格制订了相应的课程、实验、实习实训、专业创新设计、科技文化竞赛等教学环节培养方案，构建了以能力为主干、创新为核心、知识、能力和素质和谐统一的理论教学体系、实践教学体系和创新创业教学体系。

人才培养内容与方法的改革是人才培养模式改革的核心内容。创新实验区课题工作小组提出，要以经管类创业型人才培养模式创新系列教材编写与使用为突破口，利用3~5年时间初步实现课堂教学从知识传授向能力培养的转型。这标志着德州学院人才培养模式改革进入核心和攻坚阶段，这既是良好的机遇，更面临巨大的挑战。

这套经管类创业型人才培养模式创新系列教材编写基于以下逻辑过程：德州学院经济管理系率先完成了创新性应用型人才培养理论教学体系、实践教学体系和创新创业教学体系的框架构建，其中理论课程内容的创新在理论教学体系改革中居于核心和统领地位。该人才培养内容与方法的创新把专业课程划分为核心课程、主干课程、特色课程和一般课程四类，采取不同的建设方案与建设措施，其中核心课程建设按照每个专业遴选3~5门课程作为专业核心课程进行团队建设。例如，会计学专业确定了管理学、初级会计、中级财务会计、财务管理和审计学五门专业核心课程。每一门核心课程按照强化专业知识、培养实践能力和提高教学质量的要求，划分为经典课程教材选用、案例与实训教程设计和教师教学指导设计三个环节进行建设。而特色课程也是在培养知识、能力、素质和创新精神四位一体的创业型人才培养中专门开设的课程，其目的是增强创业型人才培养的针对性和可操作性。

这套经管类创业型人才培养模式创新系列教材是在许许多多的人，包括部分学生和家长的共同努力下完成的，凝聚了大家的智慧和心血。希望这套教材能为德州学院的人才培养模式创新工作探索出一条成功的道路。

季桂起

2012年10月

前 言

作为一所地方性、应用型、教学型普通高等学校，德州学院把人才培养目标定位于培养创新性应用人才。作为德州学院主要的学科之一，管理学专业建设和人才培养模式需要进行有序、系统并朝着创新性应用型人才培养方向进行改革。自 2007 年以来，我们一直在探索、寻找一套适应创新性应用型人才培养模式的经济管理类教材系列，但始终不能如愿。经济管理类人才培养模式改革实验区工作小组在经历了几多反复和思考之后，决定编写一套适用于地方性、应用型、教学型普通高等学校，致力于培养创新性应用型人才的经济管理类人才培养模式改革核心课程系列教材。本套教材的改革方向与特色探索基于以下思考：

财政学作为经济学专业的核心课程，在德州学院经济管理类人才培养内容改革中，居于领先和示范地位。财政学课程的建设，是在德州学院人才培养模式改革领导小组的指导下，按照经济管理类应用型人才培养模式创新实验区建设统一规划开展的一项人才培养内容改革工作。编委会按照人才培养模式改革领导小组提出的掌握知识、锻炼能力和提高素质的总体要求，选用了陈共教授主编的《财政学》（中国人民大学出版社出版，第六版）作为教学教材，并以此为指导和主线，配套编写了《财政学案例与实训教程》和《财政学教学指导书》。

本《财政学案例与实训教程》整体结构如下：

第一部分为案例与作业思考题。案例旨在提出问题，激起学生的求知欲。在每章讲授开始前，要求任课教师进行案例布置，学生针对案例的问题进行思考，任课教师组织学生小组讨论，开课时学生代表发言。作业与思考题要求学生课后完成，作为平时成绩进行考核。

第二部分为案例解析与参考答案。本部分简明扼要，帮助学生发现问题，纠正错误。为限制部分学生偷懒行为，本部分单独编纂，安排在本书最后。

本《财政学案例与实训教程》由丁晓莉老师主编。由于水平有限，加之时间仓促，本《财政学案例与实训教程》难免有错漏之处，有些错漏甚至不可原谅，但是工作进行到如今，我们已经尽了最大努力，所以只能寄希望于本书第二版的出版。在此，欢迎广大读者和同行给予我们指导、批评和帮助。

应用型人才培养模式改革是一个系统工程，受到办学理念、办学定位、管理体制、师资队伍、教学条件等束缚。任何一个方面的改革不到位或者不彻底，都会使改革流于形式而失败，改革倡导者要承担失败的责任。我们有开拓的勇气，有坚定的决心，有成功的信心。

本书不妥之处，恳请读者批评、指正。

《财政学案例与实训教程》编写组

2013年7月

目录

导论

一、教学案例

案例一：财政学的研究对象和研究范围

温家宝同志曾说，当前摆在我们面前的主要问题是：第一，农业发展滞后、农民收入增长缓慢，已经成为制约扩大内需的一个重要因素。第二，一部分企业经营困难，建立现代企业制度将是一个长期的任务。第三，下岗和失业人口不断增加，社会保障的压力非常大。第四，城乡发展不平衡，东西部发展不平衡，还有相当一部分地区，相当一部分人口处于贫困状态。第五，财政负担沉重，金融不良资产比例较高。

简要分析：财政学的对象范围和研究范围是有区别的。财政学的研究对象是指国家参与一部分社会产品或国民收入分配与再分配所进行的一系列经济活动中存在的分配关系及发展规律。而研究范围要比对象范围宽泛得多，除对象范围外，还包括对象范围之外的一些现象和事物。如果就温家宝同志提出的五个问题来分析，它们在相当程度上都可以纳入财政学的研究范围，并从中表现出财政学的研究对象。

思考题：温家宝同志提出的上述五个问题中可以从哪些方面来认识财政学的研究对象？

案例二：中国共产党第十七次全国代表大会确定的收入分配政策

胡锦涛同志在中国共产党第十七次全国代表大会报告上说，初次分配和再分配都要处理好效率和公平的关系，再分配更加注重公平；他还强调，要提高劳动报酬在初次分配中的比重。

简要分析：收入分配政策是改革开放后中国共产党代表大会报告的重要内容。此前，中国收入分配的主要原则是：初次分配注重效率，再分配注重公平。

低收入者往往只有靠自身的劳动力作为获取财富的来源，而富有者除了劳动力，还有资本。提高劳动报酬在初次分配中的比重，将使那些只能凭劳动力赚取收入的低收入者，更多地分享到经济发展的果实。

只有低收入者在经济发展过程中的收入增长快于富人，中国的贫富差距才可能缩小。

中国共产党对初次分配也要求体现公平，意味着老百姓不仅能从再分配中得到好处，在初次分配中也能保证自己的权利，不用光等着政府救济。

不断扩大的收入差距对中国未来发展构成了潜在威胁。

2006 年，“中国社会形势分析与预测”课题组对在中央党校学习的百余名地厅级官员进行问卷调查的结果显示：在回答“当前我国要特别注意解决好哪些问题”时，“居民收入差距”成首选；在回答“我国当前必须注意的主要风险”时，“贫富悬殊”居榜首。

中国收入差距扩大的原因是多方面的，不重视初次分配的公平问题就是其中的重要原因。改革开放初期，中国为打破计划经济下的平均主义“大锅饭”，鼓励一部分人先富起来，强调“效率优先、兼顾公平”。但在发展市场经济过程中过分追求效率忽视公平的结果是，收入差距不断扩大。初次分配领域如果不重视公平问题会增大再分配的难度，从而形成严重的社会问题。

一些拉美国家出现的发展停滞现象即“拉美陷阱”，与收入分配不当有很大关系。这些国家在初次分配丧失效率和公平而出现大量贫困和失业人群时，政府为了获取选民支持，出台许多超出发展水平的高福利政策进行二次分配，结果造成很高的财政赤字，导致频繁的财政和金融危机。

2006 年 5 月，中共中央政治局召开会议，专题研究改革收入分配制度和规范收入分配秩序问题。会议强调，在经济发展的基础上，要更加注重社会公平。

要在生产过程的初次分配中就实现公平与效率的统一，主要途径就是遵循比较优势来发展经济。中国当前的比较优势是劳动力相对多、相对便宜，按照比较优势发展劳动力相对密集的产业，就可以多创造就业机会，让更多低收入者分享改革成果。而且，这样可以实现资本的快速积累，随着产业逐步向资本密集型升级，低收入者拥有的劳动力会变得越来越便宜。

思考题：中国共产党第十七次全国代表大会报告关于收入分配政策的目标是否实现？采取了哪些措施？

案例三：夏、商、周三代的“量入为出，多有结余”的财政原则

夏、商、周，史称“三代”，是中国历史上的奴隶制社会时期（主要包括夏、商、西周，东周为奴隶制向封建制过渡的时期），在经济上以农业为主要生产部门，土地的产出是国家财政的主要收入，国家财政状况几乎完全依赖并取决于农业生产状况。然而，“三代”奴隶制时期，生产工具简陋落后，生产力水平极为低下，季节转换、气候变化和自然灾害都对农业收成的丰歉有严重影响。因此，“三代”时期的国家财政分配只能在可能取得收入的基础上来安排支出，即根据收入的数量来确定支出的规模，这就是中国历史上最早的“制国用，量入以为出”的财政原则，据此达到以收抵支，收支平衡的目的。但是，“三代”的财政收支平衡，又不是简单的平衡，而是要求多有结余。其原因在于早期农业社会对自然灾害缺乏抵御能力，农业生产靠天吃饭，不可能年年风调雨顺，五谷丰登。如果没有足够的结余，势必造成国家的社会经济危机。在周代，财政遵循多有结余原则，即“三年耕，必有一年之余，八年耕，必有三年之余”。按“耕三余一”来制定财政支出总额。“国无九年之蓄，曰不足，无六年之蓄，曰急，无三年之蓄，曰国非其国也。”由此可见，“三代”时期“量入为出，多有结

余”的重要地位。同时，周代还有专项储备，以待急用，即“凡邦国之贡，以待吊用，凡万民之贡，以充府库”。这是为保证国用的充足和社会生活的安定。

参考资料：《中国财政史纲》，上海财经大学出版社，黄天华编著。

简要分析：中国“三代”时期在财政上强调“量入为出，多有结余”原则，有其特定的社会经济基础，其基本内涵不仅重视“量入为出”，而且强调“多有结余”。这种理财思想，是与当时国民经济对农业的依赖，农业对自然的依赖一致的。事实上，在长期落后的农耕社会中，以丰补歉，多有结余一直是国家必须遵循的治国理财之策。这与亚当·斯密时期提倡的“量入为出”思想，以及现代社会的“量入为出，略有结余”的财政思想均有本质的区别。但从不同时期的“量入为出”的财政原则分析，均有一个共同之处，即无不强调财政收入对财政支出的限制，这对财政分配的稳定与社会经济的稳定是具有积极意义的。

思考题：历史上强调“量入为出”财政原则的原因是什么？

案例四：中国历史上的“量出为入”的财政原则

(1) 中国历史上的“量出为入”财政原则始于春秋战国时期

“三代”时期，国家财政的主要收入来自于田赋，财政状况完全取决于农业生产状况。然而“三代”的生产力水平极为低下，天灾人祸严重地影响到农业的收成，因此，其财政原则，只能是在已经取得收入的基础上；逐一安排支出，根据收入的数量来确定支出的规模，故有“量入为出”的原则。但到了春秋战国时期，生产力的发展促进了社会经济的全面发展，这为增税开辟了财源。然而，春秋战国时期由于兼并、争霸和统一导致的战争连绵不断，军费开支浩大，支出增长惊人，财政入不敷出，国库捉襟见肘。为维持财政收支平衡，各诸侯国不得不实行“量出为入”的财政原则，根据支出来确定收入。用调整收入来弥补支出，以求财政平衡。因此，春秋战国时期各国竞相修订税制，纷纷提高税率，传统的什一税已不复存在，代之而起的是鲁国的什二税，魏国的什三税，齐国的什六税，秦国则二十倍于古，加倍课征以积累财富，横征暴敛已成为这一时期的普遍现象。

(2) 唐朝的“两税法”与“量出为入”的财政原则

唐朝在安史之乱后，社会经济遭到严重破坏，土地荒芜，百姓逃亡，国家财政所能课征的租庸调收入非常有限，而各地节度使在内地各占一方，形成藩镇割据，任意截留中央赋税的现象，使国家财政收入雪上加霜。加上当时浩繁的军事开支，最终给唐朝政府造成了财政危机。以至于京师官吏的俸禄也不能按时发放，令政府不得不“税天下地青苗钱（附加税）以充百官课料”。同时，京师粮价猛涨，已直接影响到唐朝的政治经济稳定。为扭转这一局面，唐德宗采纳了宰相杨炎的建议，改革税制，实行“两税法”。

“两税法”是唐朝重要的税制改革，但其指导思想是“量出为入”。据《旧唐书·杨炎传》记载：“凡百役之费，一钱之敛，先度其数而赋于人，量出以制入。”

“两税法”的“量出以制入”，即“量出为入”的原则。“量出为入”的财政原则是指根据国家的财政支出数，匡算财政收入总额，再分摊给各地，向民户征收。在具体的课税对象、课税标准、纳税期限与纳税形态上都进行了改革。

简要分析：总体上讲，在农耕社会中，国家实行“量入为出”的财政原则更有利于国家社会的稳定与巩固。而“量出为入”财政原则的选择一般有特殊的社会、政治、经济背景，大多出于财政的巨大压力而采用，对国家政治、经济基础稳定有一定的积极作用。如“两税法”改革由于适应了唐朝中后期社会生产力的发展和生产关系的转变，因而对封建社会经济的发展起到了一定的促进作用。它主要表现在：一是“两税法”简化了税制，减少了纳税项目，集中了纳税时间，简化了纳税手续，便于农民缴纳，便于政府征收。二是“两税法”扩大了纳税面，增加了财政收入。“两税法”规定“户无主客”都要纳税，不仅官吏、世族、地主要纳税，连同被其庇荫的客户、不定居的商贾，甚至世代享有免税特权的寺院僧尼都要负担税赋。纳税户增加，从而纳税面扩大，给国家带来更多的财政收入。三是“两税法”调节了税收负担，有利于税收负担公平。“两税法”以田亩资产为本，即“以贫富为差”。资产田亩多者则多征，资产田亩少者则少征，商人同农民一样纳税。这种按贫富等级课税的方法，符合公平的原则。四是“两税法”加强了中央集权。“两税法”集财权于中央，整顿了以前混乱不堪的财政局面，打击了地主豪强的势力，限制了税吏随意苛剥、勒索农民的现象，在一定程度上缓和了阶级矛盾，巩固了中央集权。

但是，“两税法”在实施的过程中，由于制度本身的缺陷和执法者的枉法行为而暴露出不少的缺点和弊病，更重要的是在封建制度下，“量出为入”直接导致横征暴敛（如春秋战国时期因“量出为入”而使横征暴敛成为这一时期的普遍现象）。“两税法”以“量出以制人”的办法，来确定赋税收入总额。这个原则直接导致支出常无准则，故而收入日趋扩大。一遇军兴，政府财力匮乏，即任意加征税课，如建中二年（781年）唐德宗“以军兴十一而税”，自建中三年（782年）起“两税钱每千增二百”。贞元八年（792年）两税征收额又增加了五分之一。既有政府明令加征，又有地方非法苛敛，各种横征暴敛，纷至沓来，苛捐杂税越来越多，最终导致“两税法”归于失败。应当说，“量出为入”的财政原则以基本财政支出来确定财政收入本身并没有理论上的障碍，但在实践中如果没有严格的制度约束，的确可能给国家带来更大的危害。因此，现代国家实施“量出为入”的财政原则，应当吸取历史教训，科学合理地加以运用。

思考题：古代社会的“量出为入”与现代社会的“量出为入”财政原则有何差异？

案例五：从近期积极财政政策的效果看财政与经济的关系

有关专家认为，在经历了连续五年的国民经济持续快速增长之后，从2002年开始，中国的经济开始进入一个新的阶段。其表现之一，就是政府实施积极的财政政策和稳健的货币政策以求扩大内需来推动经济增长，但积极的财政政策和稳健的货币政策的影响力开始减弱。但目前政府仍需要继续坚持积极的财政政策和稳健的货币政策，因为实施这类政策的三个条件还没有完全改善：第一，国际局势稳定这一条件还没有较好达到；第二，整个结构调整的任务还很艰巨，包括西部开发这种区域性结构的调整以及产业结构的调整、健全社会保障制度等，结构调整任务很重，需要政府大力支持；第三，国内需求不足的矛盾还没有完全根除。另外，实施积极的财政政策的空间仍然存在，因为衡量积极财政政策安全程度的两个指标即财政赤字占国内生产总值的比重和债务余额占国内生产总值的比重，还远远低于国际上公认的安全线的水平。

在积极财政政策实施下，2003 年以来，中国国民经济运行保持了较快增长的良好势头，呈现出多年未见的新动向：电力紧张、煤价上涨、投资飙升、消费趋旺、出口猛增。特别是投资、消费和出口动力充沛，支撑经济高速增长。在财政政策对经济拉动作用逐渐减弱的同时，来自经济自身内在的动力和活力明显恢复和加强，经济自身内在的动力和活力开始成为经济增长的重要动力。在 2003 年前两个月的投资中，国家预算内资金增长 30.3%，而自筹资金增长高达 60%。仅前两个月，工业经济效益盈亏相抵后实现利润同比增长了 1.2 倍，全国财政收入的增长超过了 40%。

简要分析：投资、消费、出口是促进经济增长的“三驾马车”，财政政策可以直接影响这三者，如近年来我国实行的积极财政政策就是为了扩大内需，并改善我国目前不平衡的经济结构、地区结构、产业结构等。当这些政策发挥作用时，经济出现了增长。相应地，经济增长必然使可供财政分配的产品也增加，财政收入相应增长。

1998 年以来，我国通过实施积极的财政政策对国民经济的增长发挥了重要的推动作用。这反映出在现代市场经济制度下，当出现“市场失灵”时，政府可以通过恰当的财政政策选择，影响投资、消费和总需求，调节总供需的关系，对经济的稳定与增长产生积极的作用，进而改善财政状况。但是，积极财政政策的实施，更主要的是体现政府在一定时期内对经济的调控，一旦市场经济恢复正常运行，积极财政政策则应淡出。尽管如此，通过观察近年积极财政政策对经济的重要推动，也可以从一个特殊的角度来认识财政与经济的相互依赖与相互促进的内在联系。

思考题：怎样从我国的积极财政政策来认识财政与经济的关系？

二、作业与思考题

（一）单项选择题

1. 现代经济是以市场为基础运行的社会再生产过程，因而被称之为（　　）。

A. 市场过程　B. 现代生产　C. 市场经济　D. 社会经济

2. 某一个体单位从事其经济活动对其他个体单位产生了有利或不利的影响是指（　　）。

A. 外部效应　B. 外部作用　C. 经济作用　D. 经济活动

3. 三元经济系统指家庭、政府和（　　）。

A. 要素市场　B. 企业　C. 商品市场　D. 社会

4. 用来满足社会共同需要的产品和服务被称为（　　）。

A. 公共商品　B. 公共产品　C. 公共服务　D. 社会产品

5. 收入分配的主体是（　　）。

A. 社会　B. 银行　C. 税收　D. 政府

（二）多项选择

1. 政府的经济作用表现在（　　）。
   A. 融入并影响现代经济的运行过程　　B. 利用国家权力干预经济运行
   C. 强制干预微观经济个体的活动　　D. 实施宏观调控
2. 导致政府失灵的原因有（　　）。
   A. 内部性　　B. 外部性　　C. 垄断性　　D. 政治性
3. 公共产品的特征包括（　　）。
   A. 非盈利性　　B. 非排他性　　C. 非竞争性　　D. 非垄断性
4. 财政的要素有（　　）。
   A. 财政分配的主体是国家
   B. 财政分配的客体是一部分国民收入
   C. 财政分配的形式是实物形式、力役形式、价值形式
   D. 财政分配的目的是满足国家实现其职能的需要
5. 公共财政的特征包括（　　）。
   A. 公共性　　B. 非盈利性　　C. 法治性　　D. 民主性
6. 完全竞争市场的条件是（　　）。
   A. 在市场上有众多的买者和卖者　　B. 各种资源都能够自由地通过市场转移
   C. 生产者和消费者具有完全信息　　D. 生产者所提供的同种产品是同质的

（三）简答题

1. 什么是市场失灵及市场失灵的表现。
2. 公共产品的分类及其提供方式。
3. 阐述财政的内涵。
4. 我国发展公共财政的必要性和可能性。

（四）论述题

分别阐述国家分配论和公共财政论的基本观点，并比较二者的异同。

三、作业与思考题参考答案

（一）单项选择题

1. C　　2. A　　3. B　　4. B　　5. D

（二）多项选择题

1. ABD　　2. ACD　　3. BC　　4. ABCD　　5. ABCD　　6. ABCD

（三）简答题

1. 答：在完全竞争条件下，市场经济能够依靠自身的力量进行调节，达到社会资源有效配置的状态。但是，在一些领域或场合，市场机制本身并不能得到有效发挥，而在另外一些领域或场合，市场机制即使能够充分发挥，也无法达到符合整个社会要求的资源配置结果。这些问题是市场经济自身所无法克服的自有缺陷，一般统称为市场失灵。市场失灵主要表现为以下几个方面：

外部效应。外部效应是指某一个体单位从事其经济活动对其他个体单位产生了有利或不利的影响，但并不因此而承担相应的成本费用支出或从中分享好处。

公共产品。公共产品是指具有公共消费或集体受益的物品与劳务。诸如国防、社会治安、公共设施、公共环境保护等，都是典型的公共产品。

市场垄断。当某一行业的产量达到相对较高的规模时，该行业就会出现规模收益递增和成本递减的趋势，从而就会形成垄断。

不完全市场。在现实的市场体系中，有些环节带有明显的残缺特征。这种情形主要发生在这些市场领域：保险市场、资本市场、互补市场。

不完全信息。从现实看，尽管生产者和消费者都可以在一定程度上得到自己所需的信息，却无法得到完全足够的信息。

收入分配不公。在市场经济运行中，由于社会、政治、经济体制的限制和影响，人们的社会地位和自然禀赋方面存在差异；同时，也由于人们的生活环境、受教育程度、劳动技能、劳动能力等有所不同，使得利润、工资等收入并不能完全取决于竞争条件下的要素价格。结果，经济效率越高，往往伴随着越不公平的分配。显然，这是市场自身的力量难以改变的。

宏观经济的失衡。市场经济稳定运行的基本条件之一是保持总供给与总需求的平衡。但是，由于市场经济内部各种矛盾的相互交织，总供给与总需求之间总是在不平衡到平衡再到不平衡的关系中循环发展的。

2. 答：根据公共产品的特征，可以将公共产品划分为纯公共产品和准公共产品。

由于公共产品的性质并非完全相同，因此公共产品的提供方式也不一样。其基本原则是：纯公共产品由政府提供，准公共产品则要同时借助于政府和市场的力量共同提供。

由于公共产品具有非排他性和非竞争性的特征，对它的需要或消费是公共的或集合的。如果由市场提供，每个消费者都不会自愿掏钱去购买，而是等待他人去购买，自己则免费搭车。在这种情况下，公共产品提供不能由私人去完成，而只能作为政府的责任。对于许多准公共产品而言，采取由市场机制和政府机制协同提供的方式则更加切实可行。

3. 答：财政是为了实现国家的职能，满足社会的公共需要，并以国家为主体，借助于政府的预算收支对一部分社会产品进行集中性分配的形式。对此，我们可做如下理解：

财政是一个分配范畴。国家财政是分配环节内的一种形式，特别是在再分配过程中，它是一种主要的分配形式。

财政分配的主体是国家（或政府）。所谓国家为主体，是指国家在财政分配中居于主导地位。

财政分配的客体是一部分社会产品。国民收入既包含劳动者的必要价值，也包含剩余产品价值。这为财政分配对象的确立提供了基础。

财政分配的形式与一定的经济形态相联系。财政分配采取什么形式，与社会经济发展的进程有关。

财政分配的目的是满足国家实现其职能的需要。国家拥有两大基本职能，即社会管理职能和经济管理职能。国家要实现这两大基本职能就需要通过政治权力，参与社会产品的分配。因此，财政分配就是满足国家实现其职能的物质需要。

财政分配的过程主要依靠政府预算收支来实现。政府预算是国家经过政治和法律程序确定的财政分配规则和标准，是财政进行集中性分配的重要标志。

4. 答：(1) 发展公共财政的必要性：

第一，发展公共财政有利于解决财政职能混乱的问题。我国财政必须走出原来的生产建设型模式，积极转向公共财政模式，并按照弥补市场失灵的原则，重新界定财政活动的范围，避免政府及其财政对正常的和正当的市场活动进行干预。这有利于把我国财政建设成功能完整、运行高效率的财政。

第二，发展公共财政有利于促进各个经济主体的公平竞争。财政按照公共性方向发展，很重要的一点就是要求财政政策为市场提供一视同仁的待遇和服务。如何决策生产经营，属于企业自己的事情，财政所要做的就是为企业的发展创造良好的外部条件。无论哪一种类型的企业，只要是合法经营的，都是我国市场经济发展的组成部分，也都是需要鼓励和保护的。

第三，发展公共财政有利于加快我国财政的民主化和法治化建设的进程。改革开放以来，随着国家政治经济的民主化和法治化进展，税收减免的随意化，资金分配的暗箱操作，纳税人对自身权利的漠视，预算外资金管理的阻力，都将逐步得到解决。

(2) 发展公共财政的可能性：

随着市场化改革的推进，市场机制在资源配置的过程中起到了基础性的作用。这使得财政制度的转变直接立足于社会主义市场经济基础之上的公共财政的框架之中。在这一背景下，吸收、借鉴西方财政理论，发展我国公共财政已成为可能。

(四) 论述题

答：(1) 国家分配论的基本观点

国家分配论是关于国家财政的本质观。它是我国财政学界在20世纪50年代末60年代初创立并逐步完善的一种财政学说。长期以来，国家分配论对我国财政理论体系的建立做出了重要贡献。其基本观点包括：

财政的产生问题。财政是在出现了国家之后才产生的，国家的存在和实现其自身职能需要耗费一定的物质资料，但国家自身又不生产。所以，国家就依靠自身的权力，强制地、无偿地占有一部分社会产品来满足实现自身职能的需要，从而在整个社会产品的分配中，独立出一种由国家凭借其政治权利直接参与社会产品分配，这就是财政。

财政与国家的关系。财政与国家相依为命，共存共荣。

财政的基本要素。国家是分配主体，社会的剩余产品是分配对象，满足其实现自身职能是分配目的。至于分配形式，在自然经济条件下是实物和力役形式，在现代经济条件下是货币形式。

财政的本质。分配即为其本质。

(2) 公共财政论的基本观点

公共财政是植根于西方市场经济土壤中的财政学。其基本观点包括：

财政的起因。在完全竞争条件下，市场经济能够依靠自身的力量进行调节，达到社会资源有效配置的状态。但是，在一些领域或场合，市场机制本身并不能得到有效发挥，而在另外一些领域或场合，市场机制即使能够充分发挥，也无法达到符合整个社会要求的资源配置结果。这些问题是市场经济自身所无法克服的自有缺陷，一般统称为市场失灵。为解决市场失灵这种状况，政府需要直接干预。财政作为重要干预手段必须介入其中。

财政活动的对象。财政活动的对象是为市场经济中的家庭和企业提供公共服务，即广义上的公共产品。

财政的目的。公共需要是指社会公众对于公共服务的需要。对于具备共同消费性质的公共服务来说，它是难以通过市场机制得到有效供给的，但因为是社会公众所必需的，就需要由非市场的力量，通过非私人经济的活动来提供。由此，满足公共需要的职责是财政活动的目的。

财政决策。公共产品的有效供应是建立在个人效用和偏好的基础之上，经过选民公决或议会投票程序，将他们各自对于公共产品的欲望和偏好反映出来，从而为政府提供公共产品的预算决策分析提供依据。由于个人之间对于公共产品的偏好总或多或少存在着矛盾和偏差，公共选择在公共决策中尤为重要。

(3) 国家分配论和公共财政论的比较

国家分配论与公共财政论既有区别，也有共性。第一，国家分配论回答的是财政在本质上是什么的问题，它适用于所有财政的类型。而公共财政论是从财政运行模式或类型的角度解剖财政，具体说是对特定时期或特定经济体制下财政模式的解答。因此，两者之间属于一般和特殊的关系。公共财政只是国家财政在特定历史阶段，即市场经济阶段存在的类型，它不否定国家财政。第二，公共财政论看起来只是给出了财政运行的基本特征和形式，没有像国家分配论那样明确国家对财政的决定性作用，没有指出国家是财政分配的主体。但实际并非如此。因为公共财政论强调的重点在于国家与公共利益具有一致性，不能离开国家谈公共财政分配，也不能离开公共需要谈国家作用。公共财政论不仅不否定国家的主体地位，而且更加重视国家权力的完整性，不允许肢解财政分配，分散国家应该统一掌握的必要财力。无疑，这将有助于而非不利于加强国家的宏观调控能力。

第一章　财政概念和财政职能

一、教学案例

案例一：从我国财政支出看财政的维护国家职能

目前的财政学教科书多数赞同马斯格雷夫的财政三职能，即配置资源职能、收入分配职能和稳定经济职能。但本书认为除此之外，财政还有维护国家的职能。这点可以从新中国成立以来国家财政为社会主义政权建设提供的财力保障来分析。1998 年，国家财政用于行政经费支出达 725.6 亿元，比 1952 年的 14.5 亿元增长了 49 倍，年均递增 8.9%；用于公检法部门的经费支出达 481.2 亿元，比 1982 年的 12.4 亿元增长了近 38 倍，年均递增 27.6%。1950—1998 年，国家财政累计安排国防费 9 972.5 亿元。如果从新中国成立后的财政支出结构来分析，在前三十年中，财政支出中国防支出占财政支出的比重在多数年份名列第二，改革开放以来，国防支出占财政支出的比重虽然退至第三，但不可否认的是，我国的国防支出的正常增长为国家的巩固、社会经济的稳定发挥了重要的作用，从而体现出财政维护国家职能的不可替代的地位。

简要分析：其实配置资源、收入分配、稳定经济是财政的三大经济职能，而维护国家则是财政政治方面的职能。一个国家应是既有政治职能又有经济职能的统一体，与此相对应，财政职能也应反映在这两个主要方面。事实上，不论在我国还是其他国家，财政分配在国家的存在、巩固与发展方面的重要作用都是客观的，不可取代的。

思考题：你是怎样理解财政职能的?

案例二：中国共产党第十六次全国代表大会确定的收入分配政策

中国共产党第十六次全国代表大会报告指出：理顺分配关系，事关广大群众的切身利益和积极性的发挥。调整和规范国家、企业和个人的分配关系，确立劳动、资本、技术和管理等生产要素按贡献参与分配的原则，完善按劳分配为主体、多种分配方式并存的分配制度。坚持效率优先、兼顾公平，既要提倡奉献精神，又要落实分配政策；既要反对平均主义，又要防止收入悬殊。初次分配注重效率，发挥市场的作用，鼓励一部分人通过诚实劳动、合法经营先富起来；再分配注重公平，加强政府对收入分配的调节职能，调节差距过大的收入。规范分配秩序，合理调节少数垄断性行业的过高收入，取缔非法收入。以共同富裕为目标，扩大中等收入者比重，提高低收入者收入水平。

简要分析：从中国共产党第十六次全国代表大会报告中可以明确，在市场经济制度下，应充分肯定在国民收入初次分配中注重效率，在再分配中则应注重公平，这是正确处理公平与效率的基本准则。财政作为国家分配社会产品与国民收入的重要杠杆，并不直接干预初次分配，但有必要通过财政再分配来体现对市场经济条件下的收入差距的必要调节，这对实现社会公平和共同富裕的目标有重要的意义。在实践中，国家可以通过改革个人所得税、建立和健全社会保障体系、完善财政转移支付等制度措施来实现。

思考题：中国共产党第十六次全国代表大会报告中关于收入分配政策的目标是否实现？财政采取了哪些措施？

案例三：前任财政部部长项怀诚谈公共财政改革

前任财政部部长项怀诚说："公共财政改革，实际上是贯穿了这5年整个财政改革的方方面面。公共财政的灵魂，最最核心的是什么呢，第一个是部门预算。部门预算最最重要的是全面、细致、公开、透明，人人都可以查，它别的作用现在看不到，等到你把部门预算全部公开的时候可就厉害了。你这个部长一年能干多少事，你这个部长一年事情干得怎么样，你这个部长一年花了国家多少钱，你这个部长一年给国家贡献了多少，这都是必须跟全国人民代表大会报告的。全国人民代表大会的立法机构的作用就体现出来了，全国人民代表大会这种政治改革的推动力也体现出来了。第二个是我们搞的公共财政的改革，就叫作国库集中收付制度。财政部门管资金的支付，预算成立了以后，你这个部门的首长可以决定预算的使用方向，不削你的权，不减你的权，但是钱不到你这儿。你的商品谁提供的，我就拨给谁；劳务谁提供的，我就拨给谁，不经过任何中间环节，直接到达，这样资金效益就高了。我们中国最大的问题不就是水到田头使嘛，不就是雁过拔毛嘛，叫作截留嘛，叫挪用嘛，背后就是腐败嘛。你讲反腐败，我就说开一百个会，不如推动一个制度的建立。这个过程中间，有的人老觉得是财政部权利太大，财政部在剥夺人家的权利，实际上这个剥夺权利的过程是中国政治民主化的过程。"

简要分析：第一，我们必须明确公共财政是市场经济条件下的财政运行模式，是建立在市场与政府的职能边界清晰基础上的财政。一项最新的研究结果显示，按照国际公认的标准测定（以市场经济发展程度是否达到60%左右判定一国是不是处于市场经济国家的临界水平），中国2001年市场经济发展程度为69%，中国已成为发展中的市场经济国家。在这种背景下，我国的财政必然区别于过去在计划经济体制下的财政，应转型为市场经济制度下的公共财政。第二，社会主义市场经济要求用法制来规范财政关系涉及的主体和分配范围，正确划分市场与财政各自的作用范围；同时要求把财政关系及其公共性纳入市场经济体制的运行轨道，使财政分配既能为国家职能的实现服务，又有利于市场经济的发展。因此，建立市场经济条件下的公共财政框架必然成为我国财政改革的重要内容。

思考题：怎样从项怀诚的讲话中来认识什么是公共财政？如何从我国财政支出看财政的维护国家职能？

案例四：美国扶持农业发展的财政经济政策

农业生产是经济再生产过程同自然再生产过程的统一，自然条件的变化对农产品供求与价格都会产生较大影响，从而可能影响农业的稳定，这使美国政府自20世纪30年代初开始，对农业采取了一系列支持政策，以保持农业的稳定发展。其主要表现在以下几个方面：

（1）支持农业基础设施建设和农业的教育、科研工作。美国联邦政府举办以促进农业发展为中心的大型综合开发项目，最为典型的是田纳西流域工程计划。1933年，美国联邦政府成立了田纳西流域管理局。该管理局负责进行以修筑水库堤坝、综合利用水资源为主的大型公共工程，并在与各州及地方政府的通力合作下，修建了29个大坝，控制了洪水，疏通了千余米的航道，改善了水源供应，发展了鱼类及野生动物的繁养，还开辟出优美的游览区。这一大规模综合开发试验区取得的成功，使田纳西流域的收入增长了4倍，并提供了充足的电力。在农业教育和科研方面，每个州都建立一个州立农业学院，或者在州立大学设立农学院，各州赠地给学院建立农业试验站，联邦政府的农业部设研究试验局组织农业科研工作；同时，政府为农业发展与应用研究提供经费。

（2）推行休耕、限耕计划，控制耕种面积。针对美国不断出现的农产品生产过剩问题，为避免由此推动农产品市场价格下降而导致农场主收入下降情况的出现，美国政府每年制定有偿休耕、限耕计划，以控制农产品生产，协调供求关系。（这一计划目前主要适用于饲料粮食、小麦、稻谷和棉花这几种主要产品。）具体方法是：每一农场主的基本耕种面积要分为三个部分，即计划内面积、弹性面积和环保性休耕面积。计划内面积必须耕种计划作物并可得到政府的补贴；弹性面积可耕种任何计划作物和除水果、蔬菜以外的任何计划外作物，但不能获得政府补贴；环保性休耕面积是不耕种的面积。农场主参加政府的休耕、限耕计划是自愿的，但凡是参加这一计划的农场主都可得到现金、实物或贷款补偿。

（3）价格支持政策。为了稳定农产品价格，保证农民收入，美国联邦政府长期以来一直对一些主要农产品进行价格支持，即保证农民出售的农产品的价格不低于官方提出的最低价格。为了实现这一目标，联邦政府采取了无追索权贷款和政府购买的手段。所谓无追索权贷款，就是由联邦政府的农产品信贷公司发放给符合条件的、生产特定农产品的农场主的一种贷款。贷款率，即单位农产品的贷款额，是由联邦立法机构或农业部根据立法规则确定的。如果市场上农产品的价格高于贷款率，那么农场主在出售农产品后，可以归还这一贷款加上应付利息；如果农产品价格低于贷款率，农场主可以不归还贷款而把自己的农产品交给农产品信贷公司，并且不负担任何费用或罚款。显然，贷款率就是支持价格或最低价格。如果贷款率高于市场价格，必然会出现供大于求的状况，这时，政府必须负责收购多余的农产品以维持支持价格，这就是所谓的政府购买。在20世纪50年代末和20世纪60年代初，政府购买是维持支持价格的基本手段，但目前这一手段只用于牛奶和糖两种产品。

（4）直接收入支持政策。直接收入支持政策就是通过直接给农场主提供收入支持，保障他们收入的稳定。其具体手段包括目标价格和差额支付。目标价格，就是政府设置一个用于计算支付农场主收入的价格，或者说是理论上的合理的农产品价格。当市场价格低于目标价格时，那些符合规定条件的农场主就可依法获得差额支付或补贴。支付率，即单位农产品应得的支付额或补贴额，等于目标价格与市场价格和贷款率两者之高者的差额。就是说，当市场价格高于贷款率，则支付率就等于目标价格与市场价格之差；如果市场价格低于贷款率，则支付率等于目标价格与贷款率之差。直接收入支持政策的实施范围主要是玉米、小麦、棉花等主要农产品。

（5）为农产品的销售创造市场。为农产品的销售创造市场包括扩大国内消费和促进农产品出口。在扩大消费方面，美国政府在支付社会福利时尽量增加食品的消费。这包括向低收入者发放用于领取食品的“食品券”，向在校儿童供应有政府补贴的早、午餐等。在扩大出口方面，早在 1954 年美国政府根据国会通过《480 号公法》（1959 年起称为“粮食用于和平计划”），以赠予和提供长期优惠贷款的方式向第三世界大量提供粮食、奶粉等食品，以帮助解决国内的农产品过剩问题。20 世纪 70 年代后，美国政府主要采取提供补贴和给买主提供出口信贷的办法来促进农产品的出口。直到目前，联邦政府仍对小麦等农产品的出口给予补贴；同时联邦政府还对一些农畜产品的进口实施严格的限额制度，以保护国内的生产者。

简要分析：综上所述，可以明显看出，美国政府对于农业的支持是不遗余力的。这些政策使农场主的收入逐步提高，使他们应付经济危机的能力得到加强，从而保证了美国农业生产的稳定。当然，美国也为此付出了巨大的代价，尤其是财政方面的负担日益加重。因此，近年来美国经济界对现行的农业政策展开了各种形式的争论。有的主张取消价格和收入支持政策而代之以收入保险政策，有的主张采取“收入稳定补贴”政策等。但由于这些长期实行的支持政策已经形成了一些特定的利益集团，改革现行政策的阻力较大，因而现行政策发生根本性改动的可能性不大。

在我国，农业从总体上讲仍属弱势产业，其由于特殊的生产条件及对国民经济的重要影响，在客观上需要政府的扶持。而美国对农业的支持的多种政策中，政府财政投资、直接支出安排与政府购买都起着重要的作用。这对美国农业的稳定和发展，对地区经济的开发增长都发挥了重要的影响，其经验值得我国学习、借鉴。

思考题：中国扶持农业发展的财政支出政策应如何选择？

案例五：日本政府的财政投融资制度

利用国家信用筹集资金，按照政策需要进行投融资活动是日本的传统，但建立庞大的、以国家信用为基础的财政投融资制度却是第二次世界大战后日本的新创造，是日本实现宏观经济政策与微观经济的协调对经济供给过程进行干预的制度保证。

日本的财政投融资制度的前身是由邮政储蓄和大藏省存款部构成的资金筹措和资金运用的国家信用制度，1952 年则启动资金筹集、资金分配和资金运用相结合财政投融资制度，即在国家预算的一般会计和特别会计之外，建立具体由政府进行投融资操作的国家第二预算。其机构和工作机制为：大藏省的资金存款部改为资金运用部，负责资金分配，通过为用户提供具有政策优惠的邮政储蓄制度扩大邮政储蓄的规模。以邮政储蓄、产业投资基金、年金和保险基金以及政府担保借款作为资金来源，并通过日本开发银行、日本进出口银行和中小企业金融公库等二行十公库等政府金融机构，按政策性、诱导性、公共性和有偿性相结合的原则运用这些资金，对日本经济发展产生了重要影响。其具体影响表现在以下两个方面：

（1）政府对社会间接投资，特别是对产业基础设施的大规模投资，极大地缓解了产业迅速发展而引起的交通运输设施匮乏和用水、用地的瓶颈制约，从而促进了经济的迅速发展。财政支出中用于基础设施部分（道路 + 港湾 + 废弃物处理 + 工业用水 + 铁路）的支出额，1956 年为国民生产总值的 1%，到 1965 年这一比例上升到 3.5%。

（2）政府通过财政投融资，对电力、海运和铁道提供了低利率贷款，降低了这些产业的成本。日本的财政投融资的资金来源属于有偿资金，其运用也按有偿原则进行，但这些资金并不以盈利为主要目的，利率比商业银行的利率低。据估计，从 1961 年到 1973 年的年平均水平看，使用财政低息贷款而减少的利息负担约占整个制造业设备投资额的 1%，其中的一些产业远远高出这一比例。例如，机械工业达 5%，电力工业 6%，汽车工业 7%，海运业则高达 22%。

简要分析：日本政府对产业基础设施的财政投入和支持是日本财政制度运行中最成功的内容，也是日本经济持续、高速增长并得以维持良好的经济环境的重要原因。概括而言，日本财政投融资的作用有三个方面：一是财政投融资将通过国家信用筹集的资金按照政策目标统一进行分配和使用，实现资源的直接配置，诱导民间资金按政策方向配置。二是政府通过财政投融资调节经济周期。日本的财政投融资同财政预算一样，都是根据经济周期的动向进行编制的，而且比一般预算会计更有弹性，可以压缩或追加。三是财政投融资的资金筹措和资金运用均按有偿原则进行，既发挥了调节经济的作用，又减轻了财政负担。因此，从某种意义上讲，日本的财政投融资是日本既兼顾凯恩斯有效需求理论维持政府较大的支出规模，又维护其均衡财政的宏观经济政策的重要实践，并对日本产业政策的实施发挥了重要的作用。但尽管如此，日本运用财政手段配合产业政策的实施对经济也有一些负面的影响。比如为了维持社会安定等社会目标，日本财政在保护落后产业方面也起了很大作用，特别是第二次世界大战后财政支出用于补贴的部分，大多数被用于衰退的煤炭工业等，从而也造成了资源的较大浪费。

思考题：怎样合理、有效地利用财政投融资来为我国经济发展服务？

案例六：新加坡的政府宏观经济管理模式与政府投资

新加坡不仅是一个高度自由的市场经济国家，而且政府也对经济生活进行强有力的干预。这使新加坡有自身独特的宏观经济管理模式，政府投资在这一管理模式中有十分重要的地位。

（1）政府拥有重要的经济资源

新加坡政府拥有大量的土地、劳动力和资本，并且可以根据需要进行灵活的调节和管理。在新加坡，全国土地的 75% 归政府所有，其余 25% 的土地政府仍有权力随时征用，而且征用价格比市场价格低 30%。政府又是人力的最大雇主，全国就业人口的

20%是政府雇员。政府还是最大的资本占有者，政府通过财政收入、公共机构收入和中央公积金等渠道，控制了国民收入的较大部分，特别是国内建设资金的主要部分。

（2）政府以投资者的身份参与社会经济生活

新加坡政府的投资活动主要通过两个基本途径实现其对社会经济的干预：一是投资于企业，二是投资于基础设施和社会服务事业。

①投资于某些企业

其目的在于：

第一，填补民间资本的投资空白，促进经济全面发展。在新加坡，政府的投资方向首先是那些在国民经济中具有十分重要的作用，但同时或者由于利润较少，民间资本不愿投资的部门，或者由于投资批量的起点高，民间资本无力投资的部门。政府通过对这些部门的投资，实现经济的全面发展，为产业结构合理化创造条件。

第二，推动新兴产业的发展，加快产业结构高级化的进程。对新兴产业的投资是新加坡政府的投资重点之一。政府通过对新兴产业的投资，为民间资本投资提供心理保证，对民间资本的投资活动发挥积极的示范作用和领导作用，从而推动新兴产业的发展，加快产业结构的升级换代，实现经济发展的工业化、现代化和国际化。

第三，为了打破垄断、保护自由竞争和增强国家经济实力、维护国家主权而投资于企业。外国资本在新加坡的经济发展中发挥着支柱作用，跨国公司资金雄厚、技术先进、管理水平高，新加坡本地的私人企业很难与之竞争和抗衡，在某些经济领域有可能形成外国资本的垄断。为此，新加坡政府在某些有可能形成外国资本垄断的重要经济领域进行投资，发展国家资本，造就出能够与外国资本相匹敌的国有企业，以保护国内经济，增强国家经济实力和维护国家主权。

新加坡政府向企业投资的方式，分为直接投资和间接投资两种。直接投资是政府通过政府的控股公司（如淡马锡控股公司、胜利控股公司和国家发展部控股公司）向企业投资取得企业的股份；间接投资是政府通过参与部分投资的新加坡开发银行或国际贸易公司取得企业的股份。目前政府投资参与的领域涉及制造业、金融、贸易、旅游等几乎所有的经济部门，其中国家资本在金融业中的发展最为迅速。

②投资于基础设施和社会服务事业

其目的在于：

第一，改善投资环境，以吸引外国资本的投资。新加坡自治后，政府就意识到，要尽快实现新加坡的工业化，本地企业在资金、技术管理上都难以承担如此重任，必须吸引外国投资者前来开办企业，为此必须改善投资环境。于是，新加坡政府将大量资金投入各项基础设施的建设中，特别是那些投资需要量大、投资回收期长、资金周转慢的基础设施，包括港口码头、机场等交通设施，水电、电仪设施，工业区所需的各种设施等。新加坡政府还将大量资金投入医疗、卫生、保健、教育和建造公用住宅等方面，极力推动社会服务事业的发展。这些都使新加坡对外资具有极强的吸引力。

第二，形成良好的社会环境，以协调经济与社会的发展，使经济发展与社会进步协调进行，形成良性的相互推动，避免出现某些发展中国家经济发展而社会停滞不前的不良状况。

(3) 通过制定和实施一系列的政策与法令规范来调控社会经济生活

首先，新加坡政府通过调整和替换经济发展战略，引导经济发展方向和产业结构的变化。自新加坡实行自治以来，新加坡政府已实行过诸如“发展劳动密集型替代进口工业的战略”、“发展出口工业为主的经济战略”、“发展资本和技术密集型产业的战略”、“发展高新技术和国际服务业的战略”等战略。在政府有力的调控下，这些战略基本上都得以实现。其次，政府制定财政金融政策、外资政策、工资政策等调控经济活动，实现政府的意图。最后，新加坡的财政支出按照用途分为两部分，即经常性支出和发展支出。经常性支出主要用于国防、安全、文化教育、公务员薪金等国家活动的日常支出，发展支出主要用于社会基础设施的投资。从1966年到1990年，新加坡发展支出从1.8亿新元增加到46.17亿新元，增长了25.65倍；同期经常性支出从4.4亿新元增加到95.19亿新元，增加了21.63倍。发展支出的更快增长，反映出新加坡政府极为重视社会基础设施的建设。

简要分析：在新加坡，政府的经济政策调控几乎涉及了经济生活的各个重要方面。即使是对某些自由度较高的经济活动，政府的政策也以其特定的方式发挥着积极的影响作用。例如，新加坡实行自由价格制度，但决不可就此认为政府对价格采取自由放任的政策。恰恰相反，新加坡政府虽然不直接干预价格的形成，却通过控制货币的发行、调整利率和消费基金的支出等积极地影响价格总水平，使之保持稳定的状态。这使新加坡不仅成为“亚洲四小龙”中通货膨胀率最低的国家，而且跻身于世界范围内物价稳定国家的前列。

新加坡政府财政支出政策的一个突出特点，就是政府通过投资对企业和社会基础设施建设进行扶持，为新加坡经济的全面发展、产业结构的合理化以及民间资本的投资活动发挥积极的示范作用和领导作用，推动新兴产业的发展，加快产业结构的升级换代，实现经济发展的工业化、现代化和国际化。在防止外国资本垄断，发展国家资本，保护自由竞争，增强国家经济实力和维护国家主权等方面均发挥了重大作用；同时，新加坡政府通过投资基础设施和社会服务事业，推动社会的进步，使经济发展与社会进步协调进行，形成良性的相互推动，避免出现某些发展中国家经济发展而社会停滞不前的不良状况。

可以说，新加坡政府投资不仅为经济发展和社会进步提供了良好的基础设施环境，而且直接影响着整个社会的投资和消费，从而影响着社会经济的运行。需要说明的是，新加坡财政支出的政策重心并不是一成不变的。总体上说，在新加坡独立后的一段时间内，财政支出的重点是社会基础设施建设；近年来，随着新加坡基础设施的不断完善，财政支出的重点逐渐转向教育和科技事业。

思考题：中国在发展经济的过程中，政府应该发挥什么作用?

案例七：控制行政管理费的理论与现实思考

(1) 行政管理费对经济的影响

行政管理费以及它所支持的国家各项行政管理活动对经济的积极或消极的影响，是一个复杂的过程。但我们至少可以从三个角度进行考察：

①从直接的生产和消费社会财富的角度来看，行政管理费属于社会财富的“虚耗”。因为行政活动是非生产性活动，从而与生产性活动相对立。就此而言，这类支出越小越好。

②从财富生产的社会条件来看，政府的行政活动维持了社会生产与生活的秩序，因而用于行政活动的费用又不是在“虚耗”社会财富。

③从社会经济的循环周转来看，生产是产品的创造，消费是产品的实现，若无消费，生产不仅是一种无内容的概念，而且也不能正常进行。行政管理活动正是全社会消费的一个构成部分。因此，当社会的消费需求不足以完全吸收掉同期的产出时，行政管理费的增加，有增加消费和支持生产的作用；而当社会的消费需求超过同期产出时，增加行政管理费，则会导致通货膨胀。

（2）行政管理费的控制

从上述影响考虑，对行政管理费的控制，是一个需要考虑多方面的因素才能决定的问题。而社会经济管理的需要以及社会总供求的对比关系，则是其中最重要的两个因素。如果考虑到这两个最重要的因素，那么至少在目前的一段时期，对于我国的行政管理费是应当严加约束的。那么究竟该怎样约束行政管理费呢？

①通过某种政治程序来实现。政府需要哪些职能部门，各部门应有多大规模，通过某种政治程序来确定，可以实现有效的控制。因为决策过程实际上是一个权衡与选择的过程，它需要特定的政治程序来表达人民大众的意愿。在我国，人民代表大会制度便是这样的政治程序，人民大众可以通过这一政治程序来表达自己对包括行政管理费在内的财政支出的意见，从而决定行政管理费的规模以及支持这一规模的资金来源。如果这一政治程序能充分实施，公民也能得到充分的信息，行政机构的规模以及行政管理费的规模可得到适当的确定。

②对行政管理费的规模或其占财政支出的比重规定一个具有法律效力的指标，并由司法和民意机关对之实行严格监督。这是各国在控制行政管理费上的一个可行的方法，但这种方法还有待于政治体制和经济体制改革的深化、政府职能的转变和权力过分集中问题的解决。

③加强行政机关的设置和合理的法制建设，为各机构的设置和活动规定基本的规范和程序。严格定员定编管理，制定差旅费、会议费等行政管理费的开支标准，健全财务管理制度，抑制社会集团的实力，才能有效地约束行政管理费的膨胀。

简要分析：行政管理费支出对财政的压力，是现代许多国家面临的一个严峻问题。该问题的产生原因很多，解决它既要客观评价合理的行政管理支出，以保障国家管理与正常社会经济秩序的实现，又要有严格的政治程序与法律制度来管理、约束与监督政府行政管理费的确定与使用。管理监督制度的缺失，将难以控制行政管理费的膨胀，这是每一个国家都必须正视的问题。

思考题：怎样有效地确定与控制我国的行政管理费？

二、作业与思考题

（一）填空题

1. ____________和____________为政府介入或干预提供了必要性和合理性的依据，因而是分析和研究政府与市场关系的基本理论依据。

2. 市场机制本身也存在固有的缺陷，主要表现为____________和____________。

3. ____________是这样一些产品，不论每个人是否愿意购买它们，它们带来的好处不可分开地散布到整个社区里。

4. ____________是这样一些产品，它们能分割开并可分别地提供给不同的个人，也不带给他人外部的收益或成本。

5. ____________则是公共物品的第一个特征，即一些人享用公共物品带来的利益而不能排除其他一些人同时从公共物品中获得利益。

6. ____________是公共物品的第二个特征，即消费者的增加不引起生产成本的增加，即多一个消费者引起的社会边际成本为零，或者说一定量的公共物品按零边际成本为消费者提供利益或服务。

7. ____________作为两种资源的配置方式，它们的运行机制是不同的，但它们的目的或目标却是相同的，即都是为了满足人类社会的需要，实现公平与效率兼顾的目标。

8. ____________是一种经济行为或经济现象，这种经济行为或经济现象的主体是国家或政府。

（二）单项选择题

1.（　　）有效率的供给通常需要政府行动，而私人物品则可以通过市场有效率地加以分配。

A. 公共物品　　B. 私人物品　　C. 消费品　　D. 固定资产

2. 公共物品与私人物品是社会产品中典型的两极。但也有些物品是兼备公共物品与私人物品的特征，因而可称之为（　　）。

A. 混合物品　　B. 公共物品　　C. 私人物品　　D. 准私人物品

3.（　　）是一种经济行为或经济现象，这种经济行为或经济现象的主体是国家或政府。

A. 财政　　B. 税收　　C. 货币政策　　D. 国际贸易

4.（　　）是公共物品的第一个特征，即一些人享用公共物品带来的利益而不能排除其他一些人同时从公共物品中获得利益。

A. 竞争性　　B. 排他性　　C. 非竞争性　　D. 非排他性

5.（　　）是公共物品的第二个特征，即消费者的增加不引起生产成本的增加，即多一个消费者引起的社会边际成本为零，或者说一定量的公共物品按零边际成本为消费者提供利益或服务。

A. 竞争性　B. 排他性　C. 非竞争性　D. 非排他性

6. 社会主义市场经济体制下财政的职能包括（　　）。

A. 筹集资金、供给资金、调节经济　B. 资源配置、调节经济、发展经济

C. 资源配置、收入再分配、经济稳定　D. 收入分配、稳定经济、发展经济

7. 收入分配的含义通常指对（　　）的分配。

A. 国民总产值　B. 国内总产值　C. 国民收入　D. 社会个人收入

8. 财政收入再分配职能主要调节（　　）的分配。

A. 国民收入与个人收入　B. 集体收入与国家收入

C. 企业利润与个人收入　D. 国家收入与个人收入

9. 财政资源配置职能主要是为了取得（　　）。

A. 经济效益　B. 社会效益

C. 经济与社会效益　D. 企业效益

10. 财政收入的价值构成（　　）。

A. C + V + M　B. C + V　C. V + M　D. C + M

11. 财政收入最主要的来源是（　　）。

A. 农业　B. 重工业　C. 建筑业　D. 轻工业

12. 我国财政收入主要来自（　　）。

A. 东部沿海　B. 中部省份　C. 西部地区　D. 北部地区

（三）多项选择题

1. 市场失灵是和市场效率对应的，也就是说，市场在资源配置的某些方面是无效或缺乏效率的。市场失灵主要表现在（　　）。

A. 垄断　B. 信息不充分

C. 外部效应与公共物品　D. 自由竞争

2. 区分或辨别公共物品和私人物品通常用两个基本标准：（　　）。

A. 排他性和非排他性　B. 竞争性和非竞争性

C. 私人性与非私人性　D. 垄断性与非垄断性

3. 政府介入和干预市场的手段或政府的经济作用是（　　）。

A. 行政手段　B. 组织公共生产

C. 财政手段　D. 法律手段

4. 财政的基本特征包括（　　）。

A. 阶级性与公共性　B. 强制性与无直接偿还性

C. 收入与支出的对称性　D. 固定性

5. 财政对资源配置的形式包括（　　）。

A. 财政直接配置资源

B. 财政间接配置资源

C. 财政通过宏观调控实现资源的合理利用和配置

D. 财政通过微观调控实现资源的合理利用和配置

6. 财政收入再分配职能产生的原因是（　　）。

A. 市场机制不完善　　B. 非物质生产部门的消费需要

C. 物质生产部门的消费需要　　D. 财政分配的本质特征

7. 财政实现收入再分配职能的手段包括（　　）。

A. 税收　　B. 转移性支出　　C. 购买性支出　　D. 财政性支出

8. 社会总供给与社会总需求的对比关系为（　　）。

A. 社会总供给大于社会总需求　　B. 社会总供给小于社会总需求

C. 社会总供给等于社会总需求　　D. 社会总供给与社会总需求无关系

9. 从总供给的角度看，国民收入的总供给包括（　　）。

A. 消费　　B. 储蓄

C. 政府提供的商品和劳务　　D. 进口商品

10. 从总需求的角度看，国民收入的总需求包括（　　）。

A. 消费需求　　B. 投资需求　　C. 政府支出需求　　D. 出口需求

（四）判断题

1. 美国著名经济学家保罗·萨谬尔森指出，市场不是理想的，存在市场失灵。（　　）

2. 在市场经济体制下，资源的财政配置与市场配置相矛盾。（　　）

3. 财政收入分配是对国民生产总值的分配。（　　）

4. 政府具有对国民收入再分配和纠正不公平的双重职能。（　　）

（五）名词解释

1. 财政
2. 公共物品
3. 私人物品
4. 市场失灵
5. 财政资源配置职能
6. 财政收入再分配职能
7. 财政经济稳定职能

（六）简答题

1. 公共需要的特征是什么？
2. 政府介入和干预市场的手段或政府的经济作用是什么？
3. 简述财政配置资源的主要内容。
4. 简述财政收入再分配的主要内容。
5. 财政经济稳定职能的主要内容。

（七）论述题

如何理解社会主义市场经济下的财政职能。

三、作业与思考题参考答案

（一）填空题

1. 市场失灵　市场缺陷
2. 收入分配不公　经济波动
3. 公共物品
4. 私人物品
5. 非排他性
6. 非竞争性
7. 市场与政府
8. 财政

（二）单项选择题

1. A	2. A	3. A	4. D	5. C	6. C
7. C	8. C	9. C	10. A	11. D	12. A

（三）多项选择题

1. ABC	2. AB	3. ABC	4. ABC	5. AC	6. ABD
7. ABC	8. ABC	9. ABCD	10. ABCD		

（四）判断题

1. T　2. F　3. F　4. T

（五）名词解释

1. 财政。财政是一种经济行为或经济现象，这种经济行为和经济现象的主体是国家或政府。

2. 公共物品。公共物品（Public Goods）是这样一些产品，不论每个人是否愿意购买它们，它们带来的好处不可分开地散布到整个社区里。

3. 私人物品。私人物品（Private Goods）是这样一些产品，它们能分割开并可分别地提供给不同的个人，也不带给他人外部的收益或成本。

4. 市场失灵。市场失灵是和市场效率对应的，也就是说，市场在资源配置的某些方面是无效或缺乏效率的。其主要表现在垄断、信息不充分、外部效应与公共物品。

5. 财政资源配置职能是指政府通过财政分配活动，调节和引导人力、物力、财力等社会经济资源，形成合理的经济结构，提高资源利用效率，取得最大的经济效益和社会效益。

6. 收入分配的含义通常是指对国民收入的分配。财政的收入再分配职能是指政府通过财政分配，使国民收入和社会财富在初次分配的基础上进行再分配，并使之符合社会认为的“公平”或“合理”的标准。

7. 财政的经济稳定职能是指政府通过财政分配实现充分就业、物价稳定、经济增长及国际收支平衡等政策目标，也就是财政在市场经济条件下承担国民经济宏观调控、实现国家宏观经济政策目标的职责。

（六）简答题

1. 答：①社会公共需要是社会公众在生产、生活和工作中的共同的需要，它不是普通意义上的人人有份的个人需要或个别需要的数学加总。②社会公共需要是每一个社会成员可以无差别地共同享用的需要，一个或一些社会成员享用并不排斥其他社会成员享用。③社会成员享用社会公共需要也要付出代价（如缴税或付费），但这里的规则不是等价交换原则，各社会成员的付出与其所得是不对称的，不能说谁多付出就多享用，少付出少享用，不付出就不得享用。④满足社会公共需要的物质手段只能来自社会产品的剩余部分，如果剩余产品表现为价值形态，就只能是对“M”部分的抽取。

2. 答：①行政、法律手段。②组织公共生产。③财政手段。

3. 答：①调节资源在积累和消费之间的配置。②调节资源在政府部门和非政府部门（企业和个人）之间的配置。③调节资源在不同产业部门之间的配置。④调节资源在不同地区之间的配置。

4. 答：财政收入再分配职能的主要内容是国家通过调节企业利润水平和居民个人收入水平来实现收入与财富的公平分配。

调节企业利润水平的主要目的是使企业的利润水平能够比较客观地反映企业的生产经营管理水平和主观努力状况，使企业在条件大体相同的情况下获得大体相当的利润，为企业创造公平的竞争环境。

调节居民个人收入水平则是在坚持现行分配制度的前提下，贯彻执行国家现行收入分配政策，即既要合理拉开收入水平差距，又要防止两极分化，逐步实现共同富裕。

5. 答：要实现经济的稳定增长，关键是要做到社会总供给与社会总需求的平衡，包括总量平衡与结构平衡。①调节社会供求总量的平衡。②调节社会供求结构的平衡。

（七）论述题

答：①财政资源配置职能是指政府通过财政分配活动，调节和引导人力、物力、财力等社会经济资源，形成合理的经济结构，提高资源利用效率，取得最大的经济效益和社会效益。②收入分配的含义通常是指对国民收入的分配。财政的收入再分配职能是指国家通过财政分配，使国民收入和社会财富在初次分配的基础上进行再分配，并使之符合社会认为的“公平”或“合理”的标准。③财政的经济稳定职能是指政府通过财政分配实现充分就业、物价稳定、经济增长及国际收支平衡等政策目标，也就是财政在市场经济条件下承担国民经济宏观调控、实现国家宏观经济政策目标的职责。

第二章　财政支出的基本理论

一、教学案例

案例一：公共支出增长理论的一个观点——官僚行为增长论

这一理论从制度角度解释了财政支出规模与官僚行为的关系。按照公共选择理论的观点，官僚是指负责执行通过政治制度作出的集体选择的代理人集团，或更明确地说是指负责政府提供服务的部门。经济学家们经常假设个人是以追求自身利益最大化为目标，企业是以追求利润最大化为目标，而官僚的行为是以追求什么最大化为目标呢？尼斯克南认为，官僚竭力追求机构最大化，因为机构规模越大，官僚们的权力就越大。正因为官僚机构以机构规模最大化作为目标，导致财政支出规模不断扩大，甚至财政支出规模增长超过了公共产品最优产出水平所需要的支出水平。由于交易成本很高，拨款机构很难控制官僚行为。因此，官僚机构通常以两种方式扩大其预算规模：第一，如上所述，他们千方百计让政府相信他们确定的产出水平是必要的。第二，利用低效率的生产技术来增加生产既定的产出量所必需的投入量（增加预算、附加福利、工作保障，减少工作负荷），这时的效率损失不是由于官僚服务的过度提供，而是由于投入的滥用所致。由此可见，官僚行为从产出和投入两个方面迫使财政支出规模不断膨胀。

简要分析：自瓦格纳以来，政府公共支出不断增长的问题为各国经济学家所重视，各国经济学家从不同的角度来研究了这一现象的原因。官僚行为增长论，是西方国家关于公共支出不断增长的四大实证性理论之一。这一理论将官僚作为负责执行通过政治制度作出的集体选择的代理人集团来看待，指出官僚以追求机构最大化和权力最大化为目标，并通过其特殊地位对政府产生影响，导致公共支出规模不断膨胀。这种理论，尽管是对西方国家官僚制度的分析，但对研究公共支出的增长与控制仍有一定的参考价值。

思考题：你认为影响公共支出增长还有哪些因素？

案例二：财政支出绩效评价报告（参考格式）

评价客体类型（在相应的□内打√）：□部门□单位□项目

评价客体：　　　　　　　　　　　　（公章）

主管部门：　　　　　　　　　　　　（公章）

主管部门预算代码：□□□□□□

评价机构：□财政部门 □预算部门 □预算单位 □中介机构

评价机构名称：（公章）

联系人：

联系电话：

评价工作组负责人：（签章）

联系电话：

评价时间： 年 月 日

财政支出绩效评价报告（正文）

按照×××工作部署，依据×××提供的预算执行或决算报告等资料，根据《秦皇岛市市级财政支出绩效评价办法（试行）》，遵循“科学性、规范性、客观性和公正性”的原则，对×××财政支出绩效实施了评价，形成本评价报告。

（1）基本情况

①目标概述

②主要目标原计划指标值

③绩效评价方法和评价过程概述

评价工作分定量评价和定性评价两个步骤。定量评价以评价客体提供的相关资料为基础，评价工作组经过认真审查和核对，测出定量评价结果；定性评价由工作组调查问卷、听取单位领导及相关人员的情况介绍及现场考察提问组成，评价工作组经量化分析得出定性评价结果。评价工作组综合定量和定性评价结果，形成综合评价结论。

（2）各项绩效目标的实现情况

①实际工作绩效概述

②各项绩效指标实际值

评价工作中，评价工作组通过对评价客体报送的基础资料进行核实、分析、整理，采取查阅政府相关统计数据，抽查部门工作记录，对服务对象的跟踪调查，直接勘察、测验数据等途径，获得各项绩效指标实际值。

（3）一致性对比及差异性原因分析

评价工作组对绩效目标与实际工作绩效进行比较，得出既定绩效目标完成情况，对绩效目标与实际工作绩效不一致的内容，如超计划完成或未完成的内容进行经验和原因分析，包括主观、客观、技术等方面的原因分析。

（4）存在的问题和建议

①采取的绩效管理措施以及支出绩效方面存在的问题。

②改进绩效管理、提高绩效水平的措施和建议。

（5）评价结果和结论

经评价，该部门××××绩效得分为××分，评价结果为优秀（良好、平均、较低、较差）。

（6）评价责任

本评价结果依据评价客体提供的各项基础资料，运用规定的评价办法，评价工作组保证本次评价工作全过程的公正和公平，各项评价基础资料的真实性与完整性由评价客体负责。未经评价组织机构同意，任何单位和个人不得将本评价结果对外公布。

（7）评价工作组人员名单及签字（姓名、工作单位、职务、职称）

（8）报告时间

案例三：财政支出绩效的评价分析（以广东省为例）

财政支出绩效评价，是指运用科学、规范的评价指标和合理的评价标准，对财政支出行为过程及其效果进行客观、公正的衡量比较和综合评判。财政支出绩效评价不仅是对财政资金的使用情况进行评价与监督，其根本意义更是以财政支出效果为最终目标，考核政府职能的实现程度，也就是考核政府提供的公共产品和公共服务的数量与质量，以及强调公共支出管理中的目标、结果及其有效性情况，是体现公共财政面向结果的一种管理理念和管理方式，目的在于提高政府支出的管理效率、资金使用效益和公共服务水平。财政支出绩效评价结果将作为预算编制的重要依据，以提高财政资金使用的经济性、效率性和有效性。绩效评价这项工作，将进一步优化财政支出结构，强化财政支出管理，提高财政资金的使用效益与效率，从而建立科学、规范、高效的财政资金分配和管理运行体系。因此，开展绩效评价工作，既是一项解决财政资金使用效益与效率问题的改革举措，也是完善公共财政管理体制的重要组成部分。

（1）开展财政支出绩效评价工作的背景

长期以来，在财政支出管理中存在的最突出问题是“重投入、轻支出，重分配、轻管理”，各部门、各单位把大量的时间和精力放在争项目和争资金上，至于争到的项目和资金在运行和使用过程中是否有效并不重视，从而造成要钱的随意性和用钱的无效性。2003 年，财政部教科文司对中央有关部门的高校实验经费和科技专项资金率先进行了绩效评价试点，并制定和颁发了绩效评价的实施办法。随后，部分省、市（特别是广东省在 2003 年 9 月就建立了绩效评价处）开始对科技园等 6 个专项的资金使用情况实施了绩效评价，该措施得到了省委、省政府领导的高度重视。

2004 年 5 月，吕祖善省长在广东省省级财政专项资金管理工作座谈会上提出，从 2004 年下半年起，对省级财政专项资金要试行绩效评价。绩效评价的实质是把专项资金的支出和产出挂钩，专项资金不能白给，必须拿出对等效益。同时他要求，财政部门研究制定绩效评价体系的基本框架和操作规范，并提出绩效指标可以从简到繁、逐步完善。这项工作先试点，后推行，力求在本届政府任内取得突破。广东省省政府同时确定在教育、科技、农业和卫生 4 个部门进行绩效评价试点。为此，厅有关处制定出台了相应的绩效评价暂行办法，对高校实验室、科技等专项资金实施了绩效评价。随之，广东省财政厅党组织按照省政府领导的要求，于 2005 年 4 月组建了绩效评价处，负责绩效评价政策制度的制定与全省绩效评价的指导等有关工作。

（2）为什么要开展财政支出绩效评价工作

随着社会主义市场经济体制的建立和完善，广东省已形成比较稳定的财政收入增长机制，财政实力显著增强，财政收支规模逐年扩大，有力地推进了广东省经济的快速发展。但是，由于财政支出管理相对滞后，存在支出结构不合理，支出效率不高等状况，财政资金的供求矛盾仍然十分突出。财政资金下拨后，缺乏一套行之有效的制度对财政资金使用效益进行跟踪和科学评价，这已成为制约财政资金高效运行的重要因素。为此，开展绩效评价工作是当前财政管理工作的一项重要任务。它对提高财政支出管理水平，建立健全公共财政体制具有十分重要的意义。

①绩效评价是提高资金使用效益的内在要求。随着经济、社会的不断发展，广东省的财政收入快速增长，从1990年的100多亿元增长到2005年的2 116亿元，年均递增141%。财政支出规模也不断扩大，财政在确保解决“吃饭”问题的前提下，可以有一定的资金用于建设。建设与“吃饭”不同，必须更讲求效益。花钱就要花个明白，要搞清楚资金的投向及效益，要符合老百姓的意愿。长期以来，财政资金的分配都是先由部门申请，再由财政部审核报人民代表大会审批后下达执行。财政部门将大量资金用于项目建设，这客观上需要一套科学、规范的评价体系来衡量财政资金的使用效益。

②绩效评价是政府职能转变的客观需要。财政资金是政府性资金，实际上是老百姓的钱，财政资金的使用必须符合人民群众的利益。政府职能主要是经济调节、市场监管、社会管理、公共服务四个方面。财政的职能、结构由政府职能来决定，政府必须依据政府职能转变的要求来优化财政支出结构，财政资金的安排必须符合政府公共管理的要求。今后财政支出的重点要放在公共事业领域，如社会事业发展、基础设施建设、社会保障等，对市场能有效配置资源的领域要坚决退出。因此，政府通过绩效评价，优化财政资源配置，提高财政支出效益，用有限的财力最大限度地满足公共管理需要，解决好事关人民群众切身利益的根本问题，在客观上也是政府职能转变的需要。

③绩效评价是公共财政框架的重要组成部分。在公共财政框架下，预算编制、预算执行和预算监督三分离是基本要求。以“零基预算”为具体编制方法的部门预算，其特点是：人员经费按编制、公用经费按定额、专项经费按财力可能的预算编制方法，打破了长期以来沿用的“基数加增长”办法；以财政国库单一账户体系为主要形式的预算执行制度——国库集中支付制度，改原来由各单位承担的出纳职能变由财政部门设立的国库集中支付机构统一办理，并采取财政直接支付和财政授权支付两种形式，将所需支付的资金直接支付给商品供应者和劳务提供者；以绩效评价为重要手段的预算监督机制正在逐步形成，它将成为公共财政管理的“三驾马车”之一，共同规范财政资金的使用。财政支出绩效评价采用科学、规范的评价制度体系，通过“跟踪问效”的方式，对财政资金运行过程及其结果进行科学分析和综合评判。

以上三大财政支出管理改革，既明确了财政部门要如何管理和分配好财政资金——纳税人的钱，也改变了计划经济体制时期沿用的财政支出管理机制，打破了要钱随意、用钱不讲效益的局面，即以制度规范用钱。公共财政要求政府各部门、各单位必须树立财政绩效观念，改变过去那种要钱随意、用钱不讲绩效的情况，使之逐步养成国家的钱不是那么好要的，也不是那么好用的，要了钱是必须讲究效益的理念，从而提高使用财政资金的绩效意识。

（3）开展绩效评价工作的重要性与必要性

①开展绩效评价工作有利于强化资金的使用效果。在计划经济时期，我国的财政职能主要围绕财政收入的集中与财政资金的分配上。由于受各种主客观条件的限制，以往的改革重点大多集中在财政收入方面，如20世纪80年代第一步、第二步“利改税”及国有企业所得税改革、20世纪90年代的“分税制”及预算外资金的“收支两条线”等改革，其侧重点都是围绕“养鸡生蛋”的问题，很少涉及对财政支出管理制度进行大的改革。因此，在财政支出方面，除了政府过多地把财政资金直接投入到竞争性行业而忽视公共产品的供给外，财政资金管理重预算分配、轻支出管理，重资金拨付、轻使用绩效的问题也比较突出，也就是通常所说的“拨出算数”。这是因为多年来财政部门对支出的管理一直采取预算指标下达和决算执行批复的管理机制来总结各部门和单位的年度财政收支执行结果。随着公共财政框架体系的逐步建立，我国财政将逐步由政府包办型财政向市场型财政和效益型财政转变，财政支出管理的内容也由原来的纯财政资金分配拓展到对财政支出效果的“追踪问效”，即绩效评价。特别是对于财政专项资金支出，财政部门通过建立科学的评价指标和评价方法进行绩效评价，可以促进部门和单位树立使用财政资金的绩效观念，使之不会随意向财政部门要钱，而要了钱就得拿出对等的效益，从而进一步强化财政资金的使用效益。

②开展绩效评价工作有利于优化财政支出的结构。近几年来，广东省随着财政收入逐年较大幅度的增长，财政支出规模也相应扩大，但随着经济、社会各项事业的全面推进，教育、科技、文化、卫生、社会保障等各领域对财政投入的需求也越来越大，财政资金供求矛盾仍然十分突出。由于我国长期以来没有对财政资金的使用进行科学评价，在财政资金分配上一直采用“基数加增长”的办法，造成支出结构不合理，支出效益和效率不高，以及支出预算刚性不强造成预算刚下达要求追加的报告接踵而来等问题，从而形成了“会哭的孩子有奶吃”的现象。甚至很多部门只管要钱，认为反正财政的钱是国家的钱不要白不要，既不用还本又不用付息，至于要去的钱能不能用好，是不是有效益并不重要，从而在客观上造成了财政资金使用部门和单位要钱的随意性和无效性。虽然目前对财政资金分配采取了部门预算即“零基预算”的方法，但由于没有对财政支出的绩效进行科学评价，客观上财政资金仍难以做到科学、合理的分配，部门预算仍未落到实处。因此，实施财政支出绩效评价制度，不仅是财政管理改革的重要内容，也是落实部门预算、优化财政支出结构的重要手段；同时，又能促进财政资金使用部门和单位转变观念，树立财政资金不是那么好要的理念，减少部门和单位要钱的随意性、无效性，从而优化财政资金的支出结构。

③开展绩效评价工作有利于规范财政支出行为。长期以来，由于财政资金使用上缺乏明确的责任制和强有力的监督措施，财政支出活动中普遍存在预算约束软化、管理不严、支出不规范、支出效率低等问题。为了规范财政支出行为，提高资金的使用效益，自1999年以来，广东省财政部门也采取了不少措施，如政府采购、部门预算、会计集中核算、国库集中支付等。虽然这些措施也取得了一定成效，但绩效评价是从绩效的角度对财政支出行为进行监督，将有力推动部门和单位规范财政支出行为，强化内部管理职能，增强使用财政资金的绩效观念。

④开展绩效评价工作有利于优化社会资源配置。财政资金特别是财政专项资金，不仅体现政府投向对经济、社会发展的直接作用，而且是引导社会资源有效配置的重要杠杆。因此，财政专项资金投入决策的合理性和科学性，不仅直接关系到财政在经济社会发展中的作用，而且直接影响到社会资源的合理配置和投入方向。政府通过财政支出绩效评价的指标体系和评价方法对财政专项支出的经济性、效率性和有效性进行科学评价，不仅可以提高财政支出项目的本身绩效和配置效率，而且可以使财政资金更好地发挥“四两拨千斤”的作用，从而优化社会资源的配置。

（4）西方国家财政支出绩效评价制度

财政预算是政府施政纲领得以具体实现的首要途径，也是影响政府部门组织行为最有力的工具。随着市场化程度的不断加深，各国政府的职能也发生了重大变化。从古典的“守夜人”政府，到凯恩斯时期实施宏观调控的政府，再到今天公共产品提供方式不断增加的政府。一百多年来，无论是政府目标、政府职能、实施职能的方式，还是政府组织结构、政府考核体系等，都发生了重大变化。这里重点介绍美国和加拿大的财政支出绩效评价制度。

①美国财政支出绩效评价制度

1949 年，美国就提出了“绩效预算”的概念，随后又尝试了“规划预算”等方法，取得了一定效果。1992 年克林顿上任后，针对联邦政府支出中出现的浪费和低效率情况，以及在项目立项时目标不明确、在执行过程中忽视执行结果的情况，开始了大规模的政府改革。1993 年 1 月，美国第 103 届国会颁布了《政府绩效与结果法案》，这是到目前为止世界上唯一的专门为政府绩效制定的法律。根据这部法律，各政府部门在编制预算，提出支出要求的同时，必须制定出一套能综合反映部门业绩、便于考评的绩效指标。该法案的主要目的是通过设定政府财政支出的绩效目标，比较绩效目标和实施成果，进行年度绩效评价，提高联邦政府的工作效率和增强政府的责任心，同时要求政府各部门每年向国会提交年度绩效报告。《政府绩效与结果法案》的最终目标是利用绩效评价信息和结果指导有关政府资源分配的决策，提高政府资金的使用效益。目前，美国已经基本形成了较为完善的绩效评价工作体系并成为政府加强宏观调控、增强公共支出科学性、提高公共支出效果的有效手段。具体做法：

首先，绩效评价的组织实施。绩效评价的组织实施涉及国会会计总署、总统预算与管理办公室和各政府部门。

国会会计总署的主要职责是：代表国会对联邦政府各部门进行年度绩效考评；接受国会的委托，对部门、计划、项目、专项工作的绩效进行专题评估；授权各联邦部门内部的评价办公室对本部门进行绩效或计划和项目的评价。

总统预算与管理办公室的主要职责是：协助总统对预算的编制进行指导和监督，通过对各政府部门的计划、政策及工作的有效性进行评价，从而确定支出重点，保证预算支出的可行性。各联邦政府部门在新的预算年度（每年 10 月）开始前 5 个月（即每年 4 月中旬）要向总统预算与管理办公室上报年度计划。结合联邦政府各部门上交的春季绩效评价报告，总统预算与管理办公室对各部门年度计划进行评价后，决定是否对预算进行调整。

联邦政府各部门负责向国会提交战略规划和年度计划。主要的政府部门都专门设立了“计划与评价办公室”，在没有设立该办公室的部门都由“政策办公室”负责有关评价事宜。

其次，评价的实施方式。《政府绩效与结果法案》要求联邦政府各部门制订长期战略规划和年度计划，包括工作计划和收支计划。由国会会计总署或由其聘请中介机构，或由各政府部门内部的评价机构对绩效进行评价，然后向国会提交绩效评价报告。

再次，评价的对象和内容。美国政府绩效评价对象包括“部门年度绩效考评”和“专题绩效评价”。“专题绩效评价”一般由会计总署应国会或其他部门的要求进行评价。具体评价内容：过程评价或称为立项决策评价，主要是对项目立项合理性的评价；经济效益评价，主要是评价项目的获利能力、成本效益等情况；综合影响评价，主要是评价项目运行对地区、行业的经济发展，对项目周边自然环境及相关社会环境的影响；持续性评价，主要是评价项目完成后，是否可对经济和社会产生持续或长期的影响。

最后，评价结果的应用。美国财政支出绩效评价的重要特点是由国会直接领导和监督，并由国会会计总署负责对联邦政府各部门实施绩效评价，所以其评价的力度很大，评价的效果可以充分运用到提高政府工作效率中。其主要表现在：绩效评价结果能及时发现政府部门在管理中的问题，及时提出解决方案供国会和政府参考；同时绩效评价结果与各部门和单位的管理责任紧密地结合起来；另外，将绩效评价结果与预算编制结合起来。布什政府的一个工作重点就是把各政府部门工作的绩效与其部门预算紧密结合起来，充分应用绩效评价结果，加强对各部门管理责任落实的监督，进一步加强政府支出管理，提高政府支出的效益和效率。

②加拿大财政支出绩效评价制度

1981 年，加拿大政府发布了《绩效评价工作指南》和《联邦部门和组织项目评价准则》（国会财政委员会委员长办公室发布），为联邦政府各部门组织绩效评价工作提供了政策指导与帮助。1989 年加拿大政府又发布了《联邦政府和部门绩效评价的工作标准》，即建立了联邦政府各部门进行绩效评价的工作标准。

2001 年，加拿大政府又出台了《加拿大政府绩效评价政策和标准》，以区别绩效评价与内部审计的不同，并把绩效评价的范围扩大到对政府各部门的政策和计划的评价，强调以结果为基础和导向的管理体制模式，努力使绩效评价深植于政府各部门的管理工作中去。具体做法：

首先，评价的组织实施。加拿大政府绩效评价工作由内阁财政委员会秘书处统一领导和部署，并成立专门机构——“评价中心”进行协调，政府各部门由副部长负责绩效评价工作，并在各部门内部成立专门的绩效评价机构对本部门进行绩效评价。

联邦财政委员会秘书处作为政府的管理委员会，负责组织政府各部门的绩效评价工作，为加拿大政府的绩效评价工作提供导向。其职责主要包括：建立评价机构即“评价中心”，对绩效评价的运用提供领导、指导和帮助；在决策制定时适当地运用评价结果；制定评价标准；在政府中监督评价工作。

各部门的副部长是各政府部门绩效评价的负责人。各部门副部长必须根据本部门的工作需要和资源分配情况，建立适当的评价体系对本部门政策和计划的执行情况进行评价。其职责主要包括：聘任一位高级领导具体从事评价研究；组织一个评价委员会，任命一位执行长官；除了负责相关内部工作外，还必须经常与联邦财政委员会秘书处联系，掌握影响管理或政策、计划有效实施的因素，以及可能出现的评价结果。

其次，评价的实施方式。每一个联邦部门都要制定《部门战略规划及预期结果的报告》，这个报告是每个联邦部门和机构关于其战略规划和所取得的成果对加拿大国会和公众的承诺，每年 80 多份联邦部门和机构要提交大约 200 多份报告。各政府部门每年都要对本部门的绩效进行评价，评价分析其实际执行结果与战略规划及预期结果的区别，并向国会提交绩效评价报告，同时向公众公开。

再次，评价的对象和内容。加拿大政府绩效评价的对象主要包括各政府部门和单位及项目。加拿大政府绩效评价的另一个特点是每年政府要向议会提交加拿大作为一个国家综合能力的评价报告，该报告用包括 19 个指标（如经济指标、健康指标、环境指标和社区指标等）在内的体系分析评价加拿大公众的生活质量。

最后，评价结果的应用。加拿大政府各部门已经把绩效评价工作作为本部门的一项日常工作，有常设的机构和人员专门负责绩效评价工作。绩效评价不仅对各部门管理过程中存在的问题和风险进行客观的分析，而且提出可供采纳的建议方案。因此，绩效评价对加强和完善各部门的管理工作发挥了重要作用。由于各评价报告必须上报国会、联邦财政委员会，并向公众公开，因此绩效评价工作也得到了国会及公众很好的监督。

③国外经验对我们的启示

从上述两国财政支出绩效评价发展过程和现状可以看出，建立一个成功的绩效评价模式要受到三个因素的影响：一是确定绩效评价在政府工作中的职责定位，包括相应机构的设置和具体职责等；二是确定一套可行的绩效评价指标体系和评价标准；三是建立一个可以把绩效评价渗入宏观管理环境的制度，绩效评价制度不仅应该保证评价工作能够客观、公正地进行，更重要的是评价结果能够被合理地应用，以提高财政支出的效益。

第一，高度重视和促进绩效评价工作的开展。从上述国家的经验来看，绩效评价制度一般是建立在财政收支出现赤字或财政支出效率较低及社会公众民主意识较强的历史条件下。当前我国财政收支规模不断扩大，财政收支矛盾依然突出，但资金使用缺乏监督，资金使用效率相对较低，资金严重浪费的情况普遍存在。因此，我国的财政管理改革已开始注重财政支出改革，包括当前正在实施的政府采购、部门预算和国库集中支付等。如何更好地加强财政支出管理，堵塞支出中的漏洞和浪费，提高财政支出的效率，是当前社会各界都非常关心和重视的问题；同时，社会公众参政、议政的意识不断增强，建立完善的财政支出绩效评价制度已经摆上了议事日程。

第二，如何确定绩效评价工作的定位。从美国和加拿大绩效评价工作来看，经过几十年的探索与实践，这些国家的绩效评价工作制度是一个相对完善的整体，即建立了一套项目评价、单位评价、部门评价和综合评价四个层次的绩效评价体系和制度。从我国目前情况看，企业绩效评价制度已经相对成熟，已成为企业管理和提高生产力的重要手段和工具。但对财政支出绩效评价还没有建立一套较为系统的绩效评价体系和制度，对项目评价的试点工作也只是刚刚起步，实施综合评价的外部条件还不成熟。目前，我国的财政支出绩效评价重点应以项目支出和部分具有代表性的单位整体评价为主体，探索、研究并建立起一套科学、合理的绩效评价指标体系及工作制度。

第三，绩效评价工作的实施主体。在西方国家的政治体制下，由议会和政府共同组织实施绩效评价工作是一种比较理想的办法。如美国由议会直接领导绩效评价工作；加拿大虽然由政府组织实施，但议会或国会的监督力度很大，成为绩效评价能够顺利实施的法律和立法保障。但从我国目前情况看，由立法机关组织和保障实施的条件尚未成熟。财政部门具有制定和分配财政资金的职能，是国家财政资金管理和监督的主体，对财政资金的使用效益进行评价，实行“跟踪问效”，提高财政支出效率，是财政监管的重要手段。因此，目前由财政部门组织实施财政支出绩效评价工作应该是比较实际可行的，待条件成熟时，财政支出绩效评价工作再由国务院或全国人民代表大会制定相应法律和法规进行规范。

第四，建立绩效评价指标体系及标准。应该说建立一个完整、可靠的绩效评价体系，关键在于如何确定评价指标。由于每个部门和单位的特点不同，加上财政支出项目的多样性，其评价指标应该是不一样的，所以不可能像企业绩效评价那样，建立一个统一的放之四海皆可用的指标体系。在建立绩效评价体系时，我国需要考虑建立不同层次的指标体系，如共性指标和个性指标或基本指标和具体指标。有些指标可能会适用于性质和业务相似的部门或单位，而有的指标可能只适用于个别部门或单位。因此，建立绩效评价体系是一项重要的系统工程，评价指标的确定将会是建立绩效评价制度的重点与难点。

第五，绩效评价工作的具体实施方式。西方国家主要采取以各部门和单位自我评价为主、外部评价为辅的实施方式。当前，由于我国整个社会监督机制和自我约束机制缺乏，如果采取自我评价为主，有可能影响评价结果的质量和真实性，从而影响绩效评价结果的最终应用。为此，我国当前的绩效评价拟采取以外部评价为主、内部评价为辅的实施方式，从而保证评价工作不流于形式，确保评价的效果和质量。外部评价可由财政部门、专家等组成专家组实施绩效评价，也可以由有相应资质的社会中介机构参与绩效评价。

第六，建立绩效评价结果应用机制。绩效评价工作是否成功在于其结果能否得到充分的应用。绩效评价结果的充分应用，反过来又会促进绩效评价工作的进一步开展。因此，绩效评价结果应作为项目立项、优化结构、资金分配的重要依据，从而提高财政资金的使用效益和效率，提高政府的运行效率和公共服务的管理水平，推进政府部门和单位更好地为公众服务。

（5）财政支出绩效评价指标设置与组织实施

①基本指标设置

财政支出绩效评价（以下简称“绩效评价”）指标体系是综合反映财政支出绩效总体现象的特定概念，是衡量和评价财政支出经济性、效率性和有效性的载体。

绩效评价指标根据评价内容和设置要求，可分为基本指标和具体指标。基本指标是对评价内容的概括性指标，具体指标是基本指标的进一步细化与分设。

绩效评价基本指标（如表2-1所示）是动态的、可扩充的。财政部门可根据绩效评价工作的开展情况，不断完善基本指标；主管部门和单位要按照指标设置的要求，根据基本指标的内容，结合评价对象的不同特点，研究确定具体指标。

表2-1　　　　绩效评价基本指标表

实际支出情况
组织管理水平
目标设定情况
目标完成程度
经济效益
社会效益
生态环境效益
可持续性影响
资金落实情况
会计信息质量
财务管理状况
资产配置与使用
业务指标
财务指标
基本指标
定量指标
定性指标

绩效评价基本指标：

第一，业务指标。

目标设定情况。目标设定情况指评价对象对预定目标的设定、规划情况是否科学、合理，能否体现财政支出的经济性、效率性和有效性等。

目标完成程度。目标完成程度指评价对象总体目标或阶段目标的完成情况，具体可表述为：目标完成程度=实际达到效果/目标绩效×100%。实际达到效果指评价对象实际达到的效益。当效益可以量化时，则实际达到效果采用相应的数额；当效益不可量化时，实际达到效果可以采用专家评议、调查问卷等方法得出。目标绩效指评价对象为实现其职能所确定的预定目标。

组织管理水平。组织管理水平指评价对象按照国家政策法规和实际情况，逐步形成和运用的组织结构、管理模式、基础管理制度、激励与约束机制、信息支持系统以及由此形成的组织、协调和管理能力等。

经济效益。经济效益指评价对象对国民和区域经济发展所带来的直接或间接效益等。主要包括对国民经济及区域经济增长的贡献、对财政税收的贡献、对外贸出口的贡献等。

社会效益。社会效益指评价对象对社会发展的影响。不同性质的财政支出具有不同的社会影响，如卫生支出对提高全民医疗保健水平、满足基本医疗需要具有影响；教育支出对全民素质的提高、社会风气好转具有影响等。

生态环境效益。生态环境效益指评价对象对生态环境保护的影响，主要包括在治理环境、污染控制、恢复生态平衡和保持人类生存环境等方面的影响。

可持续性影响。可持续性影响指评价对象对社会经济和资源环境的持续影响力等。

第二，财务指标。

资金落实情况。资金落实情况主要反映计划投入情况、资金到位情况（资金到位率、资金到位及时性）及财政投入乘数等。

实际支出情况。实际支出情况主要反映实际支出结构的合理性、超支或结余情况、资金利用效率等。

会计信息质量。会计信息质量主要反映会计信息资料的真实性、完整性和及时性等。

财务管理状况。财务管理状况主要反映财务制度的健全性、财务管理的有效性及财务制度的执行状况等。

资产配置与使用。资产配置与使用主要反映资产配置的合理性和资产使用情况等。

②具体指标设置

具体指标是在评价对象确定后，根据评价对象的不同特点，对基本指标内容细化、分设的评价指标。具体指标又可分为定量指标和定性指标。

第一，定量指标。

定量指标是指可以直接通过数据计算分析评价内容、反映评价结果的指标。

第二，定性指标。

定性指标是指无法直接通过数据计算分析评价内容，须对评价对象进行客观描述和分析来反映评价结果的指标。

对定性指标的测定，可从三个方面取得判断基础或依据：一是专家经验判断。专家凭借工作经验，结合当时的政治、经济发展形势，综合以往年份同类资金所产生的经济效益和社会效益所作出的经验判断。二是问卷测试。对于一些涉及服务满意度、应达到的支出目标等的指标，可通过公众评判的方式测定。三是横向比较。综合比较同类财政支出绩效所达到的结果作出判断。

③评价指标的运用与量化

当评价对象确定后，从具体指标中选取若干指标，构成针对评价对象的一套完整指标体系。具体指标的设定、选用、权重（或分值）原则上由主管部门、单位与财政部门研究确定。

一般而言，业务指标（A）占整个指标体系的60%，财务指标（B）占40%。每类指标（A或B）总分都为100分，根据其具体指标对照评价标准后的得分（Pi）和设定的权重（Ii）计算出得分，再将每类指标（A或B）的得分与权重的乘积加总，初步得出评价分数（S）。

$$S = A \times 60\% + B \times 40\%$$

$$A = \sum_{I=1}^{N} (Pi \times Ii)$$

Pi：每项具体指标算出的结果转化成相应的分值；

Ii：根据评价对象的性质，对所选指标设定相应的权重；

B 的计算方法同 A。

④评价结果的确定

评价结果分为优秀、良好、合格、不合格四个评价等次。根据计算结果的分值，确定评价对象最后达到的等次。具体如表 2－2 所示。

表 2－2　　绩效评价结果表

评价等次	优秀	良好	合格	不合格
参考分值 S	S≥90	90＞S≥75	75＞S≥60	S＜60

⑤绩效评价组织实施

第一，财政部门、主管部门和单位的职责。

财政部门负责制定绩效评价制度、办法和操作规范，统一组织和规划绩效评价工作，指导、监督和检查主管部门和单位绩效评价工作，并选择重大项目直接组织实施绩效评价。主管部门和单位负责拟定本部门、单位绩效评价具体实施办法，并由财政部门确定；负责组织实施本部门、单位的绩效评价工作。重大项目的绩效评价原则上应委托具有相应资质的社会中介机构或组织专家组实施评价，并可邀请人民代表大会、政治协商会议专业委员会的委员参加。一般性项目可由本部门、单位内部相关业务人员实施，也可委托具有相应资质的社会中介机构或组织专家组实施。

第二，绩效评价的工作程序。

为确保评价结果的客观、公正，绩效评价工作应当遵循严格、规范的工作程序，一般分为前期准备、实施评价和撰写报告三个阶段。

前期准备阶段：

确定评价对象。绩效评价对象由财政部门、主管部门和单位根据绩效评价工作重点及预算管理要求确定。对确定的评价对象，主管部门和单位在向财政部门编报年度预算时，应提出评价对象的预期绩效目标，经财政部门审核后，批复下达；如遇特殊情况须对绩效目标作出调整的，应当及时报财政部门审定。

成立评价工作组。评价对象确定后，组织实施绩效评价的财政部门、主管部门和单位应成立评价工作组，负责制定评价实施方案、选择评价机构和审核评价报告等。

下达评价通知。在具体实施绩效评价工作前，组织实施绩效评价的财政部门、主管部门和单位应下达评价通知。内容包括评价目的、任务、依据、评价机构、评价时间和有关要求等。

实施评价阶段：

资料审核。评价机构应对主管部门和单位提交的相关资料进行审核。主管部门和单位对所提供资料的真实性和准确性负责。

现场和非现场评价。绩效评价的形式包括现场评价和非现场评价，评价机构可根据具体情况采取不同的评价形式。现场评价是指评价机构到现场采取勘察、询查、复核等方式，对有关情况进行核实，并对所掌握的有关信息资料进行分类、整理和分析，提出评价意见。非现场评价是指评价机构在对提交的资料进行分类、整理和分析的基础上，提出评价意见。

综合评价。评价机构在现场或非现场评价的基础上，运用相关评价方法对项目绩效情况进行综合性评价。

撰写报告阶段：

撰写报告。评价机构按照规范的文本格式和要求撰写绩效评价报告（具体格式和要求由省财政厅另行制定）。绩效评价报告要依据充分，内容完整，数据准确，分析透彻，逻辑清晰。

提交报告。评价机构应将评价报告在规定时间内提交评价工作组，经评价工作组审定后，将评价结果通知被评价者。

归档存查。评价工作结束后，组织实施评价的财政部门、主管部门和单位应及时将评价报告、评价通知书和实施方案等资料归档存查。财政部门和主管部门组织的绩效评价，应将评价结果及相关意见和建议，及时反馈被评价项目单位，并抄送同级财政部门作为安排下一年度部门预算的重要依据。

（6）绩效评价工作的应有作用

绩效评价也可称为财政资金使用绩效测定。它是指评价工作组对不同的评价对象——财政支出，设定不同的具体评价指标和评价标准，按照一定的程序与方法，对财政资金的安排、使用及其运行效果进行测量与评价。在未实行绩效预算前，它将起着推动财政支出管理模式转变的作用。

一是肯定政府各部门的成绩。开展绩效评价工作，可以将部门的绩效以一个量化的形式，总括地反映部门履行各方面的职能和行为，较为直接地体现部门投资的决策效率和管理水平，从而促进各部门树立财政绩效意识。一个部门通过绩效评价反映的结果较好，表明该部门较好地使用了财政资金，较好地承担了社会和政府赋予该部门的职责。因此，通过对部门使用财政资金全过程的绩效评价，肯定其投资决策及运行过程的成绩与效果，对社会经济发展和生态环境保护等方面都将发挥积极作用；同时，提出预算执行中存在的问题和不足及改进意见，使之更好地加强预算管理，提高财政资金的使用效益和效率。

二是增强各部门创新管理方式。在我国目前的部门预算管理体制下，财政支出行为是通过各部门发生的，一个部门的财政支出绩效如何，直接反映该部门主管的事业发展状况和预算执行情况，也反映该部门的工作效率和业绩。绩效评价方式，一方面可以让政府领导和上级主管部门了解该部门职能发挥的绩效情况，另一方面可以促进该部门规范内部管理行为，提高管理水平和服务质量。因此，实行财政支出绩效评价制度，既是落实部门预算、国库集中支付改革的有效手段，又是一种面向结果的新型公共财政管理方式，更是一项财政的自身改革。它必将成为加强财政管理的规范性、安全性和有效性，提高财政资金安排和使用的透明度，各部门自觉接受公众监督以致更好地满足公众利益需要的重要保障。

三是转变预算管理方式。绩效评价工作，既可强化对财政资金使用情况的事前、事中监督和事后的问效，又要求政府各部门规范财政支出行为。绩效评价要求各部门在编报所需项目资金时，必须要有明确的预期绩效目标——遵从投入的经济性、讲求产出的效率性并注重影响的有效性为前提，而且要对财政支出运行全过程和使用结果负责。也就是说，政府通过绩效评价工作，转变预算管理方式，可以进一步加强对财政资金使用的监控力度，改进和加强各部门的预算管理水平，有效控制财政投资风险；同时，它能更好地协调部门之间的关系，增强各部门使用财政资金的责任感和绩效意识，提高资金成本的运行效率。

四是促使政府领导转变政绩观。20 世纪 90 年代，西方国家已经广泛开始了公共管理改革，即政府改变过去单纯追求行政效率和管理秩序的观念，转而追求政府活动是否符合经济效益和效率——绩效管理。我国在市场经济和公共财政框架构建过程中，逐步建立绩效评价的长效机制应该势在必行了。也就是说，政府在利用公共资源提供服务时，必须考虑所提供的公共服务质量和效用是否有效地实现了公共管理的目标，且又谋求公众效益的最大化。

改革开放特别是近期以来，由于政府领导一味地追求政绩，我国出现了不少“形象工程”、“政绩工程”等违背群众利益的问题，损失、浪费严重，并相应负载了沉重的政府债务，老百姓怨声载道。为使政府领导转变政绩观，树立“强国富民、勤政廉政、务实高效、群众满意”的观念，杜绝不必要的“形象工程”、“政绩工程”，减少投资决策失误及相应的损失、浪费，提高风险意识，切实提高政府公共服务的质量和效用，开展绩效评价工作刻不容缓。

五是为探索绩效预算创造条件。全面推行绩效预算是一个渐进的过程。先行开展绩效评价工作，有利于探索建立一套比较科学、规范及具有可操作性的绩效评价制度体系，逐步实现对财政资金从注重对投入的管理转向注重对支出绩效的管理。在我国财政管理历来都是“重分配、轻管理，重收入、轻支出”，对财政资金分配效果、资金使用效率及产出结果缺乏监督与评价，造成大量低效率和无效率的投资结果。

中国共产党十六届三中全会提出“建立预算绩效评价体系”的财政改革目标，其目的就是要将部门预算与绩效评价相挂钩，政府的预算拨款与政府绩效相匹配，最终实现绩效预算。也就是说，财政部门要求各部门在编制部门预算时要给出相应的预算说明，即详细说明该预算实施后要达到的基本目标——绩效目标，然后将预算项目完成后实际达到的目标与年初绩效目标进行比较——绩效评价，最后再将绩效评价结果应用于下一年度编报和安排部门预算的重要依据。这样能够促使各部门形成良好的绩效意识，提高绩效预算管理水平，为部门绩效预算管理夯实基础，为全面实施绩效预算创造有利条件。

待实行绩效预算后，绩效评价工作又将起到监督、保障作用，更好地促进财政资金使用效益的提高。

(7) 如何推动绩效评价工作

绩效评价工作是一项全新的探索性工作，需要财政部门的每位同志深入研究与探索，并争取政府领导的重视和部门的支持与配合，着重做好财政部门内部的协调与配合工作。由于绩效评价涉及各部门、各单位的利益格局调整，各部门、各单位必须统一思想认识，增强责任感和绩效意识。

①明确职责，加强内部协作与配合

绩效评价工作不仅是财政部门每个职能处室的一项重要工作，也是财政资金使用部门、单位的一项重要工作。为此，做好财政部门内部的协调与配合工作非常重要。就厅里而言，建立了联席会议制度，研究确定每年由财政部门实施绩效评价的重点项目和各处室的评价计划以及评价结果的上报。绩效评价处负责制定绩效评价的有关政策制度、办法，指导各地、各部门开展绩效评价工作，配合相关业务处做好省级部门绩效评价工作并具体实施联席会议确定的省级重点项目的评价工作。各相关业务处负责归口单位的绩效评价具体实施工作。市、县在明确职能时，也可参照省里的做法：建立联席会议协调制度；建立绩效评价机构负责制定有关政策制度、办法；组织协调和指导各部门、单位开展绩效评价工作；总结汇总的年度绩效评价计划和评价开展情况。各个支出业务科室负责归口单位的绩效评价具体实施工作，在具体实施过程中，有关绩效评价的具体实施方案要会签绩效评价机构，并将评价结果抄送绩效评价机构，同时绩效评价机构要配合各业务科室的绩效评价工作，从而更好地推动各部门、各单位开展绩效评价工作。

②准确定位并推进绩效评价工作

绩效评价工作是一项涉及面广、难度大、要求高的工作，对它的改进和完善绝非一朝一夕所能完成，必然会经历探索、发展和相对成熟等不同阶段。绩效评价工作的目标是探索建立预算绩效评价体系，把绩效管理理念与方法引入财政支出管理，逐步建立与公共财政相适应的、以提高政府管理效能和财政资金使用效益为核心的绩效评价体系。就目前情况而言，要推进各部门的绩效评价工作，需从以下几个方面入手：

一是加强宣传。绩效评价工作，将涉及各部门、各单位的利益格局调整，各部门、单位必须统一思想认识，转变要钱随意、用钱无效的观念，增强责任感和绩效意识。由于这项工作刚刚起步，各部门、各单位对绩效评价的概念较为陌生，需要财政部门加大宣传和推动力度，并争取政府领导的重视和部门的支持与配合。财政部门坚持“先易后难、由点及面”的原则，积极做好本地区、本部门的绩效评价工作，为实现“建立预算绩效评价体系”打下扎实基础。

二是加强交流。绩效评价将成为规范财政资金分配和使用的重要手段，其目的是提高财政资金的使用效益和效率，这应该达成共识。绩效评价工作本身操作难度大，没有财政部门内部认识上的统一，很容易使这项工作流于形式，也很难引导部门和单位支持开展绩效评价工作。因此，财政部门要加强本地区、本部门绩效评价工作的交流，促使部门、单位充分认识绩效评价工作的重要性，形成认识上的统一，以更好地配合和支持绩效评价工作的开展。

三是加强监督。凡按规定应绩效自评的项目单位或部门，必须开展绩效自评工作，对没有开展的要加强指导与监督；对评价结果可采取灵活多样的方式或有选择地向有关媒体披露，使社会公众了解有关部门公共支出的绩效水平和管理服务质量，从而使政府各部门接受社会公众的监督，提高财政资金使用的绩效意识，使财政资金的安排、使用更趋合理、高效。

四是加强学习。财政部门从事绩效评价工作的同志加强自身业务的学习，是做好绩效评价工作的前提，并且着重是对有关政策、制度和操作规程等方面内容的学习。通过学习，财政部门从事绩效评价工作的同志可以提高其绩效评价业务水平和操作技能，从而促进各部门、各单位做好绩效评价工作，树立使用财政资金的绩效意识，改变要钱的随意性和用钱的无效性，增强责任感，提高财政资金的使用效益和效率。

五是加强培训。绩效评价是一项全新的工作，涉及面广、操作难度大，需要各级财政部门在提高自身业务的基础上，加强对所属主管部门和单位及参与绩效评价的中介机构的业务培训工作。相关部门、单位及中介机构通过培训，了解和熟悉有关绩效评价的政策、制度及精神，系统掌握绩效评价的操作流程和方法，从而更好地开展绩效评价工作。

③评价结果的应用

2007 年 8 月 21 日，财政部在下发的《关于完善和推进地方部门预算改革的意见》中明确要求各地：探索建立预算绩效评价体系，要把绩效管理理念与方法引入财政支出管理，逐步建立与公共财政相适应的、以提高政府管理效能和财政资金使用效益为核心的绩效评价体系。要按照统一规划、分步实施的原则，积极推进绩效评价工作，并将绩效考评结果作为编制以后年度预算的重要参考依据。开展绩效评价的目的是提高财政资金的使用效益，增强各部门、单位使用财政资金的绩效观念，改变要钱随意、用钱不讲效益的局面；同时，要将评价结果作为编制和安排部门预算的重要依据，使其真正成为公共财政管理改革的“三驾马车”之一。

二、作业与思考题

（一）单项选择题

1. 人们在有目的的实践活动中“所得”与“所费”的对比关系是指（　　）。

A. 效用　　B. 利益　　C. 效益　　D. 得失

2. 政府项目使用的直接投入物的成本为（　　）。

A. 直接成本　　B. 直接费用　　C. 间接成本　　D. 直接消耗

3. 政府项目所导致的产出增加或生产率提高，并由该项目产品的直接使用者享有的效益是指（　　）。

A. 直接利益　　B. 直接收益　　C. 间接利润　　D. 直接效益

4. 最常用的成本—效益分析决策标准是（　　）。

A. 净现值标准　　B. 成本最小化　　C. 利润最大化　　D. 配置最优

（二）多项选择题

1. 下列表述正确的是（　　）。

A. 考虑资源在公私部门的配置采用机会成本分析法

B. 一些支出项目如电站投资，其效益是经济的，可以采用成本—效益法

C. 一些支出项目如军事，成本易于计算，效益不易衡量，采用最低费用选择法

D. 一些支出项目如公路、邮电，成本易于衡量，效益不易计算，通过这些支出所提供的商品或劳务可以部分或全部进入市场交易，可采用公共定价法

2. 政府项目目标的确定需要考虑的因素包括（　　）。

A. 众多目标的选择　　B. 目标实现的时间转移

C. 外部效益干扰对目标的判断　　D. 目标之间发生的冲突

3. 市场价格不能反映其成本的原因有（　　）。

A. 垄断存在　　B. 税收因素

C. 资源处于闲置状态　　D. 经济发展，劳动力过剩

4. 选择决策标准主要有（　　）。

A. 内部收益率标准　　B. 外部收益率标准

C. 净现值标准　　D. 收益—成本比率标准

5. 最低费用选择法的特点包括（　　）。

A. 以社会福利最大化为目标

B. 多项严格假定

C. 只计算每项备选项目的有形成本

D. 不用货币单位来计量备选的财政支出项目的社会效益

6. 从定价政策来看，公共定价包括（　　）。

A. 纯公共定价　B. 管制定价　C. 厂商定价　D. 地方政府定价

7. 政府采购的特点有（　　）。

A. 资金来源的公共性　　B. 资金用途的非营利性

C. 采购活动的政策性　　D. 采购制度的规范性

8. 政府的采购行为必须遵循原则是（　　）。

A. 竞争原则　　B. 公开原则

C. 使用商业标准原则　　D. 透明原则

9. 政府采购范围从采购对象的性质角度可分为（　　）。

A. 武器　B. 货物　C. 服务　D. 工程

10. 政府采购模式可分为（　　）。

A. 集中采购模式　　B. 自由采购模式

C. 分散采购模式　　D. 集中和分散相结合

11. 政府采购合同的类型有（　　）。

A. 固定费用合同　　B. 成本加比例费用合同

C. 固定费用加比例费用合同　　　　D. 固定费用加激励费用合同

（三）简答题

1. 简述成本—效益分析法的步骤。

2. 怎样理解成本—效益分析法中的成本和效益？

3. 简述创造影子价格的估算方法。

4. 什么是社会贴现率？社会贴现率怎样确定？

5. 为什么现实中最常用的决策标准是净现值标准？如何利用净现值标准选定项目呢？

6. 简述成本—效益分析法和财务分析法的关系。

7. 评价成本—效益分析法。

8. 简述最低费用选择法及其应用范围。

9. 简述公共定价的经济意义。

10. 什么是政府采购制度？建立政府采购制度的社会经济意义有哪些？

11. 政府采购方式有哪几种？

12. 政府采购制度对财政支出效益有怎样的影响？

（四）论述题

请阐述我国政府采购制度在推行过程中出现的问题，并对进一步完善该制度提出一些思路。

三、作业与思考题参考答案

（一）单项选择题

1. C　　2. A　　3. D　　4. A

（二）多项选择题

1. ABCD　　2. ABD　　3. ABCD　　4. ACD　　5. CD　　6. AB
7. ABCD　　8. ABCD　　9. BCD　　10. ACD　　11. AB

（三）简答题

1. 答：所谓成本—效益分析法，就是针对政府确定的项目目标，提出若干建设方案，详列各种方案的所有潜在成本和效益，并把它们转换成货币单位，通过比较分析，确定该项目或方案是否可行。

成本—效益分析法一般分为六个基本步骤：确定政府项目要实现的目标；列举成本和效益；测算成本和效益；测算贴现成本和效益；选择决策标准；选定项目。

2. 答：在列举成本和效益之前，必须正确认识政府项目中成本和效益的含义。正是由于政府项目的成本—效益分析是从全社会角度考虑社会资源的配置状况，所以在列举政府项目的成本和效益时，成本不仅包括直接成本，也包括间接成本；效益不仅包括直接效益，也包括间接效益。

直接成本是指政府项目使用的直接投入物的成本，比如该项目所投入的劳动力、资本、外汇等成本。间接成本是指政府项目的建设和经营所导致的外部成本，通常表现为给人们带来不便、不舒服、不愉快或境况变差，很难以定量方式直接估价。直接效益是指政府项目所导致的产出增加或生产率提高，并由该项目产品的直接使用者享有的效益。间接效益是指政府项目产品的非使用者所获得的外溢或外部效益。

3. 答：在没有市场价格可以利用时，有必要设法对有关的收益和成本进行估算，这一过程即为创造影子价格。西方国家提出了三种创造影子价格的估算方法：①成本节约法。成本节约法是指政府财政支出项目给社会所提供的福利减少了某一社会成本，从而节约了社会人力、物力的消耗，这个节约额就是该项目的无形效益的近似值。例如，美化环境增进了居民健康的效益，可以近似地等于医疗机构费用的降低额；减少中小学退学率项目的收益，可以用社会教养机构费用的节余额近似地表示。②成本有效性分析法。成本有效性分析法是指对各备选项目分别计算其可能提供的效益，通过分析比较判断孰优孰劣。如某年度可提供一笔公共支出预算，备选项目分别是国防和教育。为此，可以在分别估算该笔预算经费在增强军事实力或降低退学率方面的社会效益，并根据当时的政治、经济形势，从中选择其一。③生命价值法。生命价值法是指对某些公共开支项目，如减少交通事故，降低疾病死亡率等项目的效益，可以用人们没有死亡或减少疾病，能健康地工作所取得的收入来计算。

4. 答：社会贴现率是指整个社会愿意用将来消费换取现在消费的利率。

由于社会贴现率应当反映出资源在各种私人用途上所能获得的效益，或者说它是投资于政府项目资金的机会成本，是一种影子价格，在金融市场不完善的情况下不一定等于政府借款的市场利率。所以，社会贴现率只能以市场利率作为参照标准。

首先，如果政府投资的资金来源减少了私人部门可用于投资的资金，那投资利率（私人投资的税前收益率）就是适当的贴现率。其次，如果政府投资的资金来源减少了私人部门可用于消费的资金，那么消费利率就是适当的贴现率。消费利率是私人储蓄得到的税后收益率。最后，投资利率和消费利率的加权平均利率是适当的贴现率。不论是投资利率、消费利率还是加权平均利率，都只是社会贴现率的参照利率。社会贴现率在实际应用中一般比较低，主要原因有两个方面：①政府不仅要关心当代人的福利，还要关心下一代人的福利，所以选择的贴现率比市场贴现率低；②在现实中具有正外部效应的投资项目往往提供不足，政府要弥补这种市场失灵，矫正这种无效率，政府投资项目的贴现率也需要低于市场贴现率。

5. 答：在实践中，最常用的决策标准是净现值标准。这是因为收益—成本比率标准和内部收益率标准的局限性比较大。在多种项目之间作出选择时，收益—成本比率标准通常不能给出正确的答案；就内部收益率标准而言，当项目的规模不同时，不能提供可靠的比较基础，内部收益率高的项目可能还不如内部收益率低的项目，因为前者的净收益也许大大低于后者。而且，一个项目有时可能有不止一个内部收益率。因此，在成本—效益分析中，一般不采用内部收益率标准。

那么如何利用净现值标准选定项目呢？第一，一个项目的净现值必须是正数。然而，在有各种备选项目的情况下，正的净现值只是一个必要条件。第二，所选定的项目必须是所有项目当中净现值最大的项目。我们把净现值是正数且是所有项目当中最高的这个条件称为广义净现值标准。

6. 答：财务分析法与成本—效益分析法存在这样的关系：第一，成本—效益分析法是借鉴财务分析法发展起来的。第二，两者所要解决的问题是相同的，都是进行项目或方案选优；两者分析的过程也是基本相同的。第三，两者在进行成本与效益的对比分析中所使用的成本与效益的范围不同，由此而决定了两者选优的标准也不同。财务分析法中分析的是项目或方案的直接的、有形的成本与效益，它的选取优标准是利润最大；成本—效益分析法中分析的不仅是直接的、有形的成本与效益，而且还有那些间接、无形的成本与效益，它的选取标准是社会效益最大，不考虑经济效益。

7. 答：虽然成本—效益分析法可以作为预算决策的经济分析的一个重要手段，但这种方法的适用范围是很有限的。因为以货币为尺度并不能适当地对许多政治活动领域的效益进行分析，如国防、太空研究、对外援助等。教育、住宅建设和公路，虽然被认为可提供巨大的货币效益，但迄今也没有可靠的测量方法。因此，成本—效益分析法的适用范围是有限的。

然而，对于预算决策的经济分析来说，成本—效益分析法的作用是十分重要的。第一，它有助于纠正那些只顾需要、不管成本的倾向。第二，它也有助于纠正那种只考虑成本，而不管效益的倾向。

8. 答：最低费用选择法的主要特点是：不用货币单位来计量备选的财政支出项目的社会效益，而只计算每项备选项目的有形成本，并以成本最低为择优标准。

运用最低费用选择法的步骤大体分为三步：首先，根据政府确定的目标，提出多种备选方案。其次，以货币单位为统一尺度，分别计算出各备选方案的各种有形费用并予以加总。在计算费用的过程中，如果遇到需要多年安排支出的项目，也要用贴现法折算出现值，以保证备选方案的可比性。最后，按照费用的高低排出顺序，以供决策者选择。在目标既定的情况下，费用最低的备选方案为最优方案。

最低费用选择法多被用于军事、政治、文化、卫生等财政支出项目上。运用此方法确定最佳支出方案，难点不在于技术，而在于被选方案的确定。因为，所有备选方案应能无差别地实现同一个既定目标，据此再选择费用最低的方案，但要做到这一点是很困难的。

9. 答：市场经济中，价格机制是实现最优资源配置的主要机制。由于政府也提供大量的满足社会公共需要的“市场型物品”，这些物品就同样面临着价格确定的问题。这就是所谓的公共定价。公共定价，可以纠正市场失灵，提高资源配置效率，可以实现某些重要微观市场的稳定，还可以改进收入分配，而且可以使这些物品得到最有效的使用，提高财政支出的效益。

10. 答：政府采购制度是指规范政府采购行为的一系列法律、法规和惯例的总称，是财政制度的重要组成部分。政府采购制度的基本内容包括四个方面：政府采购法规、政府采购政策、政府采购程序、政府采购管理。

政府的每个部门都需要购买商品和服务，而且都要保质保量且经济实惠地购买商品和服务。无效率的采购方法会造成财政资金的很大浪费，因为政府采购涉及的资金数额巨大。因此，政府采购制度的有效运行有重要的社会经济意义：

(1) 政府采购制度能够节约财政资金，提高资金的使用效率。

(2) 政府采购制度是财政政策的重要工具，可以有效地调节经济运行。

(3) 政府采购制度能够激励技术进步，促进长期经济增长。

(4) 政府采购制度将推动我国预算管理制度的改革，提高财政管理水平。

11. 答：根据采购项目的不同，政府采购方式主要有公开招标方式、邀请招标方式、协商采购方式、询价采购方式以及直接采购方式等。

公开招标方式是指政府采购实体（招标人）发出招标公告，邀请所有感兴趣的供应商（投标人）参加投标，按规定程序评标并选定供应商（中标人）并与之签订政府采购合同的一种采购方式。

邀请招标方式，也称选择性招标方式。邀请招标方式是指招标人不刊登招标公告，直接邀请一定数量的潜在投标人参加投标并按规定程序确定中标人的一种采购方式。

协商采购方式，也称竞争性谈判采购方式。协商采购方式是指招标人直接邀请三家以上的供应商就生产工艺、质量、性能、价格等进行谈判并确定供应商的一种采购方式。

询价采购方式是指招标人对三家以上的供应商提供的报价进行比较并确定供应商的一种采购方式。

直接采购方式，也称单一来源采购方式。直接采购方式是指采购实体向某一供应商直接购买的一种无竞争采购方式。

12. 答：政府采购制度从三个层次上有利于财政支出效益的提高。从财政部门自身的角度来看，政府采购制度有利于政府部门强化支出管理，硬化预算约束，在公开、公正、公平的竞争环境下，降低交易费用，提高财政资金的使用效率。从政府部门的代理人角度来看，招标竞价方式，优中优选，可以提高政府采购制度的实施效率。从财政部门代理人与供应商之间的关系角度来看，由于政府采购制度引入了招标、投票的竞争机制，大大减少采购实体之间的共谋行为。

（四）论述题

答：我国的政府采购制度仍处于探索阶段，各地的试点工作不可避免地存在着许多问题，主要表现在以下几方面：

(1) 对政府采购制度的认识不够深入。在各地的试点工作中，有些试点地区把政府采购仅仅看作采购方式的改变，没有认识到这是财政支出管理方式的重大改变，只认识到它具有节约财政资金的功能，对政府采购制度的其他功能认识不足。还有人甚至认为政府采购是新形式的供给制。特别是推行政府采购制度必然会触动一些地方和部门的自身利益，这些利益受到影响的单位和个人不能从全局观念上认识推行政府采购制度的重大意义，从而产生了抵触情绪，阻碍了政府采购制度建设的顺利开展。

（2）缺乏统一的政府采购法规。在政府采购的试点工作中，各地一般都是根据本地情况自行制定管理办法，导致政府采购的规定差异很大，这不仅不利于全国统一的政府采购市场的形成，也难以与国际惯例接轨。虽然1999年财政部颁布了《政府采购管理暂行办法》，该文件对政府采购的一些基本要素作出了统一规定，但与之配套的一系列法规尚未出台。

（3）政府采购方式单一。在政府采购的试点工作中，政府部门普遍采用的是公开招标和邀请招标两种方式。这两种方式虽然有其优点并在实际运用中取得了一定成效，但随着采购内容的扩充、采购金额的变化和采购环境的不同，这两种方式的使用会受到限制，政府部门需要采取其他方式作为补充。

（4）从事政府采购工作的专业人员严重不足。政府采购工作需要大量的专业人员，他们不仅要懂经济知识，还要懂贸易、法律以及具体商品的物理、化学性质等知识。从我国政府采购工作的试点来看，具备上述综合素质和专业知识的采购人员寥寥无几，这造成财政部门对所购商品的信息掌握得很少，使得有些规章制度得不到有效贯彻，所采购的商品和服务达不到理想的要求。

针对政府采购试点工作中存在的问题，借鉴政府采购制度的国际经验，我国尽快完善政府采购制度还需要采取以下措施：

（1）加大宣传力度，进一步提高人们对政府采购制度的认识。一方面加强政府采购理论的探讨，从理论高度澄清人们对政府采购制度的一些模糊认识；另一方面，借助新闻媒介加强对试点工作的成效和经验的宣传，最大限度地减少人为阻力。

（2）完善政府采购制度的立法。政府采购制度是由政府采购的基本法和一系列法律、法规组成的有机体系。我国目前与政府采购制度有关的法律法规除了《中华人民共和国招标投标法》外，其余的都是以“暂行办法”、“规定”、“通知”等形式出现的，这些都是将政府采购行为规范于国内行政管理范围内的行政规章制度，没有上升到国家法律这种最高形式。因此，我国应尽快出台“中华人民共和国政府采购法”和其他配套法律。

（3）强化政府采购专业人员的培训。政府采购是一项专业性、技术性很强的工作，客观上要求从事政府采购的工作人员应该具备扎实的理论知识和较高的业务水平。我国应该积极采取措施，加强政府采购工作人员的培训，在此基础上逐步推行政府采购人员资格认证制度；同时，我国应尽早成立政府采购专业委员会，鼓励政府采购人员积极参加专业协会，不断提高业务技能。

（4）积极开展与政府采购制度有关的其他管理制度的配套改革。政府采购制度的建立需要有与之相适应的管理制度。比如，政府采购制度要求预算管理制度要改革。因为政府采购也要有预算，政府采购预算是将部门预算中可以用政府采购方式购买的商品和服务单列出来的预算，故首先要有部门预算，然后再在此基础上编制政府采购预算。又如，政府采购制度要求国库管理制度要改革。因为政府采购资金要集中支付，故我国必须首先建立国库集中收付制度。此外，政府采购制度还要求建立和规范政府采购信息统计和信息公告制度。

第三章　财政支出规模与结构分析

一、教学案例

案例一：财政购买性支出与转移性支出的数据分析（表3－1、表3－2）

表3－1　　两类国家的财政购买性支出与转移性支出所占比重（%）

类　别	发达国家	发展中国家
购买性支出	45.2	61.5
其中：经常性支出	34.9	50.1
资本性支出	10.3	11.4
转移性支出	41.0	22.5
其中：公债利息	5.6	5.5
补助金	35.4	17.0
其他	13.8	16.0
合计	100.0	100.0

参考资料：《财政学》，中国人民大学出版社，陈共主编。

表3－2　　我国财政支出中的转移性支出及其比重

年份	转移性支出总量（亿元）	转移性支出占财政支出的比重（%）
1978年	30.1	2.7
1980年	166.6	13.2
1985年	839.7	33.0
1990年	1 205.2	31.2
1995年	1 686.6	21.0
1996年	2 231.3	23.3
1997年	2 981.0	25.9
1998年	3 570.0	32.1
2009年		43.2

参考资料：《中国统计年鉴（2010）》。

简要分析：

（1）按财政支出是否与商品和服务相交换为标准，可将财政支出分为购买性支出和转移性支出。购买性支出与转移性支出在财政支出总额中所占比重的大小，可以反映政府在一定时期内直接动员社会资源的能力以及对社会经济的影响程度。

（2）购买性支出和转移性支出占总支出的比重，受一国经济发展水平的影响。一般而言，经济发达国家由于政府较少直接参与生产活动，财政收入比较充裕，财政职能侧重于收入分配和经济稳定，因而转移性支出占总支出的比重较大，或与购买性支出相当，或较购买性支出增长更快。而发展中国家由于政府较多地直接参与生产活动，财政收入相对匮乏，购买性支出占总支出的比重较大，转移性支出的比重较小。具体情况如表 3－1 所示。

（3）我国作为一个发展中国家，财政支出结构具有发展中国家的一般特征，总体上表现为转移性支出所占比例较低（如表 3－2 所示）。这从一个角度反映了我国财政在经济发展方面长期面临的支出压力。但从表 3－2 的数据变化来分析，我国从经济体制改革以来，随着国民经济的迅速增长，财政支出结构的变化表现为在全部财政支出中，购买性支出所占比重有所下降，而转移性支出所占比重有所上升。这种变化反映出我国改革开放以来，政府财政的资源配置能力减弱，收入分配能力增强。其间转移性支出占财政支出的比重虽然有所回落，但比重上升仍将是一个总的趋势。这是与我国市场经济制度的建立与发展相一致的。

思考题：你认为我国政府应怎样合理安排与使用财政购买性支出与转移性支出，为什么？

案例二：中国财政支出结构的历史变动情况（表 3－3）

表 3－3　　中国财政支出结构

年份	财政支出总额（亿元）	各类财政支出占财政支出总额的比重（%）				
		经济建设支出	社会文教支出	国防支出	行政管理支出	其他支出
1950 年	68.1	25.5	11.1	41.1	19.3	2.9
1960 年	654.1	70.4	13.2	8.9	4.8	1.0
1970 年	649.4	60.5	8.0	22.4	4.9	4.2
1980 年	1 212.7	55.3	16.4	16.0	6.2	3.7
1985 年	1 844.8	48.5	22.1	10.4	9.3	7.5
1990 年	3 452.2	44.8	21.4	8.4	12.0	7.9
1992 年	3 742.2	43.1	25.92	10.1	12.38	8.5
1993 年	4 642.3	39.52	25.38	9.17	13.66	12.26
1995 年	6 823.72	41.85	25.73	9.3	14.6	8.47
1997 年	9 233.55	39.5	26.74	8.8	14.72	10.24
1998 年	10 798.18	38.71	27.14	8.66	14.82	10.68
2000 年	15 886.5	36.18	27.6	7.6	17.42	11.19
2001 年	18 902.58	34.24	27.58	7.6	18.58	11.97

资料来源：中经网数据中心。

简要分析：表 3－3 的数据表现了新中国成立后的财政支出在几十年间的巨大变化。这既反映出财政支出总额的大幅度增长，也表现出财政支出结构的变动，而具体变动表现出以下特点：

（1）经济建设支出一直是我国财政支出的主体。在计划经济体制时期这一比重通常在50%以上，改革开放以来这一比重有所下降，这与市场经济制度的发展以及政府逐渐从一些生产领域退出有直接的关系。（国家的经济建设支出主要包括基本建设支出、流动资金拨款、企业挖潜改造资金、新产品试制费、地质勘探费等。其中，基本建设支出又在经济建设支出中占有相当大的比重。特别是在传统经济体制下的1951年、1956年、1960年、1970年，基本建设支出占到经济建设支出的76% ~78%）。

（2）社会文教支出的比重有了较大的提高，成为仅次于经济建设支出的第二大支出项目。这反映了我国自改革开放以来，国家对科学技术、文化教育事业和社会福利事业的重视程度逐渐加强。（社会文教支出是国家用于文化教育、医疗卫生、社会抚恤和社会福利方面的开支。）

（3）国防支出稳中有降。改革开放以来，我国的国防支出比重虽然有所下降，但随着财政支出总量的增长，其绝对额仍然有较大增加，并为我国的国防现代化发挥了重要作用。

（4）国家财政支出中行政管理支出在改革开放以后呈增长趋势，甚至超过了同期的国防支出，成为我国财政支出的第三大支出。这一现象的产生有其合理的因素，也有行政机构过度膨胀的原因。

因此，我国财政支出结构的变动，反映出我国财政基本上还是一个以经济建设为主的财政。其为社会职能实现的支出虽然有所增加，但是比起为经济建设提供的支出仍然比较小。但是，随着社会主义市场经济制度的建立，政府职能的转变，政府对经济进行调控的方式必须改变，政府应从原来经济的直接管理者和直接参与者变为经济的间接调控者，完成从直接行政管理到间接调控的转变。财政支出结构中的经济建设支出比重应进一步下降，体现公共财政职能需要的其他支出项目将会上升。

思考题：我国现行财政支出结构是否合理，为什么？

案例三：从财务审计人员角度分析各级政府间职责划分存在的问题对地方财政支出结构失衡的影响

在对所选地区的财政管理制度和政策进行调查时，财务审计人员的工作要紧紧围绕地方经济发展和财政制度改革的热点问题。当前，财务审计人员需要关注六个方面的内容：

一是政府收支分类体系改革的情况。财政审计调查可以在分析现行收支分类体系的弊端及其影响的基础上，根据转变政府职能的要求，提出政府收支分类改革的方案或建议，加强预算管理。

二是预算会计权责发生制的改革。审计机关在开展财政审计调查过程中，运用审计案例和相关调查数据可以全面反映现行预算会计制度存在的问题，并能根据经济体制和财政管理制度的改革方向，推进预算会计制度向规范的以权责发生制为核算基础的政府会计制度转换。

三是国有资本经营预算制度的改革。审计机关除了加强对国资委和国有资产经营机构的监督外，还要从建立和完善对国资委预算收支进行管理和监督的机制，构建国有资本经营预算的法律制度等方面的扩展调查内容，以推动我国预算管理体系的完善。

四是财政负债的情况。由于我国现行的财政预算只是反映了政府活动的一部分内容，没有涵盖政府的全部财政活动，尤其对游离于预算体系以外的或有债务缺乏有效的确认、量化和披露制度，使得这部分债务不断累积，对政府财政的稳健运行和经济的可持续发展构成潜在威胁，成为引发财政风险的重要因素。审计人员应当对财政负债引起高度重视，需要在掌握财政负债总量和结构的基础上，从制度性因素、非制度性因素和市场经济发展中的道德风险角度分析负债产生的原因，从政府与市场之间的关系、各级政府之间的关系和改革现行财政体制、投融资体制、金融体制、干部考核机制等方面提出解决的思路和方案。

五是土地出让收入收缴的情况。土地出让收入已成为地方政府财政收入的稳定来源，但这部分收入的收缴方式对财政收入的实现时间和入库金额有重要影响，因此财务审计人员要加大对该项目的调查力度，细化对土地出让政策、出让价格、出让方式、相关支出等方面的调查内容。

六是城市基础设施建设的情况。该类项目的公共性特点突出，财政投入大，建设周期长，是地方财政的主要支出项目，其投资完成情况和潜在的社会经济效益对所调查地区的未来经济发展有重要影响。在调查中财务审计人员需要采取"解剖麻雀、突出重点"的方法，抓住投资金额大、对地区发展带动力强的建设项目，结合当地财力的实际情况，对其资金来源、投资规模、经济效益和社会效益、可行性研究等方面进行全面剖析。

案例四：美国和中国的财政支出结构和公共服务程度比较

（1）美国公共服务和社会管理型的财政支出结构

美国作为一个资本主义市场经济国家，政府资源不必用来大量地投资于国有经济，并且国有经济的比例很低。因而，美国政府的财政开支一般不过多地承担经济建设和投资企业的责任，其各级政府预算的性质一般为公共服务的社会管理型财政。

①美国联邦政府财政支出结构

2004年，美国联邦政府在公共服务方面的支出，大体在国防、外交、保健、养老医疗、收入保障、社会保障、净利息、行政公务、其他等方面，总支出为22 922亿美元。从1965年以来，美国联邦政府的财政支出结构也发生了较大的变化，国防和外交支出的比例下降，其他项目的支出比例也在下降，保健、养老医疗、收入保障、社会保障等支出比例上升，而债务利息支出比例基本没有变化。美国联邦政府1965年和2004年财政支出结构如表3-4所示。

表3-4　　美国联邦政府1965年和2004年财政支出结构　　单位：亿美元

	总支出	国防	外交	保健	养老医疗	收入保障	社会保障	净利息	行政公务	其他
1965年	1 182	506	53	18	0	95	175	86	—	250

表3-4(续)

	总支出	国防	外交	保健	养老医疗	收入保障	社会保障	净利息	行政公务	其他
%	100	43	4	2	0	8	15	7	—	21
2004年	22 922	4 559	269	2 401	2 694	328	4 955	1 602	2 290	3 113
%	100	20	1.2	10.5	11.8	1.43	21.6	7.0	10	13.6

从表3-4可以看出，2004年美国联邦政府支出的45%用于社会保障和医疗卫生等方面的公共服务，而用于行政公务的费用只占总支出的10%。

②州和市县镇政府财政支出结构

美国是一个联邦制国家，其政权层级分为二层。州政府是一层，而县市镇政府又是一层，互不隶属。没有市管县，或者县管镇的行政分级体制。从中央与地方政府的职能划分看，州政府完全负责失业救济和公共福利支出，负责大部分高速公路、监狱的支出；火灾消防完全由市县镇政府负责，排水几乎由市县镇政府负责，警察和教育基本上由市县镇政府负责。2001—2002年，美国州和市县镇政府总支出为17 352亿美元。美国州和市县镇政府1965年和2002年财政支出结构如表3-5所示。

表3-5　**美国的州和市县镇政府1965年和2002年财政支出结构**　单位：亿美元

	总支出	教育	高速公路	公共福利	行政公务	其他
1965年	746.78	285.63	122.21	63.15	—	275.79
%	100	38	16	8	—	37
2002年	17 352	5 946	1 154.67	2 838.85	2 776.3	4 684.77
%	100	34	7	16	16	27

资料来源：美国政府《总统经济报告（2005）》。

表3-5中的行政公务费是一个根据调查的比例推算的数。其他项目包括图书馆、医院、健康、运输、加水传送和终端机、停车设备、防火、排水设备、自然资源、公元和娱乐、警察及设备、住屋和社区发展、固体废物管理、公众建筑物、一般债务利息等。

从表3-5中可以看出，2002年美国州和市县镇政府的总支出中，用于教育卫生、各种社保和社会管理的支出比例高达70%，政府本身行政公务费只占16%。其他的支出除了高速公路建设、利息等项目外，大都也支出在其他的公共服务项目上。笔者在美国马萨诸塞州议会财政预算委员会调研时，了解到2003—2004年马州政府的财政支出中，25%用于健康保障，25%用于教育，23%用于警察设备和工资，16%用于行政公务运转费（包括公务员的福利和薪水），11%用于政府举债的利息支出。

总之，美国各级政府的预算支出结构的一个重要的特征，就是老年保障、医疗保障、教育、低收入补贴、公共福利等服务型项目以及消防和治安等社会管理项目所占的财政支出比例较大。

（2）中国的财政支出结构

中国的财政是在计划经济体制下建立的。改革开放前，其主要功能是经济建设，是生产建设型的财政。

改革开放以来，财政顺着四个方向调整：一是生产建设支出的比例在逐年下降，但仍占很大比重；二是由于党政机构得不到控制，行政运转费用日益上升，所占的份额越来越大；三是预算外的自收自支规模越来越大，一些政府部门收费被收支两条线固定和合法化；四是地方政府的财政特别是县乡财政的显性债务和隐性债务越来越多，并且数额巨大；五是财政支出结构近两年开始更多地向社会保障等公共支出进行调整。

①预算和预算外收支反映的供养和建设型的支出结构

从财政部门向人民代表大会所报的预决算报告和报表看，虽然我国的行政公务支出比例比美国要高一些，但并不严重。我国主要是经济建设的比例较高。但是，实际财政支出格局并非如此。我们由表及里进行分析，先按照公布的2003年中央和地方财政决算报告理出当年的国家财政支出结构表（如表3－6所示）。

表3－6　2003年国家财政支出结构表　单位：亿元

	总支出	经济建设	社会保障	抚恤救济	教育	医疗卫生	行政公务
绝对额	27 868	6 820	1 262	498	2 937	778	4 713
比重（%）	100	24	5	1.8	11	2.8	17

资料来源：《中国财政年鉴（2004）》。

表3－6中的行政公务项目中除去了1 500亿左右的公安和武装警察费用，如果加上，行政公务开支的比例则为22%。

从表3－6可以看出，即使不包括预算外支出，仅就财政决算表上的支出结构看，社保、救济、教育和卫生等公共服务型支出只占16%，而经济建设支出的比例高达24%，行政公务费为17%。另外，从2002年的数据看，没有进入财政预算表但有统计的预算外收入达4 479亿元，其85%用于自收自支单位或者收支两条线单位的行政性供养费用。这一点，《中国统计年鉴（2004）》第309页“预算外资金分项收入”栏中有说明。2003年的数据笔者无法从现有的材料中得到，估计统计的预算外收入为5 000亿元，支出为4 500亿元，其中7%用于经济建设，85%用于行政性供养费用。

资料来源：新华网，2005年3月24日。

考虑在统计之列的预算外支出，我们可以重新整理2003年国家财政支出结构表（如表3－7所示）。

表3－7　2003年包括有统计的预算外支出的国家财政支出结构表　单位：亿元

	总支出	经济建设	社会保障	抚恤救济	教育	医疗卫生	行政公务
绝对额	32 868	7 135	1 262	498	2 937	778	10 038
比重（%）	100	21.7	3.8	1.5	8.9	2.4	26

资料来源：《中国统计年鉴（2004）》。

从表3－7可以看出，加上统计的预算外资金的支出后，国家财政中最大的支出项目是行政公务费用（不包括公安和武装警察费用），该项支出的比例高达26%。其次是经济建设支出，该项目支出的比例为21.7%，而用于社保、教育、卫生等公共服务的比例全部加起来只占16.6%。

②实际的国家支出结构

对表3－7需要说明：一是表中没有包括730万名村干部和1 270万名县乡非编制干部，从而不包括收支两条线预算外筹集的供养费用3 000亿左右。二是因为没有将社会保障资金作为税收征收，所以在预算的收支中没有包括社会保障金的征集和发放。三是经济建设支出项目中的40%左右，实际还是用于政府建设规划各部门和机构的行政事业费用，特别是政府人员和相关事业单位人员的工资发放。这样我们考虑没有列入统计的预算外收入和企业、个体工商户和村民支付的公务消费因素之后，再计算出2003年中国实际的国家支出结构表（如表3－8所示）。

表3－8　　2003年国家实际支出结构表　　单位：亿元

	总支出	经济建设	社会保障	抚恤救济	教育	医疗卫生	行政公务
绝对额	37 960	4 407	3 854	498	2 937	778	14 266
比重（%）	100	11.61	10.15	1.31	7.83	2.04	37.58

注：实际国家支出＝财政决算表上支出27 868亿元＋预算外支出4 500亿元＋扣除财政转移外的社会保障费支出2 592亿元＋非编制人员供养费用3 000亿元；实际经济建设支出4 407亿元为除其40%的行政事业人员工资和行政管理费后的数额＋预算外支出中的经济建设费用315亿元；行政管理费为财政决算表上的4 713亿元＋预算外支出的85%即3 825亿元＋经济建设支出的行政管理性费用2 728亿元＋非编制人员供养费用3 000亿元。

从表3－8可以看出，2003年由国家财政、预算外资金、企业和村民交费和列支成本支出的行政事业供养费高达14 266亿元，加上公安和武装警察费用1 500亿元，达到15 766亿元，占2003年国内生产总值的13.52%，同时占2003年国家总支出的37.58%，由这些被供养的公务人员所消耗。

用表3－8的数据计算，国民经济的实际税负已经高达32.55%。显然企业、个体工商户和村民的税负已经很沉重，而高达37 960亿元的国家实际支出中，只有21%用于公民最需要的社会保障、抚恤救济、教育和医疗卫生项目。

（3）中美两国财政公共服务程度比较（表3－9）

表3－9　　中美两国财政公共服务程度

项目	中国（%）	美国（%）
行政公务	37.6	12.5
经济建设	11.6	5.0
公共服务和社会管理	25.0	75.0
其他	25.8	7.5

注：此表中的美国其他项目，将书中其他表中的其他项目中属于公共服务和社会管理的项目扣除。

如表3-9所示：中国财政支出中占比最高的是行政公务项目，达到37.6%；美国财政支出中占比最高的是公共服务和社会管理项目，达到75%。由此比较，可以很容易了解中美两国的财政公共服务差距。

二、作业与思考题

（一）单项选择题

1. 政府向个人和企业购买原材料、土地、劳动力、资本等生产性服务并由政府直接使用的支出称为（　　）。
   A. 购买性支出　B. 转移性支出　C. 生产支出　D. 基础支出
2. 政府在公民之间再分配购买力的支出称为（　　）。
   A. 分配支出　B. 福利支出　C. 转移性支出　D. 购买力支出
3. 社会性支出占财政支出的比重随着经济发展阶段的上升而快速（　　）。
   A. 不变　B. 减少　C. 不确定　D. 递增

（二）多项选择题

1. 根据马克思的社会再生产理论，从静态角度将财政支出划分为（　　）。
   A. 补偿性支出　B. 投资性支出　C. 消费性支出　D. 积累性支出
2. 按国家职能将财政支出分为（　　）。
   A. 经济建设支出　B. 国防支出　C. 社会文教支出　D. 行政管理支出
3. 财政支出按国家职能分类的意义在于（　　）。
   A. 能够了解国家执行了哪些职能
   B. 能够了解国家侧重哪些职能
   C. 对一个国家的支出结构纵向分析，可知道该国的职能的演变
   D. 对若干国家的支出结构横向分析，可揭示各国职能的差别
4. 财政支出分析的主题大致可分为（　　）。
   A. 结构分析　B. 总量分析　C. 效益分析　D. 资金分析
5. 公共支出的性质可划分为（　　）。
   A. 预防性支出　B. 创造性支出　C. 消耗性支出　D. 转移性支出
6. 财政支出的国际分类方法包括（　　）。
   A. 经济分类　B. 国际分类　C. 理论分类　D. 统计分类
7. 置换效应包括对以前的（　　）的置换。
   A. 财政支出水平　B. 私人部门支出　C. 国防支出　D. 教育支出
8. 影响财政支出规模的因素包括（　　）。
   A. 经济性因素　B. 环境性因素　C. 政治性因素　D. 社会性因素

（三）简答题

1. 请阐述按经济性质对财政支出进行分类的意义。

2. 如何根据公共物品理论对财政支出进行分类？

3. 从统计核算的角度，国际货币基金组织对财政支出作了怎样的划分？

4. 在公共财政的框架下，结合我国政府职能的变化，谈一谈财政支出结构会有怎样的变化。

5. 政府活动扩张论认为影响财政支出规模上升的最基本因素是什么？

6. 梯度渐进增长论揭示了财政支出增长的哪两类原因？

7. 梯度渐进增长论怎样解释非常时期财政支出的增长过程？

（四）论述题

1. 根据财政支出结构发展阶段论，结合我国的经济情况，谈谈财政支出结构的变化。

2. 试论目前我国在公共财政下的财政支出结构的调整优化。

3. 分析财政支出规模增长的现实原因。

4. 我国财政支出比率逐年下降，分析财政支出增长潜在的压力，并对财政支出增长的控制提出一些建议。

三、作业与思考题参考答案

（一）单项选择题

1. A　2. C　3. D

（二）多项选择题

1. ACD　2. ABCD　3. ABCD　4. ABC　5. CD　6. CD

7. AB　8. ACD

（三）简答题

1. 答：按经济性质对财政支出进行分类，可以了解财政在资源配置中的作用和对收入分配的影响。在财政支出总额中，购买性支出所占比重越大，政府配置资源的规模就越大，财政活动对生产和就业的直接影响就越大；而转移性支出所占比重越大，财政活动对收入分配的直接影响就越大。从财政职能角度来说，购买性支出比重大的支出结构表明财政的资源配置职能较强，转移性支出比重大的支出结构表明财政的收入分配职能较强。

2. 答：我们可以根据公共物品理论来区分财政支出，因为公共物品的含义、性质和类别，已经界定了财政支出的对象、层次、次序以及筹资方式。就支出对象而言，财政支出是政府提供公共物品的成本。因此，财政支出可分为用于提供纯公共物品的支出和准公共物品的支出。就支出层次而言，由于公共物品可分为全国性公共物品、区域性公共物品和地方性公共物品；相应地，财政支出可分为中央级财政支出、省级财政支出和县（市）级财政支出，这也同时确定了各级政府的事权和支出范围。就支出次序而言，纯公共物品无疑是财政支出安排首先要考虑的领域，其次是具有非竞争性的准公共物品，最后是具有非排他性的准公共物品。当然，次序的安排并不能决定规模的大小。就筹资方式而言，纯公共物品的支出一般由强制性税收来融资，而准公共物品的支出既可通过税收也可通过收费融资，还可以通过举债融资，或三者并举。

3. 答：从统计核算的角度来看，国际货币基金组织采取了职能分类法和经济分类法对财政支出进行分类。按职能分类，财政支出包括一般公共服务支出、国防支出、教育支出、保健支出、社会保障和福利支出、住房和社区生活设施支出、其他社区和社会服务支出、经济服务支出以及无法归类的其他支出。按经济分类，财政支出包括经常性支出、资本性支出和净贷款。

4. 答：现行的财政职能是从计划经济体制演变而来的，具有明显的体制转轨时期的过渡性的特征。从社会主义市场经济的要求来看，现行的财政职能既存在“越位”问题，也存在“缺位”问题，因而必须根据资源配置方式和政府职能的转换，逐步转变财政职能，并对财政支出结构进行优化和调整。我国试图实行“公共财政”模式，逐步建立“公共财政”的基本框架。目标是逐步减少生产经营性基本建设投资和一般性技术改造投资，大力压缩事业单位经费，保证国有企业下岗职工的基本生活费和再就业经费以及粮食风险基金等当前急需的重点支出。

5. 答：瓦格纳法则可以表述为：随着人均国民生产总值的提高，财政支出占国民生产总值的比重相应提高。

瓦格纳认为，形成财政支出规模上升趋势的最基本原因是工业化。从政治因素看，随着经济的工业化，不断扩张的市场与这些市场中的行为主体之间的关系更加复杂化。这需要建立司法体系和管理制度，以规范行为主体的社会经济活动。从经济因素看，政府对经济活动的干预以及从事的生产性活动也会随着经济的工业化而不断扩大。因为随着工业化经济的发展，不完全竞争市场结构更加突出，市场机制不可能完全有效地配置整个社会资源，这需要政府对资源进行再配置，实现资源配置的高效率。另外，城市化以及高居住密度会导致外部性和拥挤现象，这些都需要政府出面进行干预和管制。最后，教育、娱乐、文化、保健以及福利服务的需求收入弹性较大。也就是说，随着人均收入的增加，人们对上述服务的需求增加得更快，要求政府为此增加支出。

6. 答：梯度渐进增长论揭示了财政支出增长的两类原因，即内在因素和外在因素。财政支出增长的内在因素是指公民可以忍受的税收水平的提高。一般来说，政府的意愿总是财政支出越多越好，这样可以使政府的权力不断扩大；而民众的意愿是税收负担越低越好。政府的征税水平一旦超过了公众的忍受限度，民众就会通过手中的选票行使否决权。因此，政府的财政支出水平在一定程度上受到税收水平的制约。但是，随着经济的发展和人均收入水平的提高，即使税率保持不变，税收也会随之增加，财政支出便与国民生产总值同步增长。财政支出增长的外在因素是指社会动荡对财政支出造成的压力。在危急时期，私人部门无法解决战争、饥荒、经济危机等造成的种种社会经济问题，只有政府采取行动才能缓解这些灾难对社会、经济造成的消极影响。因此，此时的财政支出必然呈阶梯式上升。

7. 答：皮考克和威斯曼利用三个相互联系的概念即置换效应、审视效应以及集中效应，分析了非常时期的财政支出的增长过程。

置换效应。置换效应包括对以前财政支出水平的置换和对私人部门支出的置换。前者是指在危急时期，新的、较高水平的支出（税收）替代了以前的、较低水平的支出（税收）；而在危急时期过后，这种新的支出水平因公众的税收容忍程度提高而不会逆转，即使支出水平有所下降，也不会低于原来的趋势水平。后者是指在社会总资源的配置中，私人部门的份额因公共部门的份额增加而减少。也就是说，在危急时期，财政支出在一定程度上会取代私人支出，而且财政支出的增加呈阶梯状。

审视效应。社会动荡暴露出许多社会问题，迫使政府和公众重新审视公共部门和私人部门各自的职责，政府认识到有些社会经济活动应当纳入政府的活动范围，公共部门需要提供一些新的公共物品。与此同时，随着公众觉悟水平的提高，可容忍的征税水平在危急时期过后明显增加。这样，公共部门规模的扩张和财政支出规模的增长趋势不可避免。

集中效应。在非常时期，中央政府显然要集中较多的财力，甚至会发行大量国债以满足其猛增的需求。即使在正常时期，为了促进经济增长，中央政府的经济活动在整个公共部门的经济活动中所占比重也具有明显提高的倾向。

（四）论述题

1. 答：财政支出结构发展阶段论认为，在经济发展的初期，公共积累支出应占较大的比重；在经济发展的中期，公共积累支出的增长会暂时放慢；在经济发展的成熟期，财政投资的增长率有可能回升。

我国目前正处于经济起飞阶段，交通、通信、水利设施等经济基础设施具有极大的外部经济性，私人部门不愿投资，而这些经济基础设施的建设不仅影响整个国民经济的健康发展，而且也影响着私人部门生产性投资的效益。因此，政府必须加大经济基础设施的投资力度，创造良好的生产经营和投资环境，加速经济起飞。在经济发展的中期，私人部门的资本积累较为雄厚，各项经济基础设施建设也已基本完成，财政投资只是私人投资的补充。因此公共积累支出的增长会暂时放慢，在社会总积累支出中的比重也会有所下降。在经济发展的成熟期，财政投资的增长率有可能回升。因为在这一时期，人均收入水平很高，人们对生活质量提出更高的要求，需要更新经济基础设施，加大社会基础设施和人力资本的投资。

所以，财政支出结构也要从维持性服务开始，首先扩展到经济性服务领域，然后进一步扩展到社会性服务领域；与此相适应，维持性支出比重逐渐下降，经济性支出比重逐步上升，然后这两者都逐渐下降而社会性支出比重明显提高。

我国还处于经济体制改革和政府职能转变的动态过程中，财政支出结构正与此相适应地发生变化，其实这也正是财政支出结构逐步优化的过程。

2. 答：当前调整和优化财政支出结构的重点是，在公共财政框架下，结合政府的职能转变，依据财政支出范围的界定，进行相应调整。

第一，在国家行政管理服务领域，财政支出要有保有压。国家行政管理费支出，是公共财政的一项最基本支出，必须保证政权建设和国家安全，为经济建设和社会发展保驾护航；同时，随着政府职能的转变，加快机构改革，对一些专业经济管理部门可进行撤消、合并和精简，或进行经营性改组，中介、评估、服务机构必须与政府部门脱钩，定岗定编，减少财政供养人口，压缩行政经费，提高管理效率。

第二，在经济建设领域，财政支出要有进有退。建立市场经济体制，财政的经济建设功能也必须进行相应的调整，要增大对非竞争性和非盈利性社会公共工程的投资力度，增加公共物品供给；同时，财政投入要逐步从竞争性的经营领域退出，减少财政对企业生产性投资支出，这类资金融通可以通过商业性动作来解决。

第三，在社会事业和社会福利领域，财政支出要有增有减。在教育方面，政府要加大对基础教育的投入，以满足社会对公共性教育的需求，提高全民素质。在科技文化和医疗卫生领域，纯理论学科、基础理论研究和高风险的尖端科技研究等社会公益性科学研究，财政支出应予以保障；其他如应用科学研究、文化团体演出、职业化体育运动、新闻媒体服务、一般医疗服务等，力争商业经营，市场化运作，财政可适当补助。在社会福利领域，政府要加大对社会保障的支持力度，扩大社会保障范围，增强社会保障能力。

3. 答：财政支出规模的增长是一个举世共存的没有争议的现实性问题，财政支出规模增长的现实性是财政支出增长的必要性和可能性相结合的必然结果。

（1）财政支出规模增长的必要性

首先，政府职能的扩张。随着社会经济的发展，政府职能呈扩张之势。其主要表现在五个方面：一是经济干预的加强；二是社会福利事业的扩大；三是工业化和都市化的影响；四是政府机构的扩增；五是人口的增加。

其次，物价上涨。物价上涨是财政支出规模增长的重要原因，它与引发财政支出规模增长的其他原因共同导致了财政支出的名义增长。

最后，科技进步。科技进步对财政支出增长的促进作用主要从两个方面表现出来：一是科技进步能创造出一些前所未有的新的需求。二是科技进步会增加政府提供产品和服务的成本。

（2）财政支出规模增长的可能性

第一，随着经济的发展，国民收入规模的扩大，即使取得财政收入的形式和比率不变，财政收入也会相应增加。财政收入增加了，财政支出就有了增加的可能。

第二，税制的完善和税收征管的加强。随着税收征管的不断加强，政府以各种税收、各种比率从国民收入流量和存量中应取得的各项收入都会尽可能多地形成现实的财政收入。税收的不断增加为财政支出的增加提供了客观可能。

第三，公债发行规模的扩大。财政赤字用发行公债来弥补，加上政府干预经济能力的增强，公债成为政府筹资的一种经常性手段，为政府财政支出的增加提供了便利条件。

综上所述，财政支出规模的增长这一客观事实，是客观上要求财政支出增长和客观上有可能使财政支出增长这两方面的因素相结合的必然结果。

4. 答：（1）财政支出增长的潜在压力。我们说中国改革开放的前 20 年财政支出比率比较低，但并不表示中国今后没有必要控制财政支出的增长。实际上，中国今后财政支出增长的潜在压力很大，至少表现在以下三个方面：

第一，中国正处在社会主义市场经济发展的初级阶段，是实现工业化的关键时期。政府不仅要在经济基础设施上加大投入力度，而且要在包括保健、文化、教育等社会基础设施上增加支出，这些对财政支出比率的提高形成了巨大压力。

第二，由于官方从未公布过公债利息支出的数据，在计算财政支出比率时，没有考虑本应包括在内的利息支出。可是，随着公债发行额的规模越来越大，债务余额不断累积，利息支出占国内生产总值的比率将逐渐提高。

第三，由于我国尚未全面建立社会保障制度，在计算财政支出比率时，几乎没有社会保障支出。可是，社会保障支出是目前多数国家特别是发达国家政府的沉重负担。中国不仅人口众多，预期寿命在延长，而且在现行计划生育政策下，老龄化社会将很快到来。可以预见，在不远的将来，社会保障支出将成为财政支出比率提高的重要决定因素。

（2）对财政支出增长的控制包括两个方面的内容：一是财政支出比率的控制，二是财政支出结构的控制。对财政支出比率的控制而言，就是控制政府的财政支出不超过国民收入的一定比率，要求政府支出只能在国民收入的一定比率范围内波动。这种对财政支出比率的控制既考虑了财政支出要随国民经济的发展而增长，又对财政支出的增长速度进行控制，因而是一种可行的控制支出增长的方法。

财政支出结构的控制包括两个方面：一是对中央政府和地方政府的财政支出进行划分，明确双方的职权范围。二是对种类支出的比重、数量进行协调。随着经济发展，社会进步，对社会保障、科教文卫等方面的支出比重要相应提高，但对行政管理支出却应实行严格控制，保证其不超过国民收入的一定比率。对我国来说，由于经济体制转轨，原有的管理职能特别是经济管理职能削弱，而新的政府职能还未有效建立起来。这种“越位”和“缺位”的调整，要求行政管理职能要比计划经济时期要精简一些。因此，随着经济的发展，对行政管理支出要进行强有力的控制，防止出现大规模膨胀。

第四章　社会消费性支出——购买性支出之一

一、教学案例

案例一：政府公共工程投资的一个实例

美国西部的哥伦比亚河可用于优良的水电开发，但这需要在上游建设一个蓄水库（饿马水坝），这个水库贮存雨季的水供旱季用，也可贮存多雨年度的水供干旱年度之用。当水放开时，可流经下游的十二个水坝，每个水坝都可发电。但是，事实上，有四分之三的电力都是在下游生产的。因此，一个私人公司是不愿开发饿马这个水坝的，因为它大部分的利益将归其他私人电力公司获得。结果饿马水坝就成为美国的一项公共工程，并由政府来建设。

在这里，虽然政府干预是必须的，但公有制或政府的公共提供也并非唯一可能的解决办法。政府也可以允许私人公司通过法律授权向它的受益者征收费用，联邦政府还可以付给私人公司一种补助金，以补偿修筑饿马水坝受到的利益损失，或者下游的受益人也可自愿组合来修筑饿马水坝，或者设计出一个公私混合的组织，在这个组织的指挥下，联邦政府可修筑水坝，而发电设备由私营企业提供。但是，在美国，政府不喜欢付给大公司补助金或给私人公司以征收费用的权力。并且自愿组织因有利害冲突也不易组织起来，因此导致这种情况常常由政府来经办。

参考资料：《公共财政学》，中国财经出版社，美·阿图·埃克斯坦著。

简要分析：公共工程在各国的历史上或当代都是政府投资的主要对象，受政府活动范围的直接影响。政府活动的范围是什么，是每一个国家都要面临的问题。古典经济学的创始人亚当·斯密对政府活动范围列出三点：①防务；②司法裁判；③一些公共工程。这种划分在自由资本主义时期表现突出。在现代市场经济制度下，公共工程仍然是政府投资的主要对象。这与许多公共工程通常是私人无力提供或不愿提供，或者是由政府来提供可以起到更加积极作用的原因有关。饿马水坝成为一项公共工程，应当说较为典型地反映了这些原因。

思考题：公共工程的建设与政府投资有何关系？

案例二：政府购买支出乘数

所谓政府购买支出乘数，是指收入变动与引起这种变动的政府购买支出变动的比率。以△g 表示政府支出的变动，kg 表示政府（购买）支出乘数，则：

$$kg = \triangle y / \triangle g = 1/(1-\beta)$$

此式中 β 仍代表边际消费倾向。可见，政府购买支出乘数和投资乘数相等。kg 为正值，它等于 1 减边际消费倾向 β 的倒数。

如图 4－1 所示，政府购买支出乘数的作用如下：

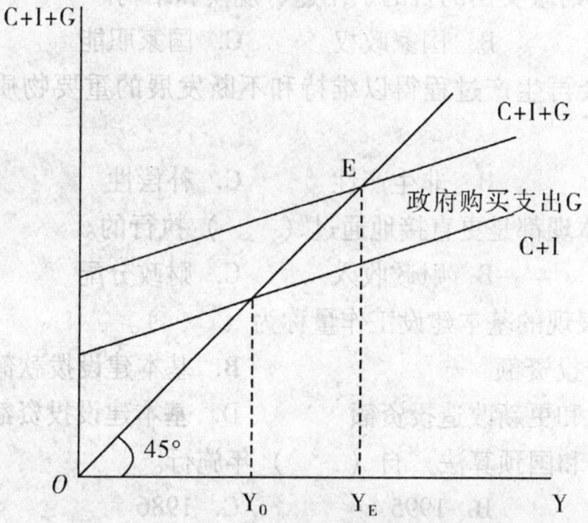

图 4－1　政府购买支出乘数

在使用政府购买支出乘数时应注意以下几点：

(1) 政府购买支出乘数发挥作用，以资源未得到充分利用为前提，或以不存在"瓶颈产业"为条件。

(2) 政府购买支出乘数是一把双刃剑。利用它可以引起国民收入的数倍增加，也可以引起国民收入的数倍减少。

(3) 在拟用购买支出的增减影响需求乃至国民收入时，第一要考虑实际国内生产总值与潜在国内生产总值差额的大小，第二要考虑乘数的大小，以便为乘数发挥作用留有余地。

(4) 上述分析以价格不变为假定前提，在实际生活中价格的变动将抵消部分乘数效应。

二、作业与思考题

(一) 填空题

1. 随着______________的调整和转变，财政职能的作用范围也相应地调整和转换。

2. 在安排预算时，坚持按科学、合理的顺序安排支出，总的原则是__________。

3. 从 1983 年 7 月起，国有企业的流动资金改由___________统一管理。

4. 财政分配包括两个方面，一方面是__________，另一方面是__________。

（二）单项选择题

1．财政分配的第二阶段是（　　）。

A．财政收入　　B．财政支出

C．财政再分配　　D．财政收入再分配

2．（　　）决定财政支出的目的、用途、规模和结构。

A．国家性质　　B．国家政权　　C．国家职能　　D．国际制度

3．我国整个社会再生产过程得以维持和不断发展的重要物质基础和财力保证是（　　）支出。

A．生产性　　B．非生产性　　C．补偿性　　D．积累性

4．财政职能的体现都是更直接地通过（　　）执行的。

A．财政支出　　B．财政收入　　C．财政分配　　D．国家补偿

5．以货币形式表现的基本建设工作量称为（　　）。

A．固定资产投资额　　B．基本建设拨款额

C．基本建设和更新改造投资额　　D．基本建设投资额

6．《中华人民共和国预算法》自（　　）年施行。

A．1994　　B．1995　　C．1986　　D．1996

7．财政支出是国家各级政府为实现政府职能对一部分国民收入和往年积累社会财富价值的（　　）。

A．分散性分配　　B．结构性分配　　C．集中性分配　　D．全面性分配

8．固定资产投资的供应方式有（　　）。

A．拨款　　B．贷款　　C．拨改贷　　D．拨款和贷款

（三）多项选择题

1．国家财政支出的目的是（　　）。

A．政治目的　　B．社会目的　　C．经济目的　　D．政权目的

2．财政支出按最终用途分为（　　）。

A．补偿性支出　　B．消费支出　　C．生产性支出　　D．积累性支出

3．财政支出按经济性质分为（　　）。

A．生产性支出　　B．补偿性支出　　C．积累性支出　　D．非生产性支出

4．财政支出按补偿性分为（　　）。

A．购买性支出　　B．转移性支出　　C．生产性支出　　D．非生产性支出

5．国家在安排财政支出时相应地要遵循的原则有（　　）。

A．效益原则　　B．平均原则　　C．公平原则　　D．稳定原则

6．影响财政支出规模的因素有（　　）。

A．经济性因素　　B．政治性因素　　C．社会性因素　　D．收入性因素

7．财政支援农业的内容主要包括（　　）。

A．农林、水利、气象等基本建设支出

B. 农林企业挖潜改造资金支出
C. 农林部门科技三项费用
D. 农林、水利、气象等部门的事业费支出
E. 支援农村生产支出

8. 下列支出中，哪些属于投资性支出（ ）。
A. 基本建设支出
B. 挖潜改造资金支出
C. 增拨流动资金
D. 国家储备
E. 支付债券利息

9. 财政支出按在国民经济和社会发展中的作用分类，可分为（ ）。
A. 生产性支出
B. 社会补偿性支出
C. 投资性支出
D. 积累性支出
E. 消费性支出

10. 经济建设支出包括（ ）。
A. 基本建设支出
B. 科技三项费用支出
C. 增拨企业流动资金支出
D. 企业挖潜改造资金支出
E. 支援农村生产支出

（四）判断题

1. 财政支出是指国家对财政收入进行计划性安排使用，是财政分配的第二阶段。（ ）
2. 财政支出的目的可分为政治、社会和经济三种目的。（ ）
3. 财政支出的原则是指导人们开展财政支出活动的准则。（ ）
4. 经济稳定和发展的主要标志是财政收入大于支出。（ ）

（五）名词解释

1. 财政支出
2. 积累性支出
3. 消费性支出
4. 生产性支出
5. 非生产性支出
6. 经常性支出
7. 投资性支出
8. 财政支出的分类

（六）简答题

1. 简述财政支出的原则及其作用。
2. 为什么财政支出规模相对于财政收入规模更能反映财政活动的规模？
3. 简述影响财政支出规模的因素。

4. 按财政支出用途分类的意义表现在哪些方面?
5. 简述按财政支出归属部门分类的意义。
6. 简述按财政支出经济性质分类的意义。
7. 财政固定资产投资的特点有哪些?

(七) 论述题

1. 论述安排财政支出的基本原则。
2. 试述财政投资对产业结构的推动作用。

三、作业与思考题参考答案

(一) 填空题

1. 国家职能
2. 先维持，后发展
3. 人民银行
4. 筹集收入 安排支出

(二) 单项选择题

1. B　2. C　3. A　4. A　5. D　6. B
7. C　8. D

(三) 多项选择题

1. ABC　2. ABD　3. AD　4. AB　5. ACD　6. ABC
7. ABCDE　8. ABCD　9. BDE　10. ABCDE

(四) 判断题

1. T　2. T　3. T　4. F

(五) 名词解释

1. 财政支出是国家各级政府为实现政府职能对一部分国民收入和往年累积的社会财富价值的集中性分配。

2. 积累性支出主要指用来直接增加社会物质财富及国家物资储备的支出。其主要包括扩大再生产的基本建设投资、增拨企业流动资金、国家物质储备、支援农业生产资金和非生产性基本建设支出等。

3. 消费性支出指国家财政用于社会共同需要方面的支出，包括行政、文教、科学、卫生、体育等公共消费和劳务支出，以及国防经费等支出。

4. 生产性支出指与物质生产有直接关系的各项支出，如生产性基本建设支出、技术改造资金、增拨企业流动资金、支援农业支出等。

5. 非生产性支出指与物质生产没有直接关系的各项支出，如非生产性基本建设拨款，行政、国防经费，文化、教育、科学、卫生经费等。

6. 经常性支出指国家行使政治和社会职能而必需的支出。其主要包括：①各级政权机构执行公务需要开支的公务员工薪、各种劳务支出及用于购买商品的支出；②支付利息支出；③各种补助及其他转移性支出。

7. 投资性支出指扩大再生产支出，主要包括基本建设投资、挖潜改造资金，增拨流动资金，交通工具购置、土地及无形资产购置、国家储备等支出。

8. 财政支出的分类是指从不同的角度出发，根据一定的标志把各种不同用途的财政支出进行划分和归类，从而更合理、有效地使用财政资金，加强对财政资金的管理和监督。

（六）简答题

1. 答：①效益原则。②公平原则。③稳定原则。财政支出也称公共财政支出，是指在市场经济条件下，政府为提供公共产品和服务，满足社会共同需要而进行的财政资金的支付。财政支出是一级政府为实现其职能对财政资金进行的再分配，属于财政资金分配的第二阶段。国家集中的财政收入只有按照行政及社会事业计划、国民经济发展需要进行统筹安排运用，才能为国家完成各项职能提供财力上的保证。

2. 答：同财政收入规模相比，财政支出规模更能反映财政活动的规模。首先，财政收入只是表现了财政可能使用的和支配的规模，通常并不代表实际发生的规模。而财政支出规模，无论采取何种形式，都无一例外地表现为财政对国民收入及国内生产总值的实际使用和支配的规模。其次，财政收入反映的是财政参与国民收入及国内生产总值分配过程的活动。财政支出反映的则是财政在国民收入及国内生产总值使用过程中的活动。从财政支出与社会再生产过程的关系来看，财政支出规模及结构对社会再生产的规模及结构起着极其重要的制约作用。整个财政分配活动起始于财政收入，但只有通过财政支出才能得以最终完成。最后，财政收入和财政支出都体现财政对宏观经济运行的调控，但后者更能准确地体现出财政的宏观调控能力。因为，财政职能的体现都是更直接地通过财政支出执行的。

3. 答：（1）经济性因素。经济性因素是影响财政支出规模的最根本因素。这里所指的经济性因素主要是指一国的经济发展水平、经济体制的类型和政府的经济干预政策等。

（2）政治性因素。政治性因素对财政支出规模的影响主要体现在两个方面：一是政局是否稳定，二是政体结构的行政效率。

（3）社会性因素。社会性因素主要指一国的人口状态、文化教育背景等因素，在一定程度上影响财政支出规模。

4. 答：按财政支出用途分类，其意义主要表现在：

（1）各项财政支出从用途看，体现着国家为实现其职能和政治、经济等任务所进行的集中性分配，反映政府活动的范围和方向。

(2) 按财政支出用途分类，可以明显表示出国家执行的方针、政策，对于围绕国家的方针、政策加强财政管理和宏观经济调控具有重要意义。

(3) 各级政府的财政支出，是根据财权、事权统一的原则划分确定的。按照财政支出用途分类，可以反映出各级政府的事权及其职能分工。

5. 答：按财政支出归属部门分类的意义，主要表现在：

(1) 国家执行职能，一方面需要财力保证，另一方面需要设立相应机构，依靠各级政府的部门、行政、事业部门和单位行使职能。财政机关按照一定的审批程序把相当数额的资金和经费及其他费用拨付给各有关职能部门，通过它们合理、有效地使用资金、经费和费用，就是实现国家各级政权、各部门职能的有力保证。

(2) 这种分类方法便于明确职能部门的支出范围及其应负的管理支出的责任。这既有利于加强财政管理，也有利于对职能部门的资金、经费和费用的使用效果进行考核，以期更有效地提高资金、经费和费用的使用效益。

6. 答：按财政支出经济性质分类有两种方法：

一是分为生产性支出和非生产性支出。这种分类方法的意义在于：

(1) 两种不同性质支出的数量和比例反映国家在一定时期的主要任务和实行的方针、政策，通过分析可以领会某一时期的工作重点。

(2) 这种分类方法通过国际间财政支出分类比较，可以窥见不同性质的国家执行不同的内外政策，加深对某些国家社会性质的认识。

(3) 在计划经济体制时期，我国财政支出中经济建设支出占有较大的比重，体现出生产性财政的特点。

二是分为经常性支出和投资性支出。这种分类方法的经济意义主要是：

(1) 这种分类方法充分体现国家执行职能的先后顺序。国家首先执行其政治和社会职能，保卫国家安全，加强行政管理、社会管理以及发展科学教育事业等。财政支出优先保证这方面的需要，然后视财力可能增加投资性支出。

(2) 这种分类方法有利于将财政赤字控制在赤字债务化的范围之内。经常性支出后的余额可以用来增加生产投资，如果不足，出现赤字，可发行公债弥补，用债务收入增加生产投资。这样就可以防止出现财政性货币发行。

7. 答：(1) 财政固定资产投资以执行政府一定时期的产业政策为主要投资方向，以追求社会效益和国民经济宏观效益为宗旨。

(2) 财政固定资产投资着眼于优化产业结构，改善投资环境。

(3) 财政固定资产投资引导民间和企业投资方向。

(七) 论述题

1. 答：为了正确、合理地安排财政支出，提高财政支出的经济效益和社会效益，必须坚持以下三条基本原则：

(1) 收入数量制约支出规模的原则。财政分配长期存在支出需要和收入可能的矛盾。国家各方面建设的支出需要是无限的，希望有更多的收入满足支出的需要；而收入在一定时期内却是有限的，它受到经济发展水平、经济效益高低和财政管理体制等因素的制约。因此，安排财政支出时一定要考虑这一制约因素，安排一个适当的支出规模。

(2) 按科学顺序安排支出的原则。财政支出首先安排并保证政府公共预算支出的需要，然后视财力可能安排投资扩大再生产规模。这是符合客观规律要求的，是科学、合理的分配顺序。政府公共预算支出包括社会公益性基本建设支出、各项事业维持和发展支出、社会保障支出、行政管理和国防经费等支出以及各项补贴支出等。保证这些支出之后的多余财力，才能据以安排投资性建设支出。

(3) 厉行节约，反对浪费，统筹兼顾，保证重点的原则。增产、节约并重，只有增加生产，提高经济效益，才能创造日益丰富的财源。在增产的同时必须厉行节约，坚持艰苦奋斗、勤俭建国的方针，反对铺张浪费，提高财政支出的社会、经济效益。这是安排和管理财政支出的重要原则。

按照上述原则安排和管理财政支出，要采取的措施有：合理安排支出结构；统筹兼顾，保证重点需要；厉行节约、反对浪费。

2. 答：(1) 行使政府职能调控产业结构。

①与履行政府职能直接相关的产业由财政投资。

②财政与产业部门、社会各界共同投资，引导产业结构的合理化。

(2) 依据产业政策，运用财政、税收杠杆调控产业结构。

①产业政策和行业发展规划是财政投资和引导其他投资的依据。

②财政引导其他投资主体投资方式的措施有：财政率先投资；利用财政、银行、税收杠杆引导投资。

(3) 以提高宏观经济效益为基准进行投资。

①财政投资着眼于宏观经济效益，不应局限于地方、部门的局部利益，防止盲目、重复投资造成产业失衡。

②宏观经济效益是考察产业结构合理的标志。

(4) 财政投资结构应重视产业结构的演变趋势。

①重视产业结构发展趋势和调整投资方向对形成合理产业结构具有重要意义。

②重视第一、第二、第三产业变化趋势，确定投资结构。

第五章　财政投资性支出——购买性支出之二

一、教学案例

案例一：控制行政管理费的理论与现实思考

（1）行政管理费的影响

行政管理费以及它所支持的国家各项行政管理活动对经济的积极或消极的影响是一个复杂的过程，但我们至少可以从三个角度进行考察：

①从直接的生产和消费社会财富的角度来看，行政管理费属于社会财富的“虚耗”。因为行政活动是非生产性劳动，从而与生产性劳动相对立。就此而言，这类费用越小越好。

②从财富生产的社会条件来看，政府的行政活动维持了社会生产与生活的秩序，因而用于行政活动的费用又不是在“虚耗”社会财富。

③从社会经济的循环周转来看，生产是产品的创造，消费是产品的实现，若无消费，生产不仅是一种无内容的概念，而且也不能正常进行。行政管理活动正是全社会消费的一个构成部分。因此，当社会的消费需求不足以完全吸收掉同期的产出时，行政管理费的增加，有增加消费和支持生产的作用；而当社会的消费需求超过同期产出时，增加行政管理费，则会导致通货膨胀。

（2）行政管理费的控制

从上述影响考虑，应当说对行政管理费的控制，是一个需要考虑多方面的因素才能决定的问题。而社会经济管理的需要以及社会总供求的对比关系，则是其中最重要的两个因素。如果考虑到这两个最重要的因素，那么至少在目前的一段时期中，对于我国的行政管理费是应当严加约束的。那么究竟该怎样约束行政管理费呢？

①通过某种政治程序来实现。政府需要哪些职能部门，各部门应有多大规模，通过某种政治程序来确定，可以实现有效的控制。因为决策过程实际上是一个权衡与选择的过程，它需要特定的政治程序来表达人民大众的意愿。在我国，人民代表大会制度便是这样的政治程序，人民大众可以通过这一政治程序来表达自己对包括行政管理费在内的财政支出的意见，从而决定行政管理费的规模以及支持这一规模的资金来源。如果这一政治程序能充分实施，公民也能得到充分的信息，行政机构的规模以及行政管理费的规模可得到适当的确定。

②对行政管理费的规模或其占财政支出的比重规定一个具有法律效力的指标，并由司法和民意机关对其施行严格监督。这是各国在控制行政管理费上的一个可行的方法，但这种方法还有待于政治体制和经济体制改革的深化、政府职能的转变和权力过分集中问题的解决。

③加强行政机关的设置和合理的法制建设，为各机构的设置和活动规定基本的规范和程序，严格定员定编管理，控制差旅费、会议费等行政管理费的开支标准，健全财务管理制度，抑制社会集团的实力，也能有效地约束行政管理费的膨胀。

参考资料：《现代财政制度通论》，高等教育出版社，魏杰，于同申主编。

简要分析：行政管理费支出对财政的压力，是现代许多国家面临的一个严峻问题。其问题的产生原因很多，解决这一问题既要客观评价合理的行政管理支出，以保障国家管理与正常社会经济秩序的实现，又要有严格的政治程序与法律制度来管理、约束与监督政府行政管理费的确定与使用。管理监督制度的缺失，将难以控制行政管理费的膨胀，这是每一个国家都必须正视的问题。

思考题：怎样有效地确定与控制我国的行政管理费？

案例二：政府与教育事业的发展

（1）政府为什么要提供教育服务

在许多国家，政府积极和广泛地参与了教育这一公共品的提供。除某些私立学校之外，各种初等、中等和高等教育经费在很大程度上主要由公共部门提供。实际上，与国防相比较，教育并不是一种纯粹的公共品，所以从某种意义上讲，教育完全可以由个人或私人部门来提供。但实际情况是公共部门在为全社会提供教育服务方面起着主要作用。其原因如下：

①教育具有正的外部效应，它使整个社会因受教育者文化程度的提高而受益。在由个人或私人部门提供教育的情况下，这种外部效应就已经存在，但私人办教育同时也会遇到资金不足的问题。由公共部门开办教育事业，更有助于解决这种问题，使教育产生出更多、更有益的外部效应，从而有利于整个经济的发展。

②解决收入和分配不公平的问题使政府有必要参与教育事业。对现存的收入和分配不公平现象，政府可以采取社会福利政策，用提供各种补贴和救济的方式加以缓解。但仅仅采取这些措施是难以消除贫富差异以及由此而产生的一系列问题的，特别是不能解决穷人受教育的问题。因为无论从道义还是从社会发展的需要上分析，人们接受教育的机会并不应该受其家庭财富多少的制约。如果教育由私人提供，通常不会影响富人为其子女在教育方面支付更多的费用，但会把穷人子弟拒之于学校大门之外。正是出于这种考虑，政府参与教育事业则成为一种需要，这使社会成员均能享受接受教育的机会和权利，并且也实现了对收入分配的一定调节。

③资本市场不尽完善，需要政府参与教育的发展。这一点在高等教育中表现得尤为明显。政府对大学生的资助，主要采取免费教育、补贴和贷款的方式。对于正在接受高等教育的青年人来说，其学成后的收益能够超过耗费，所以在财力不足的情况下，他们也愿意通过获取贷款的方式来完成自己的学业。但问题在于，私人信贷机构一般

都不愿意向大学生发放贷款，其主要顾虑是回收贷款相当困难。此时，由政府出面向学生提供贷款，就有助于学生们完成自己的学业。

（2）不同教育支出方式的选择

为了提高居民对教育这一公共品的消费并提高教育支出的效益，政府在安排教育支出时，可在三种不同的方式之间进行选择。这三种方式包括学费补助、收入补助以及定额补助。

①学费补助

学费补助不是直接补助学生本人，而是补助给学校当局。在美国，这种方式主要应用于政府对私立高等教育的支持。补助的目的在于降低私立学校向学生收取的学费定额，从而使更多的学生能够得到接受教育的机会。

②收入补助

收入补助方式实际上是政府转移性支出的一部分。它是通过福利性开支来提高某些低收入家庭的收入水平，以相应提高其教育方面的消费。

③定额补助

定额补助的目的是让居民享受到一定数额的免费教育。在美国，它在中小学教育中应用得比较广泛。定额补助的实行使居民不必放弃对其他产品的消费也能增加居民的教育消费。

参考资料：《公共财政学》，清华大学出版社，刘玲玲编著。

简要分析：政府直接提供或积极促进教育的发展，对社会经济发展，体现社会公平均有值得肯定的意义。但用何种方式来促进教育的发展则应根据具体情况来判断哪种方式更加有效。一般来说，如果政府某种教育支出的意图在于普及义务教育的话，那么选择第三种方式——定额补助就最为合适。学费补助的方式之所以不适用于普及义务教育的目的，是由于学费补助通常只限于使那些有机会和有能力进入高等学府的人和家庭受益，而其他人却不能因此受益。收入补助方式对于受补者来说具有明显的收入效应，受补者可任意将这种补助用于购买食品和服装，因此收入补助方式亦不能够保证居民将专门补助普及义务教育的费用用于此目的。如果要保障每一社会成员都必须接受义务教育，收入补助的方法是不合适的。

思考题：你认为政府应怎样扶持与促进教育的发展？

案例三：国防支出的确定

（1）国防支出确定的几个相关问题

①处理好国防支出的目标与手段的关系

政府为国防建设购买新式装备并不是支出的目的，而是加强军备、应付战争需要的一种手段。国防经济学表明，国防支出中购买导弹、飞机的费用并不是越便宜越好，而达到最终目标才是最根本、最关键的。假设潜艇上装备的北极星导弹比陆基导弹贵两倍，但在遭受第一次打击后，75%的陆基导弹会被摧毁，而潜艇上装备的北极星导弹却安然无恙。从这个意义上说，北极星导弹的实际成本要低于陆基导弹，因为与陆基导弹相比较，北极星导弹更有助于达到最终目标。

②注意“全面”费用分析

在考虑安排国防支出时，既要注意军事设施或武器装备系统本身的费用，也必须重视与这种设施或武器装备系统有关的人员经费和设施装备维持费用的增加。如果不能全面地进行费用分析，就难以作出正确而有效的选择，从而出现重视设施装备费用而忽视设施装备的维持费用及人员经费的问题。因此，全面进行国防支出的各项费用的分析是至关重要的。

③装备的更新与实用性

尽快部署新式武器和装备，与国防支出的目标是一致的。新式武器和装备利用了先进技术，它的部署有利于增强防卫和打击能力，但可能使原有的武器和装备因此而受到冷落。从经济学角度看，应该把武器装备的实用性同由此而产生的费用联系起来。(除非在特殊情况下才只考虑实用性。）只有当真正把武器装备的实用性和相关的费用分析结合起来时，才能谈到军费开支的有效性。

（2）国防支出的合理限度

①军需品与民需品之间的权衡选择

国防支出的合理限度，主要是指国防支出究竟多少才合适的问题。如果单纯从国防角度看问题，可能就会得出军费开支越多越好的结论。因为充足的军费开支有助于提高威慑和防御能力。但是，在政府财力一定的条件下，国防开支数额应被控制在一定的限度之内；同时也应考虑军需品与民需品之间的此消彼长的相互制约关系。

图5－1描述了社会生产在军需品与民需品之间进行选择的情况。社会无差异曲线如图5－1所示。一个政府可以扩充军备，但必须以减少民需品等其他产品的生产为代价。图5－1中的社会无差异曲线代表着军需品与民需品选择的结合。社会无差异曲线越远离原点，对整个社会所带来的利益水平也就越高。在现有资源约束下能够达到的最高的利益水平位于E点，此时社会无差异曲线正好与社会生产可能性曲线相切（E点）。

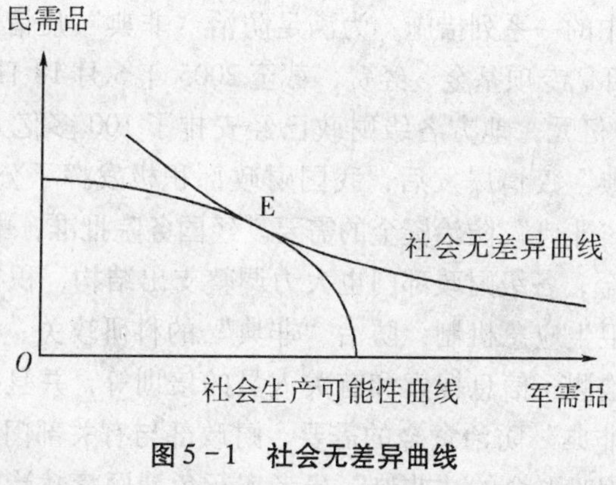

图5－1　社会无差异曲线

②计划—方案—预算

上述这种军需品与民需品生产之间的选择、权衡分析，有利于政府决策时对两者进行兼顾。但是，这种分析仍然没有回答国防支出本身的合理限度问题。为了探求这种合理限度，国防经济学对此问题作了一定的研究，并指出：国防的目的是保卫国家不受侵犯。侵犯之敌或可能的侵犯之敌位于何方，可能动员的侵犯力量有多大，有效地遏止这些侵犯所需的军事力量要有多大，都是可以接近准确地估计出来，而且是可以量化为若干指标的。这就为确定国防支出奠定了基础。一国可以首先确定所需的军事打击力量规模，然后为此制订军事措施计划，再为执行各个计划项目拟定各种可以替代的实施方案，对各种方案的成本收益进行分析比较，选定成本最小而收益最大的方案，最后根据被选定的方案所需资金编制国防支出的预算。这种制度，一般被称为计划—方案—预算。

参考资料：《现代财政制度通论》，高等教育出版社，魏杰，于同申主编；《公共财政学》，清华大学出版社，刘玲玲编著。

简要分析：国防支出的确定在许多情况下是以国家的安全作为基本依据的，但在实践中，也有必要考虑实用性与有效性，考虑军需品与民需品的供给关系。所以许多学者认为，上述制度可以广泛地运用于军费预算上。

（1）上述制度可用于重大军事行动的资源配置，例如，面对核战争或常规战争，面对全面战争和局部战争，如何安排支出最有效率。

（2）在战役安排上，上述制度可用于进行军事配置，如选择作战武器、军事基地、作战人员、供应通道、通信联络系统等。

（3）上述制度可用于安排各种武器和军事设施的研究与发展。

比较这三种用途，前两种受不确定性因素的影响较大，因而只能预算出大约数，后一种则可较精确地实行。尽管这一制度尚有缺陷，但它毕竟为制定国防预算提供了若干可以遵循的规则。

思考题：怎样理解国防建设与国民经济的关系？

案例四：从“非典”看我国财政支出结构的优化

时任财政部部长的金人庆在十届全国人民代表大会常务委员会三次会议上介绍了我国在抗击“非典”中的一系列措施：为满足防治“非典”疫情的需要，我国各级财政部门已经安排超过百亿专项基金、经费，截至2005年6月18日，中央财政“非典”防治基金已经支出13亿元，地方各级财政已经安排了100多亿元的“非典”防治经费。金人庆说在“非典”疫情爆发后，我国财政部积极发挥了公共财政职能的作用，多管齐下，全力保障“非典”防治资金的需要。经国务院批准，中央财政设立了20亿元的“非典”防治基金，各级财政部门也大力调整支出结构，积极筹措“非典”防治资金，用于建立公共卫生应急机制，防治“非典”的科研攻关、设备购置、病毒检测试剂研究，以及疫情检测、信息搜索和有关人员的培训等，并且按照实际情况及时预拨资金，切实保障“非典”防治资金的需要。财政部与有关部门密切配合，迅速制定出台了对农民和城镇困难群众的“非典”患者实行免费医疗救治，对参加“非典”防治工作的一线医务人员和防疫工作者给予特殊临时性工作补贴并免征个人所得税等一系列政策，为有效防治“非典”特别是防止“非典”疫情向农村蔓延提供了坚实的资金保障。

简要评析：

（1）案情分析

2003年，肆虐于全世界范围的“非典”疫情给我国整个宏观经济的运行产生了重大的冲击。“非典”疫情造成的影响在财政法领域也表现得尤为明显。“非典”疫情给人们带来了众多思考，这些思考包括政府职能的思考、财政收入和支出关系的处理、财政支出结构的优化、公共卫生应急机制的建立与完善等。“非典”带来的这些与财政、法律紧密相关的问题中，财政支出结构的优化无疑是最为直接和紧迫的问题。

本案不以诉讼方式表现出来。案中财政部部长金人庆在十届全国人民代表大会常务委员会三次会议上介绍的我国在抗击“非典”中采取的一系列措施，综合为一个关键词——财政支出。不同之处仅仅在于，该段讲话以“非典”这一特殊时间为背景。

案中，政府在“非典”特殊时期采取的措施主要可以总结为：①政府大力调整财政支出结构，设立“非典”防治基金，明确该项基金的用途为：建立公共卫生应急机制，防治“非典”的科研攻关、设备购置、病毒检测试剂研究，以及疫情检测、信息搜索和有关人员的培训等。②政府制定并出台一系列针对抗击“非典”行为的优惠措施。这些措施包括：对农民和城镇困难群众的“非典”患者实行免费医疗救治，对参加“非典”防治工作的一线医务人员和防疫工作者给予特殊临时性工作补贴并免征个人所得税等一系列政策。总结上述措施，在“非典”肆虐时期，政府通过及时和合理地调整财政支出的结构，扩大对“非典”方面的资金支持，国家才能及时地制止病情的蔓延。

在“非典”事件之后，我们再用案例来探讨这个问题给我国财政法带来的思考，基点当然已不能仅仅放到公共应急机制对财政支出结构的影响上。应当进一步扩大到对国家财政支出结构的宏观思考上来，这种思考还应当结合国家财政收入等其他相关的重大问题。

（2）财政支出的界定

①财政支出结构的基本界定和法律意义

财政支出结构是指财政支出的组成要素之间的关系以及这些要素组成的财政支出的基本架构。财政支出结构是财政支出的重要方面。财政支出总量是从量的角度考察财政支出，而财政支出结构则是从质的角度考察财政支出。按照系统论的观点，适当调整财政支出结构，对于提高财政支出的效率，促进国民经济增长速度和发展质量的提高具有重要的意义。从经济学的角度看，适当调整财政支出结构能实现“帕累托改进”。

②财政支出范围的界定

从不同的角度观察，财政支出结构表现为不同的形式。按照不同标准划分得出的财政支出结构是我们分析这种结构存在问题已经确定完善意见的基本线索。

《中华人民共和国预算法》第十九条规定了预算支出的六种基本形式：经济建设支出；教育、科学、文化、卫生、体育等事业发展支出；国家管理费用支出；国防支出；各项补贴支出；其他支出。

中央与地方事权和财政支出的划分是由国务院1993年年底颁布的《关于实行分税

制财政管理体制的决定》明确区分。中央财政支出的范围主要由中央政府的职能决定。其中，中央财政主要承担国家安全、外交和中央国家机关运转所需的支出以及由中央直接管理的事业发展支出。其具体包括国防经费，武警经费，外交和援外支出，中央级行政管理费，中央统管的基本建设投资，中央直属企业的技术改造和新产品试用费，地质勘探费，由中央财政安排的支农支出，由中央负担的国内外债务的还本付息支出，以及中央本级负担的公检法支出和文化、教育、卫生、科学等各项事业费支出。地方财政主要承担本地区政权机关运转所需的支出以及本地区经济、事业发展所需的支出。地方财政的支出范围可以概括为：地方行政管理费，公检法支出，部分武警经费，民兵事业费，地方统筹的基本建设投资，地方企业的技术改造和新产品的试制经费，支农支出，城市维护和建设经费，地方文化、教育、卫生等各项事业发展支出，价格补贴支出以及其他支出。

我国财政支出范围的界定是和各级政府应当发挥的政府职能相对应的。但是，我国财政体制中一个很大的问题就是各级政府的事权划分不明确。由事权划分决定的财权划分在这种划分不明确的环境下，各级政府之间财政支出范围的划分界限也不可能十分清晰。从国务院的《关于实行分税制财政管理体制的决定》来看，该项决定仍然没有把我国财政支出范围在中央和地方之间作出一个清晰的划分。

③财政支出与相关概念的关系

第一，财政支出与财政收入。

财政支出和财政收入是一对具有对应关系的概念。财政支出和财政收入共同组成了财政法上的财政收支制度。关于两者的关系，有学者表述为：财政收入划分的依据是各级政府的财政支出范围，原则是事权与财权相结合，确保各级政府能充分完成其财政支出的任务。在财政收入和财政支出关系的顺序上，还有与“先支后收”对应的观点，即“先收后支”。这种观点认为，财政支出的范围确定应当以财政收入的量为限度，反对财政支出的超支行为。本书认为，无论是“先支后收”还是“先收后支”，这两种观点都阐释了一个现象——财政支出和财政收入之间的紧密联系。但是，从现代公共财政角度来看，以政府职能作为考虑的基点，认为依照政府提供公共服务的多少来确定政府应当从社会征集多少财政收入的观点显然更加科学和合理。政府和社会各界包括纳税人清楚地意识到，财政支出是由社会公共服务需要确定，然后依照支出需要去确定财政收入，这一点对于贯彻当前“依法理财”显然是重要的。

第二，财政支出与政府职能。

政府职能从宏观的角度可以界定为三项：政治职能、经济职能和社会职能。按照公共财政的基本观点，财政支出主要依赖于各级政府发挥自身职能的需要。结合我国的实际情况，财政支出的六种形式当中，经济建设支出、各项补贴支出中对于国有企业等的补贴主要是基于政府的经济职能；教育、科学、文化、卫生、体育等事业发展支出主要体现了国家的公共性社会职能；而国家管理费用支出和国防支出是国家发挥政治职能的体现。

政府职能是财政支出的决定性因素，但是并不能否认其他因素对财政支出的客观影响，也不能否定财政支出结构对政府职能发挥的反作用。正如有学者指出，经济发展阶段、社会制度价值取向及其效率等也是财政支出结构的影响因素。一般而言，在经济发展初期，购买性支出在财政支出中所占的比重较大；在经济“起飞”阶段，转移性支出所在比重较大；在经济成熟阶段，购买性支出有所回升。除此之外，国家所面临的国内环境、发展战略、社会、文化、历史等因素也会直接或者间接地影响财政支出结构。财政支出结构对于政府职能发挥的反作用表现在：设计科学、运行良好的财政支出结构将给社会提供稳定的秩序，给政府职能的充分发挥提供良好的平台；设计不合理的财政结构，财政在运行中会产生诸多的问题，给社会经济的发展造成重大阻碍，给社会带来新的不稳定。

对于财政支出与政府职能的关系，我们可以这样概括：政府职能是财政支出的决定性因素，但是财政支出的现状仍然取决于我国的经济发展水平、财政体制和税收等因素。

（3）我国财政支出现状的宏观和微观分析

① 我国财政支出现状的宏观分析

我国财政支出的现状，本书从财政法的角度可以概括为以下三点：

第一，财政支出的法律问题中很重要的部分缺乏法律的规范。一个简单的例子就是转移支付作为财政支出中一个很重要的部分尚未有法律来规定。尽管财政部下发过《过渡期财政转移支付办法》，但是该办法不仅仅已经失效，而且该办法针对的仅是转移支付中的一个很小的表现形式。再看“非典”说明的财政支出的法律规范。“非典”疫情给我国财政带来了巨大压力，很重要的一个原因是，在该疫情之前，我国缺乏针对突发公共卫生事件的财政支出处理办法。财政支出中重要的法律问题缺乏法律进行规范是我国财政支出结构不能合理的一个基本性的原因。

第二，财政支出的法律规范效力层次不高。有学者已经指出：我国财政收支制度基本上是由国务院的“规定”或者“决定”来规范的，其立法层次显然太低。财政支出相关法律规范的效力层次不高的现实给财政支出的运作带来了很多的负面影响。这些负面影响有，法律的规定因为层级的不够缺乏广泛的操作性、权威性。另外，法律规范的效力层次较低与该规范的稳定相联系，这些规范的稳定相对来说较差，给法律的实施带来很多不稳定的因素。

第三，财政支出的相关配套法律不够。整个财政收支制度的法律体系还不完善，财政支出的相关配套法律严重缺乏。

②我国财政支出结构的具体架构

财政支出的具体对象可以划分为：预算内资金、预算外资金和非制度资金。本书按照资金的种类为标准，通过一定的数据来展现我国财政支出的具体架构。其中，1998 年到 2002 年预算内资金的使用如表 5 -1 所示；预算外资金的使用如表 5 -2 所示。

选择 1998 年到 2002 年财政支出的各项费用及其所占的比例，目的在于通过这些数据反映出我国财政支出结构的具体架构。

表 5-1　　我国 1998—2002 年财政费用（预算内资金）支出结构表　　金额单位：亿元

年度	支出合计	经济建设费		社会文教费		国防费		行政管理费		其他	
		支出	比重	支出	比重	支出	比重	支出	比重	支出	比重
1998年	10 798.18	4 179.51	0.387	2 930.78	0.271	934.7	0.087	1 600.27	0.148	1 152.92	0.107
1999年	13 187.67	5 061.46	0.384	3 638.74	0.276	1 076.40	0.082	2 020.60	0.153	1 390.47	0.105
2000年	15 886.50	5 748.36	0.362	4 384.51	0.276	1 207.54	0.076	2 768.22	0.174	1 777.87	0.112
2001年	18 902.58	6 472.56	0.342	5 213.23	0.276	1 442.04	0.076	3 512.49	0.186	2 262.26	0.120
2002年	22 053.15	6 673.70	0.303	5 924.58	0.279	1 707.78	0.077	4 101.32	0.186	3 645.77	0.165

表 5-2　　我国 1999—2000 年预算外资金支出结构表　　金额单位：亿元

年度	支出合计	基本建设支出		乡镇统筹支出		行政事业经费		城市维护支出		其他	
		支出	比重	支出	比重	支出	比重	支出	比重	支出	比重
1999年	3 139.14	539.82	17.2%	350.34	11.2%	1 816.13	57.9%	127.45	4.06%	305.40	9.72%
2000年	3 529.01	426.20	13.1%	387.39	12%	2 225.09	63.1%	146.38	4.15%	343.96	9.75%

上述表格中的数据实际展示了我国财政支出结构的具体架构。它同时也表明了财政各项支出结构的不尽合理。

第一，预算内资金使用的财政支出结构上的不合理。

一是行政支出急剧膨胀，大量挤占急需的公共支出项目。二是国家财政基础性投资所占的比重日益下降，对国民经济的长远发展造成不利的影响，国家财政职能转换的力度较小，公共职能体现不足。相对的则是经济建设支出的份额则保持着过高的比重，表明即使在倡导政企分开、依法理财的今天，财政干预微观经济运行的程度仍然很深刻。国际在经济竞争性领域仍然是最重要的投资者。三是对社会文教的投资在绝对数量和占总支出比重上都有一定幅度的增长，但是和我国财政收入增加的幅度相比，该项增长显得微不足道。社会文教支出占财政总支出的比例居低不上，给我国“科教兴国”战略的实现设置了物质上的障碍。四是财政对农业支出的比重下降，制约了农业产业化的发展。（这一点得到了一定的改善。）五是财政补贴过高，供给制分配方式尚未完全打破。六是社会保障性支出明显不足，难以适应社会主义市场经济发展的要求。

第二，预算外资金使用的财政支出结构不合理。预算外资金的使用在当前的中国缺乏一个有效的监督机制，因此，其使用后形成的预算外资金的支出结构呈现出比预算资金的支出结构更加不规范的特点：基础性支出的比重下降，对国家公共职能发挥的重视无法得到直接体现；行政事业经费无论在绝对数量还是所占比重上进一步上升，清楚地表明了行政机构运行成本的增加；预算内资金的使用缺乏规范的渠道监督，无法得出财政支出结构的稳定性数据。

（4）财政支出结构的国际比较

①世界先进国家财政支出的基本层次

美国是典型的联邦制国家，其财政级次划分为联邦财政、州财政和地方财政三级。

联邦政府的支出包括国防、人力资源、物质资源、净利息、其他用途和未分配减性收入等六项。法国是具有深厚中央集权传统的大陆法系国家，其财政有中央财政、大区财政、省财政和市镇财政四级。中央政府负责宏观管理和战略发展规划；大区财政负责经济机构布局的调整；省财政负责社会保险和社会问题；市镇财政负责基本公共产品和服务。日本财政支出由中央财政、都道府县财政和市町村财政三级构成。日本地方政府承担了绝大部分的财政支出职责，因此其承担的公共事务远远多于中央政府。

②市场经济国家财政支出结构的普遍规律

公共财政是与市场经济相适应的一种普遍的财政形式。发达市场经济国家其财政必然是公共财政，以市场失灵为基础，以满足社会公共需要为特征，财政支出范围和结构体现政府的职能范围，并随着市场发育程度的变化而变化。市场经济国家的财政支出结构有如下特征：

第一，各国直接用于经济建设的支出均未超过30%，经济建设的支出主要有燃料和能源、农村牧渔、矿产制造和建筑、交通通信。第二，各国交通通信与其他经济支出相比所占比重较大。第三，经济建设支出中，农业所占比重较大，特别是发展中国家。第四，工业化国家社会保障与福利所占比重一般接近或者超过30%，发展中国家不足10%。第五，一般公务性支出不超过15%。第六，环保和住房都占一定的比重。总体而言，这些国家财政支出均显示出公共财政的特征，即社会保障、教育、卫生和国防、一般公务支出较高，经济建设支出特别是直接经济支出较少，交通通信所占比重相对较大。

世界各国的财政支出结构和财政收支划分紧密联系，这些国家的财政支出结构呈现出一些共同的特点，即：

第一，这些国家都基于本国的具体国情采取不同的适合本国发展需要的财政支出模式和结构。在确定具体的财政支出各种类别之间的相互比例时，这些国家充分结合本国的社会、政治、经济、文化以及发展传统来确定最合适的财政支出结构。

第二，正确处理财政支出和财政收入之间的辩证关系。这些国家把各级政府的事权和应当享有的财权紧密的结合，并依照它们之间的关系正确地确定各级政府的财政支出范围和权限。

第三，这些国家把财政支出的各项制度都纳入法制轨道。各国都认识到财政支出针对的是公民作为纳税人的财产，因此都通过各种法律形式把财政支出的各项制度纳入法律规范之中。

（5）我国财政支出结构的优化

①财政支出结构优化的评定标准。财政支出结构优化是财政资源配置的核心内容，具体来说可以从三个方面来评定财政支出结构是否达到优化：第一，财政支出宏观适度。财政与市场在社会自愿总量配置上的比例适度。第二，财政资源的划拨比例合理。在正确界定财政供给范围的前提下，合理安排各类职能之间的供给力度。第三，财政支出耗用应当具有有效性。一定量的财政资源耗费应当尽可能地满足社会公共需要。

②优化财政支出结构的基本思路。一方面按照社会公共需要的先后顺序合理地界定财政支出范围；另一方面，根据当前的经济政策目标，在增量支出中逐步调整和理

顺生产性支出和非生产性支出。按照社会公共需要的先后顺序，重新界定财政供给范围。财政资金的供给应当满足三个方面的需要：国家机器运转的需要、公共事业经费的需要和经济建设的需要。

③优化财政支出结构的具体措施。解决财政支出的“缺位”与“越位”问题，逐步调整和理顺财政支出的职能结构：第一，按照市场经济体制的要求对行政经费进行一定的调整。适应政府机构改革的要求，适当控制消费性支出的快速增长。主要的措施是在明确政府职能的前提下，精简机构，控制行政人员，削减集团消费性支出，加强财政管理；进一步加大基础性公共投资，扭转财政资本性支出持续下滑的趋势；加大对某些行业或者产业的投入。第二，适应“科教兴国”战略的要求，国家财政要加大和完善对科学、教育事业的投入。把“三农”问题放到考虑的范围，加大对农业的投入，优化投入结构，高度重视农业基础地位和弱质性的特征。第三，改革整顿财政补贴制度，对于国有企业的财政补贴制度应当渐渐退出，强调采取其他更加合理的方式解决国有企业的历史问题。第四，财政支出结构中国家财政应当重视对社会保障制度、环境保护制度等的投入。第五，完善我国财政支出管理制度的改革，提高财政支出使用的有效性。目前我国宏观税负已经很高，所以最合适的途径是向财政支出管理要效益。第六，深化事业体制改革，清理和规范事业单位的财政经费供给范围，增加科技教育事业投入。

二、作业与思考题

（一）单项选择题

1. 固定资产扩大的资金来源主要是（　　）。

A. 积累基金　　B. 折旧基金

C. 积累基金和折旧基金　　D. 外来投资

2. （　　）是充分发挥企业现有固定资产的作用，提高生产能力的有效途径。

A. 对现有的固定资产进行更新改造　　B. 更换固定资产

C. 长期使用现有固定资产　　D. 对旧固定资产进行改造

3. 农业资金的投入应解决的问题是（　　）。

A. 提高农业劳动生产率　　B. 安排好资产的来源程序

C. 安排好农业投资的资金支出　　D. 提高农业投资的资金利用率

4. 使用行政管理支出的机构都是（　　）。

A. 物质生产部门　　B. 企业

C. 非物质生产部门　　D. 工业

5. （　　）是第一生产力，是经济发展的重要推动力量。

A. 科学技术　　B. 教育

C. 现代先进生产技术　　D. 现代管理方式

（二）多项选择题

1. 按固定资产的经济用途，固定资产可分为（　　）。

A. 生产性固定资产　　B. 非生产性固定资产

C. 基本建设固定资产　　D. 非基本建设固定资产

2. 按照基建项目的性质，基建支出分为（　　）。

A. 新建　　B. 扩建　　C. 改建　　D. 重建

3. 按照基建支出投入的方向，基本建设支出分为（　　）。

A. 生产性支出　　B. 预算内投资基建支出

C. 非生产性基建支出　　D. 预算外投资的基建支出

4. 定员定额管理在内容上分为（　　）。

A. 定员管理　　B. 预算管理

C. 定额管理　　D. 经费管理

5. 单位预算应采取的预算管理方法是（　　）。

A. 核定收支　　B. 定额或定项补助

C. 超支不补，结余留用　　D. 收入上缴

（三）判断题

1. 固定资产是在社会再生产过程中，能在较长时间内为生产和人民生活服务的物质资料。（　　）

2. 基本建设支出是国家财政用于固定资产的资金支出。（　　）

3. 国家对农业的投入主要是通过国家财政和银行信贷两条渠道来进行的。（　　）

4. 社会消费性支出是满足社会共同需要的支出，是财政实现国家职能的重要手段。（　　）

5. 国家的基本支出是国防支出。（　　）

6. 使用行政管理支出的机构都是非物质生产部门。（　　）

7. 国防支出是指财政用于陆、海、空三军建设和其他国防建设的经费支出。（　　）

（四）名词解释

1. 投资性支出
2. 固定资产支出
3. 支援农业支出
4. 财政的流动资金支出
5. 社会消费性支出
6. 行政管理支出
7. 国防支出

（五）简答题

1. 简述基本建设支出的意义。
2. 简述文教科学卫生支出的性质和意义。

（六）论述题

1. 论述农业支出的内容及在农业支出中应处理好的几个关系。
2. 论述决定和影响我国行政管理支出的主要因素。

三、作业与思考题参考答案

（一）单项选择题

1. A　2. A　3. B　4. C　5. A

（二）多项选择题

1. AB　2. ABCD　3. AC　4. AC　5. ABCD

（三）判断题

1. T　2. F　3. T　4. T　5. F　6. T
7. T

（四）名词解释

1. 投资性支出是指国家财政用于发展国民经济，加强对社会经济的宏观调控能力及增强国力方面的开支。

2. 固定资产支出是指国家财政用于固定资产再生产方面的支出，包括国家财政用于基本建设和固定资产更新改造方面的资金支出。

3. 支援农业支出是指国家财政用于发展农业、改善农业生产条件方面的投资性支出。

4. 财政的流动资金支出是指国家预算用于增拨国有企业的流动资金的支出。

5. 社会消费性支出是满足社会共同需要的支出，是财政实现国家职能的重要手段。

6. 行政管理支出是指财政用于国家各级权力机关、行政管理机关、司法检察机关和外事机构行使其职能所需的费用支出。

7. 国防支出是指财政用于陆、海、空三军建设和其他国防建设的经费支出。

（五）简答题

1. 答：①合理安排基本建设支出是社会再生产进一步扩大的财力保证，是国民经济持续发展并增长的坚强后盾。②合理安排基本建设支出对于改变和调整国民经济结构，促进生产力的合理布局具有重要的作用。③合理安排基本建设支出对于提高人民的物质文化生活水平具有重要作用。

2. 答：文教科学卫生支出是指财政用于文教、科学、卫生等事业单位的经费支出。文教科学卫生支出的性质可以从两个方面来考察：第一，从其用途上看，文教科学卫生支出属于社会消费性支出。第二，从其使用部门来看，文教科学卫生支出属于非生产性支出，因为使用此项支出的部门是非物质生产部门，它们不生产物质产品，也不提供生产性劳务。文教科学卫生支出的意义表现在以下三个方面：首先，科学技术是第一生产力，是经济发展的重要推动力量。其次，教育是生产力发展的源泉和基础。最后，随着科学技术的进步，现代先进生产技术和管理方式的应用，生产活动高度紧张，工作节奏加快，对劳动者的身体素质的要求也越来越高，要求劳动者能够以健康的体魄和饱满的精力投入每一天的工作。可见，文教科学卫生事业的发展对社会再生产活动具有重要的意义，是社会经济发展不可缺少的因素。

（六）论述题

1. 答：①正确处理国家财政支持与集体经济或农民自身积累的关系。②正确处理统筹兼顾与重点使用的关系。③正确处理财政资金的无偿支援与有偿支持的关系。④正确处理财政投资支援与税收减免支援的关系。⑤正确处理财政支持与信贷支持的关系。⑥正确处理财政支持与价格支持的关系。⑦正确处理资金支援与物资支援的关系。

2. 答：①经济增长水平。②财政收支水平。③政府职能和机构设置。④人员数量的变化。⑤政策性增长因素。⑥物价因素。⑦法制建设。⑧行政管理水平。

第六章 转移性支出

一、教学案例

案例一：新加坡养老保险模式——储蓄基金制

20 世纪 60 年代中期，新加坡结合本国国情，选择储蓄基金制作为保障国民晚年生活的养老模式。该模式的理论依据主要是弗·莫迪利安尼的“储蓄生命周期理论”。该理论认为：在消费者的生命周期中，其收入轨迹呈抛物线；消费轨迹则为递增直线。

从图 6-1 中可见消费者青年时是净负债者，中年时是储蓄者，晚年是储蓄使用者，因而劳动者为使在退休后维持一定的消费水平，必须在劳动期间积累足够的储蓄。

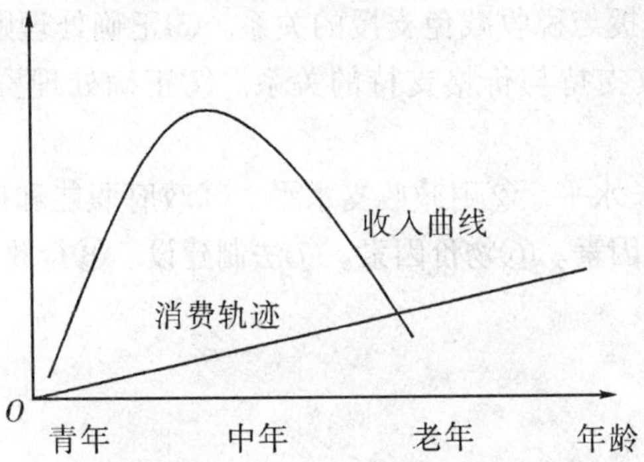

图 6-1 新加坡养老保险模式

储蓄基金制的主要运作方式是：

（1）保险基金来源于雇员和雇主的缴费，费用全部进入个人账户，政府不负担任何费用。

（2）保险基金由政府直接经营，民主管理。养老保险基金由国家法定机构——中央公积金局直接经营，由董事会制定决策，董事会由政府代表、雇主代表、雇员代表、专家代表等社会各界人士组成。

（3）保险基金实行一次给付制。雇员到 55 岁时，除保留政府规定的法定存款（数量较少）外，可连本带息取走养老保险费用。

简要分析：

储蓄基金制取得了较好的运行效果。其主要表现在以下三个方面：

（1）储蓄基金制能培养良好的民族精神。在储蓄基金制下，个人退休后的保障水平取决于工作时存款数额的大小，因而新加坡人生活节俭，自强自立，积极进取。

（2）储蓄基金制促进国家经济的发展。中央公积金制使政府能筹集到雄厚的资金用于基础设施建设，促进经济快速增长。

（3）储蓄基金制有助于实现“居者有其屋”的目标。政府允许投保人提前支取保险金用于购买住房，解决了居民的住房问题。

然而，储蓄基金制过于强调个人储蓄，缺乏互助互济功能，不是完全的社会保障制度。

思考题：我国养老基金制应选择何种模式？请说明理由。

案例二：社会保险费的征收模式

目前，社会保险费的征收模式主要有两种：

（1）社会保险机构统一征收。雇主将本身应缴纳的保险费和代收雇员的保险费统一交由所在地的社会保险机构集中。世界上多数国家采用这种模式，如中国、新加坡、智利、法国。

（2）税务机关统一征收。由雇主将本身应缴纳的保险费和代收雇员的保险费统一向税务机关缴纳，这些资金构成国库的特别基金，由有关部门管理、使用。这实际上是将社会保险费改为社会保障税，如美国、英国、加拿大。

简要分析：两种征收模式各有利弊。社会保险费由社会保险机构统一征收，其优点是对应性强，调动被保险人员的工作积极性，但其缺点是刚性不足，欠缴、漏缴率高，挪用现象严重。社会保险费由税务机关统一征收，其缺点是：税收刚性强，能及时足额上缴，能有效杜绝欠缴、漏缴行为；效率高，税务机关拥有分布广泛的征收机构和众多的税务人员作保证；由国库集中征收、调拨，能有效防范基金的分散风险。其缺点是：政府财政出现危机时，有可能将基金用于弥补财政赤字；税务机关重视程度不够，征收力度不强，进而影响基金的积累。

思考题：我国社会保险费的征收应采取何种模式，为什么？

案例三：20世纪30年代以来的美国农业补贴政策

农业是一国国民经济的基础，同时也是既有自然风险又有市场经营风险的弱质产业。世界各国都制定了相关的农业财政补贴政策，其目的是保证本国粮食安全，维护农产品价格稳定和保障农民收入。美国政府始终把农业作为国民经济的基础加以保护和扶持，农业补贴政策对促进美国农业发展和农民增收发挥了重要作用。

农业补贴是一国政府对本国农业支持与保护政策体系中最主要、最常用的政策工具之一，其目的是保证本国粮食安全，维护农产品价格稳定和保障农民收入。在世界贸易组织农业多边协议框架下，农业补贴具有两层含义：一是广义补贴，即政府对农业部门的投资或支持，主要包括粮食安全储备补贴，粮食援助补贴，自然灾害救济补贴，以及对农业基础设施、农业科研、水利、环境保护等方面的投资。由于广义补贴不会对农业产出结构和农产品市场发生直接的扭曲性作用，一般被称为“绿箱”政策。二是狭义补贴，如对粮食等农产品提供的价格、出口或其他形式补贴。这类补贴又称为保护性补贴，通常会对农业产出结构和农产品市场造成直接明显的扭曲性影响，一般被称为“黄箱”政策。根据这一精神，世界各国的农业补贴政策主要有：农产品价格补贴、农产品进出口补贴、农业投入补贴、农民收入补贴以及政府在农业资源环境、农业科技教育、农业基础设施建设、农业保险、市场信息等方面的支持。在世界贸易组织农业协议生效后，主要发达国家都对农业补贴政策进行了方向性调整，总的趋势是：减少对农产品价格和进出口方面的补贴，增加对农民收入和农业结构调整等方面的补贴。

美国是一个农业大国，农业总产量一直位居世界前列。同时美国也是世界最大的农产品出口国。美国政府始终把农业作为国民经济的基础加以保护和扶持，农业补贴政策对促进美国农业发展发挥了重要作用。美国的农业补贴政策开始于20世纪30年代，经过多次修订形成了执行至今的基本框架。其具体补贴政策大体可以分为三个阶段：

（1）第一阶段（1933—1995年），可以称为价格补贴政策阶段，补贴直接与市场价格挂钩。

1929—1933年资本主义世界经济危机期间，美国大批农场面临倒闭。为了拯救农业，1933年美国出台了《农业调整法案》，开始实施对农业的补贴，其中最主要的是制定目标价格，对农产品价格进行差额补贴。即在农产品价格低于目标价格时，农场主可以根据农产品的销售量，获得市场价格与目标价格之间的差价补贴。其主要运作方式是：农场主以尚未收获的农产品作抵押，从政府的农产品信贷公司取得一笔维持农业正常生产的为期九个月的贷款（利息可忽略不计），贷款的数额则根据种植面积、产量和前五年玉米销售的平均价格计算。同时，国会制定一个玉米的目标价格（最高），政府还制定一个补贴价格（次之）。当市场价格高于目标价格时，农场主可以按市场价格出售农产品，用现款还本付息；如果市场价格低于目标价格和补贴价格，不足以偿还贷款时，农场主可以按实际卖出价格偿还政府贷款，不足部分由政府承担，政府按目标价格与市场价格之差给予补贴。为此，每年美国政府大约要支出120亿美元的价格补贴款。另外，为控制农产品价格的下跌，美国政府还对种植面积进行限制，实行休耕补贴。

（2）第二阶段（1996—2001年），可以称为收入补贴政策阶段，补贴与当年市场价格脱钩，直接计入农民收入。

1996年4月，美国政府出台了新的农业法案，即《1996年农业促进与改革法案》，对原来的农业法案进行了调整。该法案改变了过去对农产品价格的支持，转为直接保护农民收入，并计划在新法案实施的七年期间里，给农民约356亿美元的收入补贴。在操作层面上，美国政府取消了目标价格和市场价格的差价补贴，只保留最低保护价格。农场主可以依据新的法案，根据种植面积（减去15%另有补贴的休耕面积）和常年产量以及最低保护价格，计算好预期收入。这样做可以使农产品的价格随行就市，又可以保障农民收入。

1996年的农业法案使美国政府不再完全保护农产品价格，使农业逐步走上自由发展的道路，政府的补贴有所减少。但执行两年以后，情况发生了变化。从1998年起，由于国际市场农产品价格普遍下降，再加上美国农业政策刺激了农业的增长，农产品过剩加剧，农产品价格下跌，农民的收入有所下降，原计划的补贴数额不够。为此，1998 年政府又推出两项保障农民收入的政策：一项是“农作物收入保险计划”，另一项是“市场损失补助”。这两项政策帮助农民克服市场经营风险和自然风险。1999 年，政府又增加 60 亿美元的农业支出，用于补偿农民的市场损失和农作物的歉收损失。到 2000 年，政府的农业支出又在 1999 年的基础上继续增加，美国联邦政府对农民支付的直接现金补助高达 300 亿美元。

（3）第三阶段（2002 年以后），可以称为收入价格补贴政策阶段，既保留了收入补贴，又恢复和创造了一些价格补贴手段。

2002 年，美国政府又颁布了《农业保障和农村投资法》，该法律取代了 1996 年的《农业促进与改革法案》。该法律决定进一步增加政府对农业的拨款，规定在今后 10 年内，政府用于农业的拨款将达到 1 900 亿美元，比原有的农业法案所确定的拨款增加了近 80%。法案主要内容包括：

①对目前享受巨额补贴的谷物和棉花种植者增加补贴；对近年来已取消补贴的羊毛和蜂蜜等生产者重新给予补贴；对历来基本上不予补贴的奶牛养殖者、花生种植者也开始提供补贴。

②将用于土地保护的支出增加 80%，这将使过去很少得到政府拨款支持的畜牧业以及水果和蔬菜生产者明显受益。

③增加了反周期波动补贴，即农民在收获后的 10 月份可得到上限为 35% 的计划支付，待翌年 2 月份可再得到 35% 的支付，到 12 个月的市场运销结束后结账。反周期波动补贴保证了农民的收入水平，也意味着政府为农民分担了生产风险，刺激农产品的出口。

④计划在 2002 年至 2007 年间再投资 220 亿美元用于农业资源保护计划项目，主要包括土地休耕计划、农田水土保持、湿地保护、草地保育、农田与牧场环境激励项目等。除此以外，美国联邦政府还提供自然灾害救济补贴，该补贴用于自然灾害发生后的非保护农作物灾害援助计划、农作物灾害支付计划、紧急饲料计划、青饲料援助计划、牲畜赔偿计划及树木援助计划；美国联邦政府提供用于生产结构调整的投资补贴，以优惠利息给农民提供短期或长期贷款，给各州拨款，帮助偿还贷款有困难的农民。

⑤计划在 2002 年至 2007 年间，投资 8.75 亿美元用于增加美国农产品出口的市场机会和拓宽国际市场；每年投资 4.78 亿美元用于援助那些因国外有关农产品实施出口补贴而受到损失的美国出口商；每年对新增生物技术项目投资 600 万美元用于商签双边动植物和转基因议定书及快速对付非关税措施对出口造成的影响。此外，美国农业部还将向美国出口商免费提供国际农产品综合信息服务。

美国的农业发展和农民增收与政府的财政补贴政策是分不开的，但是美国的农业补贴政策对世界农产品市场和其他国家农民却带来了严重不利影响。据统计，现行美国农业补贴政策已使其农业补贴总额达到历史最高水平。到 2007 年，美国每年的农业商品补贴可望高达 190 亿～210 亿美元，比过去提高了 40%，极有可能突破美国向世界贸易组织承诺的农业补贴上限，违背它对国际社会的承诺。法国总统希拉克在第二十三届法非首脑会议上批评美国对其农业实行高额补贴政策，指出这种做法损害了许多非洲普通农民的利益，造成非洲国家数百万人贫困化。非洲棉花出口约占世界棉花出口总量的17%。非洲棉花质量好，成本低，竞争力强，成为非洲33个棉花生产国中2 000多万人的主要生活来源。然而，从1999年至2003年，美国为其2.5万名棉农补贴近148亿美元，导致棉花市价暴跌，非洲棉农的收入也一落千丈。虽然美国的农业补贴政策违背了世界贸易组织原则，但是应该指出美国的某些政策还是值得我们借鉴的，其中最为重要的是美国对农民收入的直接支持。我国农业补贴政策的主要问题之一就是以价格补贴为主，贴息贷款为辅。大多数补贴用于降低农用生产资料的价格、支农服务的收费标准，以及农产品购销环节的补贴，农民无法从财政补贴中直接获得利益。长期以来，财政对农业补贴方式多采用暗补的方式，即财政补贴资金不直接以财政拨款给农民的方式进行，而是通过流通渠道间接地给予补贴。这种方式带有一种补助性质，但这种“补助”并不为大多数农业生产者所知晓，对生产的直接刺激力度不大，且容易流失。

思考题：

（1）美国的农业补贴政策对发展中国家有哪些不利影响？

（2）我国农业补贴的现状及改革方向如何？

案例四：我国2002年税式支出的实践与效果

税式支出是一种特殊的财政补贴工具，各国政府通过制定一系列的税收优惠安排，给特定纳税人提供财政补贴，从而实现政府特定的政策目标。我们利用2002年有关数据，说明我国政府如何使用税式支出工具对经济运行实施宏观调控，以及税式支出在推动国民经济稳定运行方面所发挥的作用。

2002年我国国内生产总值首次超过10万亿元，达到102 398亿元，比2001年增长了8%（调整前数据，下同）。分析2002年我国国民经济呈现良性循环态势的原因，不难发现税式支出作为国家调节经济活动的一个重要工具为推动国民经济稳定运行做出了重要贡献。2002年，为继续实施积极财政政策提供充足的财力保证，税务部门面临的增收压力较大。但是，为促进国民经济稳定运行，我国并没有减少税收优惠，削弱税式支出的力度；相反，税式支出的力度仍然很大，税式支出总额首次突破2 000亿元，达到2 159.52亿元（包括出口退税和减免税），相当于近10个中等省份的税收总额，占全部税收的12.7%。

通过税式支出来促进社会和经济政策的实施，已经成为各国政府制定税收制度和税收政策的基本内容之一。所谓税式支出，是指国家为了实现特定的政策目标，通过制定与执行特殊的税收法律条款，给予特定纳税人或纳税项目以各种税收优惠待遇，以减轻纳税人税收负担而形成的收入损失或放弃的收入。各国政府通过制定规范化、系统化、形式多样化的税收优惠安排，以牺牲政府一定的税收利益为代价，给特定纳税人提供财政补贴，从而实现政府特定的政策目标。税式支出作为一个特殊的经济调节手段，对任何国家来说都是必不可少的。税式支出是税收制度中政策性非常强的一部分内容，是政府贯彻其产业政策、科技发展政策、投资政策和消费政策意图，调节经济活动的一个重要工具。我国税式支出对国民经济的影响主要表现在以下四个方面：

（1）提高我国出口产品的国际竞争力

近年来，我国出口退税政策对外贸的支持力度逐年加大，特别是2002年，对生产企业自营出口或委托外贸企业代理出口的自产货物出口退税全面实行“免、抵、退”税办法，企业可以直接得到出口退税带来的优惠，缩短了办理出口退税的资金流转周期。2002年，全国直接办理的出口退税达744.32亿元，免抵调库增值税514.5亿元，两项合计1 258.82亿元，比1999年翻了一番，比2001年增加187.31亿元。出口退税的大幅度增加，极大地增强了我国产品的出口能力，进一步拓展和提高了我国出口商品在国际市场上的发展空间和市场占有份额，推动了外向型经济的发展。

（2）促进外资经济的稳步发展

目前我国对外资企业的税收优惠政策是：

①对生产性外商投资企业，经营期在十年以上，从开始获利年度起，第一年和第二年免征所得税，第三年至第五年减半征收所得税。

②在国家级高新技术产业开发区设立并被认定为高新技术企业的外商投资企业，经营期在十年以上的，从开始获利的年度起，第一年和第二年免征企业所得税。

③外商投资企业的外国投资者，将从企业取得的利润直接再投资于该企业，增加注册资本，或者作为资本投资开办其他外商投资企业，经营期不少于五年的，经税务机关核准，退还再投资部分已缴纳的企业所得税款的40%。用企业所得利润直接再投资举办、扩建产品出口或者技术先进企业，依照国务院有关规定，全部退还其再投资部分已缴纳的企业所得税税款。

2002年我国的外商直接投资稳步扩大，全年外商直接投资合同金额828亿美元，比2001年增长19.6%，实际使用外资金额527亿美元，增长12.5%。外资经济的稳步发展带来了充裕的税源。2002年涉外税收完成3 487.1亿元，比2001年增长21.0%，占全部税收的比重也达到了21.0%。2002年外资经济和涉外税收的双丰收与前些年对外资企业实行的税收优惠政策分不开。1998—2001年，我国给予外资企业的税收减免总额超过500亿元。规范、合理、适时的税收减免为“三资”企业的前期发展创造了宽松的环境，也涵养了税源。2002年，对外资企业的优惠政策未变，而且力度有所加强，全年对外资企业共减免税收356.79亿元，比2001年增长115.9%，占税式支出总额的16.5%。

（3）推动高新技术企业的发展和进步

目前，我国对高新技术企业的税收优惠主要有：

①国务院批准的高新技术产业开发区内的高新技术企业，减按15%的税率征收所得税；区内的新办高新技术企业，自投产年度起，免征所得税两年；

②对科研单位的科研收入免征所得税，对高新技术的所得减征所得税；

③对增值税一般纳税人销售自行开发生产的计算机软件产品按法定17%税率征收增值税后，实际税负超过3%的部分实行即征即退；

④对生产的集成电路产品（含单晶硅片）按17%税率征税后，实际税负超过6%的部分实行即征即退。

2002 年，全国对高新技术企业的税收减免为 70.42 亿元，比 2001 年增长 139.8%，占税式支出总额的 3.3%，其中，软件、集成电路的税收减免达 25.51 亿元。国家给予科研及技术型企业的税收优惠政策，对科学技术的发展和科学技术迅速转化为生产力具有重要的促进作用。

(4) 保护弱势群体利益，维护社会稳定

国家对由民政部门、街道、乡镇举办的福利企业，安置“四残”人员占生产人员的比例在 35% 以上的，对其生产的增值税应税货物给予税收返还的优惠，为残疾人就业提供了保障。企业妥善安置残疾人员，使他们能够自食其力，不但减轻了社会的负担，而且也为地方经济的发展做出了贡献。1998—2002 年，我国对民政福利企业的减免税总额近 600 亿元，其中仅 2002 年对民政福利企业的税收减免即达 179.12 亿元，比 2001 年增长 27.3%，占税收支出总额的 8.3%。另外，伴随着国有企业改革的不断深入，企业下岗人员及失业人员大幅增加。2002 年，国家针对下岗失业人员再就业出台了一系列扶持政策，规定服务性企业、商贸企业吸纳下岗失业人员达到一定规模，以及下岗失业人员从事个体经营的，分别给予减免营业税、城市维护建设税、教育费附加和企业所得税的税收优惠政策，为创造良好的就业环境，增加就业岗位，支持鼓励下岗人员自谋职业起到了积极的作用。

另外，最近几年新出台的税收优惠政策，如支持西部大开发的系列减免税政策，也明显地体现了政府的政策意图。2002 年，这两项减免税的数额都不大，分别为 10.24 亿元和 2.61 亿元，但政府运用税式支出这种间接调控的手段达到了其特定的政策目标，即鼓励企业购置国产设备，各部门齐抓共管，支持西部大开发。

在市场经济条件下，税式支出在优化资源配置、缩小收入分配差距、促进对外贸易、保持社会总供求基本平衡等方面发挥的作用愈发显著，在财政补贴中所占比例也不断提高。但是过多的税式支出有悖于公平原则，简单的支出方式使优惠目标不明确，不利于我国市场经济的建立与健全。目前我国的税收优惠规模过大，范围过宽，几乎涉及所有税种和社会经济生活的各个领域。项目多、内容杂，不仅损害了税收制度的完整性，而且也不符合税收的公平原则，在一定程度上也给纳税人带来逃避税收的机会。此外，我国税式支出多采用直接减免、优惠税率等单一的方式，不利于体现国家的政策意图。我国应逐步采用多样化的间接方式，如税收扣除、加速折旧、税收抵免和税收折让等，以体现税式支出的普遍性和规范性，而且要制定统一的税式支出法规，增强税式支出政策的透明度、规范性和整体性。

思考题：

(1) 税式支出同其他财政补贴形式相比，具有哪些特点？

(2) 如何正确认识税式支出的正面效应和负面效应？

二、作业与思考题

(一) 填空题

1. 财政补贴的唯一职能是__________，它是对市场机制的一种补充和矫正。

2. 财政补贴的起因直接或间接与____________有关。

3. 从性质上看，财政补贴是国家进行收入再分配的一种形式，财政补贴支出属于______________支出。

4. ____________不合理是产生财政补贴及其发生副作用的直接原因。因此____________是财政补贴制度改革的重要前提。

（二）单项选择题

1. 社会保障的对象是（　）。

A. 手工业者　B. 农民、工人　C. 全体社会成员　D. 老人和小孩

2. （　　）是政府的一种无偿性支出，是财政支出的一种特殊形式。

A. 财政补贴　B. 社会保障　C. 投资性支出　D. 财政平衡

3. 社会经济关系的实质是（　　）。

A. 货币关系　B. 社会关系　C. 经济关系　D. 利益关系

4. 财政补贴制度改革的适度原则，要求掌握补贴的（　　）。

A. 时间界限　B. 政策界限　C. 地区界限　D. 数量界限

5. 某产业部门或企业用贷款建设某一项目，自己不付利息，由财政代付全部或部分利息，我们称之为（　　）。

A. 财政补贴　B. 财政贴息　C. 现金补贴　D. 价格补贴

（三）多项选择题

1. 世界各国的社会保障资金的来源是（　　）。

A. 社会保险税　B. 税收

C. 财政支出　D. 面向居民个人的资金

2. 社会保障资金的筹集方式包括（　　）。

A. 完全基金制　B. 积累制　C. 现收现付制　D. 部分基金制

3. 社会保障资金的管理方式有（　　）。

A. 高度统一管理模式　B. 分散管理模式

C. 统分结合模式　D. 分级管理模式

4. 财政补贴的内容是（　　）。

A. 价格补贴　B. 企业亏损补贴　C. 财政贴息　D. 税式支出

5. 财政补贴按对经济活动的影响分类，可分为（　　）。

A. 对生产的补贴　B. 对分配的补贴

C. 对投资的补贴　D. 对消费的补贴

E. 对交换的补贴

6. 财政补贴制度改革的原则有（　　）。

A. 优化资源配置原则　B. 收入低线倾斜原则

C. 适时适度原则　D. 各种经济杠杆配套改革原则

E. 增产节约，开辟财源的原则

7. 财政补贴主要包括（　　）。

A. 无偿支付给企业和个人的资金　　B. 实物补贴

C. 购买补贴　　D. 税收支出和财政贴息

E. 规章制度补贴

（四）判断题

1. 社会保障的对象是老人和小孩。（　　）
2. 世界上大多数经济发达国家普遍采用社会保险税来筹集社会保险资金。（　　）
3. 社会保障是政府的一种无偿支出，是财政支出的一种特殊形式。（　　）

（五）名词解释

1. 社会保障
2. 财政补贴
3. 财政贴息
4. 政策性亏损
5. 企业亏损补贴
6. 现金补贴
7. 实物补贴

（六）简答题

1. 简述我国社会保障资金的筹集方式和管理方式。
2. 简述财政补贴的特征。
3. 简述财政补贴的客观依据。
4. 简述我国财政补贴内容与西方国家的区别。
5. 简述财政补贴制度改革的原则。

（七）论述题

1. 试述我国社会保障制度的主要内容。
2. 试述财政补贴的作用。

三、作业与思考题参考答案

（一）填空题

1. 调节经济
2. 价格
3. 财政
4. 价格体制 价格改革

（二）单项选择题

1. C　　2. A　　3. D　　4. D　　5. B

（三）多项选择题

1. AD　　2. ABC　　3. ABC　　4. ABCD　　5. AD　　6. ABCD
7. ABCDE

（四）判断题

1. F　　2. T　　3. F

（五）名词解释

1. 社会保障是指国家和社会依据一定的法律和规定，通过国民收入的再分配，对社会成员的基本生活权利予以保障的一项重大社会政策。

2. 财政补贴是在既定的经济体制下，政府为达到一定的优化资源配置的政策目标，改变某些生产资料和消费品的相对价格，在经常性财政支出之外，采取不同的支出形式对企业、单位和个人的无偿支出。

3. 财政贴息是指某产业部门或企业用贷款建设某一项目，自己不付利息，由财政代付全部或部分利息。

4. 政策性亏损是指企业由于执行国家政策，支持生产、刺激消费而将某些产品的计划价格定得低于成本而发生的亏损。

5. 企业亏损补贴又称国有企业计划亏损补贴，主要是指国家为了使国有企业能够按照国家计划生产、经营一些社会需要，但由于客观原因使生产经营出现亏损的产品，而向这些企业拨付的财政补贴。

6. 现金补贴是指政府以发放现金的形式直接支付给接受补贴者，使接受补贴者得到工资以外的额外收入。

7. 实物补贴是指补贴利益发生了转移的财政补贴。如政府以低于产品成本或微利而制订计划价格向企业和个人提供产品，而企业亏损由财政补贴，购买商品的企业和个人是补贴的最终受益者。

（六）简答题

1. 答：目前世界各国社会保障资金的筹集方式大体上可分为三种：第一种，完全基金制（积累制）。第二种，现收现付制。第三种，部分基金制。在社会保障资金的管理方式上，由于国情不一样，社会保障资金大体存在着三种类型的管理模式：一是高度统一管理模式。二是分散管理模式。三是统分结合的管理模式。

2. 答：①政策性。②时效性。③专项性。④平均性。⑤特殊性和灵活性。⑥纯粹性和有限性。

3. 答：(1) 行使国家职能，改善外部经济环境。资源优化配置不能完全依靠市场机制。非市场性资源配置，即为经济发展改善外部环境的资源配置，应由政府行使职能，为发展基础产业提供补贴。

（2）贯彻产业政策，促进经济均衡发展。在市场经济体制下，政府制定产业政策和行业发展规划，引导生产要素配置；同时贯彻产业政策，政府对重点发展产业和部门进行投资引导，或实行不同形式的财政补贴。

（3）保证经济稳定发展和社会安定。为实现政府行使职能的这一目标，财政补贴是不可缺少的一项经济措施。

（4）促进国际贸易。政府通过财政补贴来扩大本国出口，增加进口，改善外贸经济状况。

4．答：我国财政补贴的主要内容，大体与西方国家财政补贴的内容类似。所不同的主要是：

①我国有的补贴更具隐蔽性，没有在财政补贴项目中表现出来（如公费医疗、低房租等）；②由于职工工资没有随必需消费品价格波动而相应上浮，而由此给职工的财政补贴利益具有更广泛的转移性（如将补贴转移给粮油商店等）；③我国对农产品补贴是付购销差价的补贴，而西方国家对农业补贴主要是为增强农场主在国际市场的竞争能力，给过剩农产品找出路；等等。

5．答：（1）优化资源配置原则。在运用市场机制进行资源配置过程中，运用财政补贴、促进资源优化配置是政府的重要职能。

（2）适时适度原则。①适时。补贴具有弹性及短期性特点，经济状况和国家有关政策变化，国家应适时调整补贴政策。②适度。财政补贴应掌握适当的数量界限，防止多补、溢补，保持财政补贴的经济效益。

（3）收入低线倾斜原则。财政补贴不是正常投资和增加职工工资。贯彻国家政策，对收入偏低阶层实行财政补亏，是各国通行原则。

（4）各种经济杠杆配套改革原则。每一种经济杠杆都有其独特功能，发挥各种经济杠杆的作用和活力，形成合理的分配格局。

（七）论述题

1．答：（1）社会保险。它是社会保障制度的核心。我国社会保险包括养老保险（含企业职工养老保险、机关事业单位养老保险、农村养老保险）、失业保险、医疗保险（含企业劳保医疗、机关事业单位公费医疗、农村合作医疗）、工伤保险和生育保险等。

（2）社会福利。它主要包括特殊群体福利，如残疾人福利、妇女儿童福利等；企业单位提供的职工福利，如职工食堂、托儿所等；政府和社会共同开办的社会福利事业，如医院、儿童福利院、老人福利院等；以及社区服务。

（3）社会救助。它包括自然灾害救助和贫困救济。自然灾害救助是国家对因自然灾害遭受损失或发生其他不幸事故而暂时生活困难的公民提供的资金和物质帮助。贫困救济是国家和社会对无劳动能力、无生活来源、无赡养人的孤寡人员以及收入在贫困线以下的公民提供的资金和物质帮助。它主要包括两部分：一是城镇贫困救济，即对城镇贫困户的救济；二是农村贫困救济，即对农村“五保户”实行保吃、保住、保穿、保用、保葬的“五保”制度。

(4) 社会优抚和安置。它主要包括牺牲病故抚恤、定期定量生活补助、残废抚恤、残废人员免费医疗、烈军属疾病医疗减免待遇和军队移交安置的离退休人员费用等。

(5) 社会互助。它是指国家鼓励和支持社会各单位自愿组织和开展的互助互济活动，个人出资建立互助基金、慈善基金等。

2. 答：(1) 财政补贴的积极作用表现为：①支持价格改革。价格改革涉及面广，带来国民收入再分配和物质利益关系的调整。国家通过财政补贴，支持价格改革，对改善人民生活和社会安定起到积极作用。②对经济发展起到一定的促进作用。国家通过财政补贴，促进了农业生产的发展，扩大了对外贸易。③对财政经常性支出发挥了一定的调节和矫正作用。

(2) 财政补贴的消极作用表现在：①制约经济发展。改变农产品和基础产业落后状况，首先要调整价格，这就使价格补贴迅速增长，给财政带来更大的压力负担。②加大了价格改革的难度。长期实行价格补贴，则意味着价格在低水平上凝固化。这种不正常的低水平价格对生产和消费都带来消极作用。③加剧了财政困难。财政收入的 1/3 用于财政补贴，加重了财政负担，使财政难以摆脱困境。④不利于企业改善经营管理。财政对企业亏损补贴，是针对由价格原因而产生的政策性亏损补贴，而在现实经济生活中，政策性亏损、经营性亏损混在一起不利于企业改善经营管理。⑤阻碍企业通过产业结构和企业组织结构调整优化资源配置。⑥不利于企业转换经营机制，不利于使企业摆脱作为政府附属物以及摆脱依赖政府补贴获利的状态。⑦影响按劳分配原则的贯彻。对企业亏损补贴难以使职工工资与效益挂钩。补贴制度没有区别对待。

第七章 财政收入规模与结构分析

一、教学案例

案例一：水费收费——综合体现受益原则和支付能力原则的实例（表7－1）

表7－1 水费收费

国家／城市／年份	一次性连接费	固定的月收费	消费收费	公共储水管供水收费	和民用收费相比的工业和商业用收费
喀麦隆 1975年	统一收费	最低收费；在没装水表的地方统一收费	三组（第一组上升，然后下降）	收费	相等
哥伦比亚 波哥大 1979年	随财产价值和安装成本提高	最低收费随财产价值提高	五组（累进的）随财产价值而提高	免费	是民用收费标准的120%～130%
哥伦比亚 卡利 1978年	随财产价值和安装成本提高	最低收费随财产价值提高	五组（累进的）	免费	和民用的月收费相等，大约等于中等民用收费
哥伦比亚 卡塔赫纳 1973年	随财产价值和安装成本提高	最低收费随财产价值提高；水表出租费随财产价值和水管直径提高	三组（累进的）	免费	较低，如果使用未经处理的水
印度 孟买 1978年	随水表尺寸而提高	最低收费和水表出租费随水表尺寸而提高，对没有安装水表的用户征收财产税；对贫民收费特别低	统一税率；对有大草地和游泳池的财产实行较高收费	免费	较高
印度尼西亚 雅加达 1973年	随水管直径而提高	水表费随水管直径而提高	两组（累进的）	费率相当于最高的民用费率	较高
肯尼亚 内罗毕 1975年	连接费和可退回的保证金	较低收费和水表租金	统一费率	私人经营者对房屋连接征收的单位费率5倍于官方费率	相等

参考资料：《发展中国家城市财政学》，巴尔·林，中国财政经济出版社。

简要分析：从表 7－1 中各城市的供水收费的标准来看，大都将收费分为五种，这是为了更好地兼顾财政收入分担上的受益能力原则和支付能力原则而设计的，其中设备安装费随水表尺寸和水管直径而提高的收费方法更多地体现受益能力原则，而消费收费随财产价值而提高的收费（税）的方法则又是在受益基础上兼顾了支付能力的原则。

思考题：你认为城市供水的支出分担应选择什么原则？

案例二：两个家庭的所得税——体现支付能力原则的实例

美国税制之复杂世界闻名。这样的复杂性在一定程度上是与支付能力原则相关的。经济学家哈维·罗森曾举了如下的例子来说明问题：

阿尔与邦迪与他们的两个孩子一起住在芝加哥的一幢朴素的房子里。阿尔是当地一家商店的售鞋职工，每年挣 3.8 万美元。邦迪则在家操持家务。每年，邦迪家抵押贷款利息支付与财产税支付就达 2 000 美元。

邦迪一家可以获得四份豁免，其价值为 9 800 美元（4 × 2 450 美元），他们选择了标准扣减额 6 350 美元，因为标准扣减额超过了 2 000 美元的专项扣减额，因此，他们的收入中的应税收入为 38 000 美元－9 800 美元－6 350 美元＝21 850 美元。按照相应的法定税率，他们的纳税义务为 21 850 美元的 15%，即 3 278 美元。邦迪家的平均税率（即税款与调整后的毛收入之比）是 8.6%（3 278 美元/38 000 美元）；其边际税率是 15%。

克里夫与赫克斯泰布尔与他们的四个孩子中的两个以及一位年轻的表兄住在布鲁克莱恩的一幢美丽的市内住宅里。他们另外的两个孩子在大学读书。克里夫是一位医生，每年收入为 17.5 万美元，赫克斯泰布尔是一家著名的法律事务所的合伙人，她每年挣 20 万美元。他们的抵押贷款利息支付、财产税以及慈善性捐献合起来，每年达 56 250 美元。

假定赫克斯泰布尔一家为他们在家的两个孩子与在大学里的另两个孩子要求豁免，他们就有权获得六份豁免，其价值达 14 700 美元（6 × 2 450 美元）。然而，他们调整后的毛收入已经超过了 167 700 美元，而超过 167 700 美元的每 2 500 美元，其豁免额就应递减 2 个百分点。由于调整后的毛收入超过 167 700 美元的数额已经达到 207 300 美元，因此，这会大大降低这一家的豁免额。

至于扣减，显而易见，对赫克斯泰布尔一家来说，选择专项扣减比选择标准扣减要合理得多。然而，对于 56 250 美元的专项扣减由于该家庭调整后的毛收入超过了 111 800 美元而会按该超过额的 3% 而减缩。即扣减额会萎缩 7 896 美元［3% ×(375 000 美元－111 800 美元)］。因此，净专项扣减额为 56 250 美元－7 896 美元＝48 354 美元。赫克斯泰布尔一家的应税收入为 326 646 美元（375 000 美元－48 354 美元）。按照相应的法定税率，他们的纳税义务为 105 656 美元。这家人的平均税率为 28.2%（105 656 美元/375 000 美元），他们的边际税率为 40.79%，即官方公布的法定税率 39.6% 再加上扣减逐步消失所造成的 1.19% 的新增负担。

参考资料：《财政学》，（美）哈维·罗森，中国人民大学出版社。

简要分析：上述案例清楚地表明了美国个人所得税在低收入家庭和高收入家庭上的税率差别，以及对有子女负担家庭的照顾。

思考题：为什么在个人所得税的征收上要体现支付能力原则？

案例三：美国政府在交通方面的收入比例结构

尽管政府能从许多不同的渠道获取收入以满足交通开支的需要，但从使用者身上征得的税费构成了重要的组成部分。来自美国交通部的资料表明，1992 年政府耗费于公路支出的近 61% 直接来自于对公路使用者的税收和通行费。1993 年较大类的交通税税率和收费如表 7－2 所示。

表 7－2　　1993 年较大类的交通税税率和收费

来 源	税 种
联邦政府	
卡车燃油税	0.184 美元 / 加仑（汽油）
卡车和挂车税	0.244 美元 / 加仑（柴油）
轮胎税	零售价的 1% ～ 2%
卡车道路使用费	0.15～0.50 美元/磅（1 磅＝0.4536 千克）
航空交通费	100 ～ 500 美元 / 辆
机场费	机票价格的 8%
水路交通使用费	
州和地方政府	
汽车燃料税（不含州和地方政府对汽油和汽车所征的一般销售税）	0.04 ～ 0.29
汽车牌照费	
汽车司机执照费	
公路使用费和通行费	
停车场收费	
机场使用费－着陆费；乘客便利费（1 美元，2 美元，3 美元）	
水路交通使用费	

资料来源：美国交通部（1995），ACIR（1936）。

在美国，联邦政府对汽车燃料、轮胎、卡车和挂车、飞机票等征收国内消费税，同时也对公路使用者、空中航道使用者和水路使用者收费。州和一些地方政府也对汽车燃料的销售征收特别消费税。某些州还对汽油销售征收一般销售税，并把这种收入专款用于交通开支。州和地方政府筹集交通使用费，既体现了管理的职责，又是一种交通收入来源。他们用这些收入给车辆及其使用者颁发牌照。州和地方政府也向公路、机场、港口、停车场的使用者征收通行费。即使我们提到对交通使用者征税收费的范围包括很多方面，但是汽车燃料税至少占使用者所交费用的 60%。

参考资料：《州和地方财政学》，（美）费雪，中国人民大学出版社。

简要分析：提供公共交通服务是政府的一个重要职责，为其支出筹资的公共收入手段是选择收税还是收费常常是政府必须认真考虑的。案例三反映了美国各级政府在这一问题上的实际做法。

思考题：收税与收费在为公共交通开支筹资上的效应有什么不同？

案例四：或税或费在供水服务的资金供给上的国际比较

是否利用使用者的交费作为那些既具有私人物品性质但又由公共部门提供的物品的资金来源，在许多国家都是一个古典问题，而不仅仅是在美国。例如，应该怎样为供水服务提供资金的问题，近十年来在澳大利亚越来越受到特别的关注。在 1992 年，联邦工业委员会建议州和地方供水当局都要转向完全的使用者费制度。在此制度下，消费者将为每公升水付费。该委员会把这种立场建立在关心有效率使用资源的基础之上，并且争辩道，如果消费者把水看作“免费”的，他们更可能浪费它。该委员会指出，使用者费资金供应方式将减少水消费和相应的废水排放量，并且由于推迟了对供水和排水网络的投资而产生资金供应的节约。

以往，供水服务一直主要通过财产税来提供资金。大多数消费者支付一种独立的水财产税（地方水税），随后允许消费水在达到一个年限额内之前都不再有另外的使用费。水使用费运用于超过限额的部分。但是，因为限额通常相当高，在大多数情况下，家庭用水付费取决于房子或财产的价值，而与水的实际使用量无关。因此，毫不奇怪，生活在高价值房子里的消费者支持转向水使用费，因为他们坚信他们的水财产税是大于以使用为基础的直接水使用费的。

资金供应的某些变化已经发生。墨尔本供水公司已经提高了使用费，现在使用费已经占收入的 31%。墨尔本的官员坚信，这给了消费者节约的机会，尤其是因为他们估计水消费的 40% 用于花园，20% 用于卫生间时更是如此。阿德莱德的一位地方官员指出，使用费的讨论已经使人们懂得资源的价值，如果人们浪费水，他们将为此付费。

但是，在澳大利亚，大量的水多为农业使用。一些农业企业起来反对水使用费，着眼点有两个：一是一些农产品的消费者价格可能会提高，二是由此产生的更高的生产成本可能影响农业生产者出口他们产品的能力，而出口是澳大利亚经济的一个重要部分。例如，作为对该工业委员会建议的反应，甜菜工业的一位官员争辩道，如果昆士兰（州）政府采纳该建议，那么许多甜菜种植者将退出经营。那么，没有水费，不仅可以鼓励而且可以按户对过量消费进行补贴（因为每户都有一个不另收费的消费限额），也可以用来对特殊产业的补贴。

参考资料：《州和地方财政学》，（美）费雪，中国人民大学出版社。

简要分析：该案例与案例一所涉及的问题是基本相同的，但引出了水使用收费对于生活性水消费和生产性水消费的不同效应。

思考题：对于水使用收费对生活性水消费和生产性水消费的不同效应，澳大利亚政府应该怎么做？你能为澳大利亚政府设计一个解决方案吗？

案例五：某防洪工程的不同类型的成本和收益（表7－3）

表7－3　　某防洪工程的不同类型的成本和收益

成本与收益的类型			成 本	收 益
实质的	直接的	有形的	建筑该工程投入的人力、财力、物力，该工程的管理维修费用	农产品增产，水力发电
		无形的	田野的损失	美化环境，增进健康
	间接的	有形的	水的转向所造成的损失	减少了土壤侵蚀，促进了养鱼业发展
		无形的	野生资源的破坏	保护了农业社会
	中间的		建设管理和维护旅游设施建设农具厂投入的人力、物力	增加了本地区的旅游收入，增加了农具厂的收入
	最终的		建设、管理和维护该工程所投入的人力和物力，田野的损失	控制洪水，灌溉便利，发电，减少土地侵蚀，农产品增产
	内在的		建筑、管理和维护该工程所消耗的人力和物力	对本地区提供的直接福利（包括以上全部）
	外在的		下游地区对该工程建设的支持	帮助下游地区控制了洪水
金融的			因地价提高，农具厂职工工资提高而使工程造价提高	土地所有者增加了收入，农具厂职工工资提高

参考资料：《现代财政制度通论》，高等教育出版社，魏杰、于同申主编。

简要分析：表7－3集中表现了一个公共防洪工程的建设所要考虑的全部成本与效益的内容。从中可以明确，作为一项公共工程的抉择，较私人投资项目而言必须从社会和全局的角度来考虑。政府投资某项公共工程不仅耗资巨大，而且对所涉及的成本和效益进行可行性研究方面也有相当高的要求。假定政府对上述所有成本效益的分析都可以通过一定的货币量来反映，那么，在许多情况下，政府通常会将一个项目所产生的良好的、间接的、中间的、最终的、外在的社会经济效益作为项目抉择的主要依据，而项目内在的、直接有形的成本与收益并不是决定政府投资的主要因素。但是在成本—效益分析中，如果对一个项目可以有几种设计方案，并能将各方案的成本、效益折为现值进行比较，这时，那些既能实现政府预期社会经济目标，又能直接计算现值的投资方案则应当成为政府项目选择的依据。

思考题：尝试设计一项公共工程的成本—效益内容。

案例六：成本—效益分析——公共工程收益的度量分析

（1）公共工程项目的收益的评价与量度从理论讲上，应当是该项目的效率与受益等于一个社会中的每个人愿意为该项目的产出而支付的最大数额的总和。但在实际中，这个总和不易得到，因为有些受益的效果不可能估计。因此，必须作相应的分析。

按照对公共工程收益的分类，项目收益的度量有以下几种类型：

①有形直接收益可度量，大致等于需求曲线下方的面积（见图7-1）。有形内在间接收益一般也可度量。

②有形外在间接收益不易度量，因为这些产品不进入市场，或虽进入市场，而不以反映人们愿意支付的价格销售。由于价格难定，所以往往须费大量的精力，运用各种技巧来进行推导，以求出其需求价格，绘制其需求曲线。

③无形直接收益和无形间接收益往往不能度量，有时也难估计。无形产品的需求曲线无太大意义。然而，投资决策必须考虑无形产品的存在，并且尽可能作出某些间接的物质数量的估计。

（2）补充投入。有形直接收益往往只在有补充投入时才能实现。补充投入，指工程项目成本以外投入的金钱和时间。例如，公路、航道、机场，只有当人们购买了汽车、船舶、飞机和燃料，并且愿意花费必要的旅运行程时间，才能产生收益。又如农田灌溉，只有当人们从事农业投资（种子、肥料、农具）并使用劳动时间后，灌溉才能发生农作物增产的效益。这些资源投资和时间价值，都是补充投入。

这里说明两个基本含义：第一，效益的正确度量应从总效益即需求曲线下方的面积中减去补充投入的成本；第二，当新方案降低补充投入时，节约的成本应作为效益计算。

这里，举例分析某公路运输工程项目的收益。

假设两城市之间有一条公路来提供客货运输的便利。为了简便起见，以每趟旅运为运输劳务的单位，而不采用吨千米和人千米等运输单位，每个公路使用者对每趟旅运必然赋予不同的主观价值，这些价值按高低顺序排列就形成一条需求曲线或边际收益曲线，即图7-1中的D=MB。这条曲线下方的面积就是该公路总收益的估计。再假设每趟旅运的补充投入（金钱和时间）相同，等于OM_1，这就形成供给曲线或边际成本曲线S=MC，在MB与MC_1的均衡点B上，旅运趟数为T_1。这时，总收益为面积$OABT_1$，总成本为面积OM_1BT_1，差额面积M_1AB代表该公路的净收益。

现在假设建造一条新公路，距离较短，补充投入可节约，边际成本降至MC_2，从而旅运趟数增至T_2，MB与MC2的均衡点为C。于是，新公路的总收益为$OACT_2$，总成本为OM_2CT_2，净收益为M_2AC。

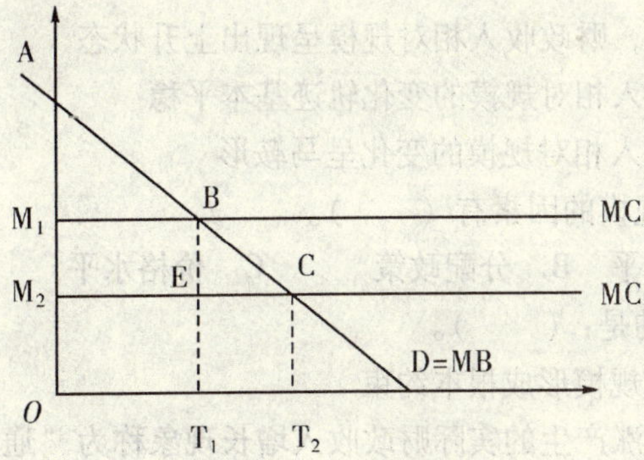

图7-1 需求曲线

新旧公路的净收益差异为：$M_2AC - M_1AB = M_2M_1BC$，其中，成本节约 M_2M_1BE，新增收益 EBC。

参考资料：《现代财政制度通论》，高等教育出版社，魏杰、于同申主编。

思考题：怎样理解和评价公共工程的收益？

二、作业与思考题

（一）单项选择题

1. 财政分配的对象都是社会产品中剩余产品或与其对应的（　　）。

   A. 产值　　B. 利润　　C. 价值　　D. 收益

2. 政府以国家信用为依托取得的财政收入是（　　）。

   A. 存款　　B. 公债　　C. 税收　　D. 罚款

（二）多项选择题

1. 关于财政收入表述正确的是（　　）。

   A. 财政分配的对象是社会产品

   B. 我国现阶段财政收入形式由税收、国有资产收益、国债和其他收入构成

   C. 专项收费是指国家机关为居民或各类组织机构提供某些特殊服务时所收取的手续费和工本费

   D. 在许多国家，财政收入的90%以上要靠税收来保证，以至于可以近似地用税收的分析来观察整个财政收入的状况

2. 下列表述正确的是（　　）。

   A. 农业对财政收入的贡献率不高

   B. 工业是财政收入的主要源泉

   C. 工业是财政收入根本

   D. 工业不是财政收入的来源

3. 关于财政收入规模表述正确的是（　　）。

   A. 正常环境下，财政收入绝对规模会随着财源的扩大而保持上升势头

   B. 正常环境下，财政收入相对规模呈现出上升状态

   C. 中国财政收入相对规模的变化轨迹基本平稳

   D. 中国财政收入相对规模的变化呈马鞍形

4. 影响财政收入规模的因素有（　　）。

   A. 经济发展水平　　B. 分配政策　　C. 价格水平　　D. 税收征管水平

5. 下列表述正确的是：（　　）。

   A. 经济对财政规模形成根本约束

   B. 由于价格上涨产生的实际财政收入增长现象称为“通货膨胀税”

   C. 税收制度缺陷是造成税收流失的罪魁祸首

D. 税收征管因素对税收影响的弹性系数起决定作用

6. 财政收入规模的衡量方法有（ ）。

A. 绝对规模 B. 相对规模 C. 数量规模 D. 质量规模

（三）简答题

1. 从财政收入的价值构成分析财政收入的经济源泉。

2. 为什么说经济发展和技术进步对财政收入规模起决定作用?

3. 分析财政收入与价格的关系。

三、作业与思考题参考答案

（一）单项选择题

1. C 2. B

（二）多项选择题

1. BD 2. BC 3. AD 4. ABCD 5. AB 6. AB

（三）论述题

1. 答：财政收入是对社会产品价值的分配，而社会产品价值由 C、V、M 三个部分所组成。分析财政收入与社会产品价值各个部分之间的联系，有助于我们进一步深化对财政收入经济源泉的认识。

C 是补偿生产资料消耗的价值部分，包括固定资产的折旧和流动资产耗费的价值。从生产运行的角度看，补偿价值必须能够随着生产过程的进行，不断地提取，而又不断地重新投入，以保证生产过程的连续性周转。因此，原则上说，C 不能被用于新的分配。但是，固定资产的折旧与流动资产的补偿价值在使用中有不同的方式。即固定资产的实物消耗与更新之间存在着时间差，与此相适应，折旧基金提取与补偿也不是相继发生的。因此，折旧基金在投入之前会有一个“闲置”的过程。在此期间内，如果将其用于新的投资，对固定资产的更新不会造成消极影响。正是基于这样的原因，在过去传统的计划经济体制下，国有企业的折旧基金曾全部或部分地上缴财政，成为财政收入的一个来源。但是，在市场经济条件下，国有企业要建立现代企业制度，企业必须转化经营机制，成为一个独立的经营实体，做到自负盈亏，自我积累，自我发展。在这种前提下，折旧基金的管理权限应该属于企业，而不是属于政府。因此，C 部分不再成为财政收入的来源。

V 是产品价值中以劳动报酬形式支付给劳动者个人的部分。在我国传统的计划经济体制下，国家对工资和其他个人福利严格控制，总体上说是一种“低工资高就业”的管理方法。因此，国家不可能对 V 再参与分配，财政收入基本上与 V 没有关系。但是，在经济体制实现转轨后，我国的个人分配制度发生了巨大的变化。工资薪金的分配贯彻按劳分配原则，并且个人收入也不再仅仅限于工资，而是以工资为主，辅之以奖金、津贴、补贴，实物福利等多种收入形式，工资本身也拉开了很大的档次。工资不再是满足于一般消费的价值。因此，V 的部分已经成为财政收入的来源。这主要包括：①对个人直接征收的税收，如个人所得税、车船使用税等。②间接对个人收入征收的税收，如增值税、消费税等。③居民个人缴纳的规费收入。此外，居民个人购买的国债在债务收入中也是一个重要来源。应该指出的是，如果把个人的收入放大开来看，即不仅局限于产品价值中的工资性收入，那么我们就会看到利息、股息、红利、特许权使用费以及偶然性所得等更多的形式正在成为个人收入的内容。所有这些收入，都属于个人所得税征收的对象。随着我国经济实力的不断增强，居民个人的收入水平也会有更快的提高。依据国际经验分析，以个人所得税为主体的财政收入格局终将建立起来。

M 是产品价值中扣除补偿价值和个人消费价值之后的剩余产品价值。M 的大小对于财政收入具有重要意义。从一般意义上讲，公共财政收入只能建立在 M 的基础上。因为只有剩余产品存在时，劳动者创造的产品才有可能拿出其中一部分供给非直接创造产品的劳动者所享用。因此，我们可以说，M 奠定了公共财政的根基。在现实生活中，财政收入与 M 的直接联系是企业所得税和国家依据所有权从国有企业分享的利润。但是，考察全部的财政收入与产品价值的联系，问题并不能到此为止。因为在我国的税收体系中，作为主体税的流转税，都是以商品的全部价值，即 C + V + M 为课税对象征收的。显然，税收的直接来源并非与 M 有唯一联系。而且，事实上，在实际工作中，所谓 C + V + M 就是商品的销售价格。按照流转税的征收原则，无论商品是否亏损，即有无 M，都要照常征税。因此，这似乎与 M 是财政收入的基本源泉的观点是不一致的。对此问题的解释有两种看法。一种看法认为，流转税是借助于商品交易对个人收入的再分配形式，另一种看法认为，流转税也是对 M 的分配，只不过是间接地通过价格来实现。但无论哪种看法，最后都归结为一点，财政收入的根本来源于 M。

2. 答：经济发展水平从总体上反映着一个国家社会产品的丰富程度和经济效益的高低，它对财政收入规模的影响是一个根本性因素，特别对财政收入的绝对规模来说是如此。因为财政收入来源于对社会产品的分配，在其他条件不变的前提下，财政收入会随着社会产品总量的增长而提高。

在经济发展中，技术水平的高低是一个内在的影响因素。一定的经济发展水平总是靠一定的技术水平来维系的。随着社会工业化、信息化的进步，科技对经济增长的贡献越来越大，对财政收入的影响也日益加深。这种影响表现为：一方面，技术进步会带来生产速度的加快，新产品开发能力的加强和生产质量的提高。因此，国内生产总值的规模也不断扩大，财政分配的物质基础越来越丰富。另一方面，技术水平的进步必然带来物质消耗的降低，产品中新增价值的比重提高得更快，整个社会的资源利用效率更高。由于公共财政收入主要建立在剩余产品价值的基础上，所以技术进步的幅度越大，对财政收入的贡献也越大。

因此，一国的经济发展和技术进步对财政收入规模起决定作用。

3. 答：在市场经济条件下，财政分配都是以价值形态进行的。无论是以流转额为征收对象的流转税，还是以所得额为征收对象的所得税，财政收入都是以货币金额结算的。因此，作为价值货币表现的价格如果发生变化，将会直接反映到财政收入的变化上来。这里有几种情况需要分析：

首先，物价水平的变化对流转税收入影响明显。流转税与价格直接挂钩，随着物价的上涨，流转税的税基相应扩大，从而使名义税收增加。在通货膨胀率很高的情况下，由此形成的虚增财政收入是十分明显的。同样的道理，随着物价的下跌，流转税的税基将会萎缩，从而带来税收的减少。我国税制以流转税为主体税制，税收的主要来源依靠由增值税、消费税、营业税和关税组成的流转税体系。

其次，物价水平的变化对所得税的影响情况有些复杂。就企业所得税而言，物价的升降并不一定导致企业利润水平的同样变化。比如，在通货膨胀时期，一方面企业的毛收入将随着产品的售价上涨而增加，另一方面其采购成本和劳动力工资也会上涨。结果，其利润的名义水平虽有增长，但并不一定按照物价的变动率而保持同一的变动趋势。如果产品价格上涨率超过原材料价格上涨率和工资上涨率，企业的名义利润水平和实际利润水平均会上升，该企业的所得税不仅在名义上而且在实际上都会增加新的缴纳份额。如果产品价格上涨率与原材料价格上涨率和工资上涨率保持同一水平，该企业则只会增加其所得税的名义负担。如果产品价格上涨率低于原材料价格上涨率和工资上涨率，则会由于企业的实际所得下降而减少其所得税的缴纳。就个人所得税而言，物价的上涨一般会推动工资水平的相应提高。在税法不变的前提下，这会对税收的增长带来两方面的影响：其一，物价的上涨会使更多的劳动者进入纳税的行列，即由于名义工资增加而税前扣除额不变，使得一部分原来在所得税的线下劳动者，进入到线上的行列；其二，物价的上涨对于原有的线上纳税人会提高其所得税的实际税负水平。因为，个人所得税都对工资、薪金实行累进征收，当工资水平提高后，所得税的负担率不会停留在原有的边际税率上，而是要有所抬高，即扩大了税收分配的比例。在财政学理论中，人们通常将由于价格上涨产生的实际财政收入增长现象称为“通货膨胀税”。

最后，物价水平的变化也影响定额征收的税收。在市场经济中，税收基本上是从价征收制，这对于税收与经济之间的相互适应关系具有良好的保证作用。但为了提高税收征管的效率，降低税收成本，在税收体系中，也有部分税种或税目采取了从量征收制。对于这类税收而言，无论市场价格是否发生变化，税收总是与征收对象的实物单位保持联系。因此，价格水平上升时，财政收入是下降的；反之，财政收入是上升的。

第八章　税收原理

一、教学案例

案例一：税收的征税依据——“交换说”

税收的征税依据是一个十分重要的税收基础理论问题，长期以来，中外学者就此问题进行了深入的探讨，并形成了诸多学说。“交换说”是当代最具有代表性的学说之一。

“交换说”认为：税收是纳税人为获得国家提供的安全保护和公共秩序等公共产品和服务所付出的一种代价，国家与纳税人之间是一种利益交换关系，国家征税的依据是其向纳税人提供了安全保护和公共秩序等利益。该学说把政府视为一个公共经济部门，从市场失灵和公共产品的存在来解释征税依据，即由于市场失灵，公共产品不能通过市场机制解决，只能由政府来提供；政府是提供公共产品的公共部门，而税收则是政府为补偿公共产品成本向公共产品的消费者收取的一种特殊形式的价格。凯恩斯、汉森、萨谬尔森和马斯格雷夫等人均持此观点。

简要分析:“交换说”根植于市场经济，从典型的市场经济的交换角度来探讨税收的征税依据，挖掘税收征纳双方之间的市场关系。但“交换说”在税收理论与实践中存在着缺陷：从理论上看，“交换说”否定国家政治权力在税收中的决定作用。税收是随国家的产生而产生，随国家的发展而发展，古今中外，税收总是同国家的政治权力相联系的。把市场经济中的等价交换原则照搬引入国家的政治权力活动中来，自然否定税收与国家的本质联系。从实践上来看，“交换说”容易误导纳税人忽视、否定纳税义务，并损害税务机关执法的权威；此外，政府提供的公共产品具有整体性，不能排除“免费搭车”现象，没有直接对应的补偿关系，国家与纳税人之间的等价交换不具有可操作性。

思考题：你认为税收的征收依据是什么？为什么？

案例二：江苏省税务机关的征税成本考察

2003 年 2 月 1 日，经江苏省政府决定，暂停征收车船使用税的自行车税目（以下称自行车税）。至此全国开征自行车税的 12 个省、市已先后有安徽、福建、江苏等 6 个省停征。另外，北京等省、市也在考虑停征此税目。自行车税按辆定额征收，除上海为 8 元外，其他省、市均为 4 元。1994 年，江苏省地方税务局曾经做过一个统计，当年征收自行车税5 000多万元，但为此支付了700多万元的印刷、劳务、宣传、组织等各项费用，直接征收成本就占了收入总额的14%，另外还有地方政府、公安部门、街道办事处及村组干部的鼎力支持，而上述仅是征收自行车税的行政成本；此外，还有纳税人因履行税收义务占用其时间、精力等形成的纳税成本。区区4元钱，真可谓得不偿失。

简要分析：自行车税年实现税收3亿元左右，占全年税收总额不到万分之二。但在所有税种中，它是征税额最少，耗费精力最大，征收成本最高，税款流失最明显，管理难度最大，公众逆反心理最强的税种。因此，江苏省暂停征收自行车税的举措引起社会各界强烈反响：一方面，社会公众称政府这一举措"合时宜，得民心"，另一方面，负责征收此税的地方税务局也如释重负。

思考题：税收的行政效率包括哪些方面？

案例三：宏观税负率的国际比较（表8－1、表8－2）

表8－1 各类国家的宏观税负率

国家类别	国家/年份	国内生产总值	税收	宏观税收负担率(%)
低收入国家	巴基斯坦（2000年）	31 737亿卢比	3 860.2亿卢比	12.16
	蒙古（1999年）	8 736.8亿图格里克	1 899亿图格里克	21.74
	伊朗（1999年）	4 181 690亿里亚尔	672 450亿里亚尔	16.08
中等收入国家	南非（2000年）	8 736.4亿兰特	2 409.6亿兰特	27.58
	俄罗斯（2000年）	70 633.9亿卢布	22 934.9亿卢布	32.47
	土耳其（2000年）	127 424亿里拉	27 528.9亿里拉	21.6
高收入国家	美国（1999年）	92 992亿美元	26 116.3亿美元	28.08
	澳大利亚（1999年）	6 106.7亿澳元	1 798.3亿澳元	29.45
	加拿大（2000年）	10 560.1亿加元	3 865.4亿加元	36.60
	法国（1998年）	82 057亿法郎	35 755亿法郎	43.57

表8－2 1996—2000年中国的宏观税负率

年度	国内生产总值（亿元）	税收（亿元）	宏观税负率（%）
1996年	67 884.6	6 909.82	10.18
1997年	74 462.6	8 234.04	11.06
1998年	78 345.2	9 262.80	11.82
1999年	82 067.5	10 682.58	13.02
2000年	89 403.6	12 581.51	14.07

简要分析：各类国家的宏观税负率如表8-1所示，1996—2000年中国的宏观税负率如表8-2所示。从纵向来看，不同收入水平、不同经济体制国家的宏观税负率是高低不同的。表8-2中，从横向来看，中国的宏观税负偏低，但近年来宏观税负率不断提高。影响一个国家宏观税负率的因素主要有：经济发展水平（这是决定性的因素），国家职能范围，税收在财政收入中的比重，税收制度的设计。

思考题：

（1）我国宏观税负率偏低的原因是什么？

（2）如何提高我国的宏观税负率？

案例四：纳税人？负税人？

一电视机厂为配合税法宣传，同时也为提高电视机的销售量，提高市场占有率，策划出这样一个营销方案：在产品宣传单的醒目位置上标有“亲爱的顾客，当您购买我厂的产品后，您将很荣幸地成为了我国的纳税人”。

简要分析：纳税人是税法规定直接负有纳税义务的单位和个人。负税人是实际承担税收负担的单位和个人。在这个案例中，当顾客购买电视机后，电视机厂将就这笔销售额缴纳流转税，而税款已加在销售额中通过商品交易转嫁给顾客承担。此时电视机厂才是纳税人，顾客则是负税人。鉴于此，宣传单应该改为“亲爱的顾客，当您购买我厂的产品后，您将很荣幸地承担了我厂的税负，我厂将提供优质的售后服务予以真诚回馈”。这也可见税法宣传任重而道远。

思考题：

（1）纳税人和负税人的区别和联系是什么？试以现实经济生活中的实例加以说明。

（2）税负转嫁的特征是什么？

案例五：不同类型增值税计税依据的比较

一化工厂在纳税期限内发生如下业务：货物销售额为100万元，外购原材料等流动资产价款为30万元，外购机器设备等固定资产价款为90万元，当期计入成本的折旧费为9万元。则在当期，不同类型增值税的计税依据各不相同（如表8-3所示）。

表8-3　　**不同类型增值税的计税依据**　　单位：万元

增值税类型	允许扣除的外购流动资产价款	允许扣除的外购固定资产价款	允许扣除的外购资产价款的总和	计税依据
生产型	30	0	30	70
收入型	30	9	39	61
消费型	30	90	120	-20

简要分析：从表8-3可以看出，生产型增值税只允许扣除外购流动资产的价款，允许扣除的金额最少，因而计税依据数额最大，能为国家聚集较多的税收；消费型增值税既允许扣除外购流动资产的价款，又允许扣除外购固定资产的价款，允许扣除外

购金额最多，故计税依据数额最小，能为国家聚集税收较少；收入型增值税则居两者之间。

思考题：

（1）三种类型的增值税各有什么利弊？

（2）我国现阶段应该实行何种类型的增值税？

案例六：国际重复课税的消除方法

A 国一居民公司 M，在某纳税年度内，取得总所得 250 万元，其中总公司来自居住国 A 国的所得是 150 万元，分公司来自非居住国 B 国的所得是 100 万元。A 国的企业所得税税率是 40%，B 国的企业所得税税率是 30%，B 国分公司享受 20% 的优惠税率。现分别计算 A 国政府在采用免税法、扣税法、抵免法、税收饶让下，该公司应向 A 国政府缴纳的税款。

（1）用免税法计算

M 公司在 B 国已纳税款：100 × 20 % = 20（万元）

M 公司在 A 国应纳税款：150 × 40 % = 60（万元）

M 公司承担的总税负：20 + 60 = 80（万元）

（2）用扣税法计算

M 公司在 B 国已纳税款：100 × 20 % = 20（万元）

M 公司在 A 国应纳税款：(150 + 100 − 20) × 40 % = 92（万元）

M 公司承担的总税负：20 + 92 = 112（万元）

（3）用抵免法计算

M 公司在 B 国已纳税款：100 × 20 % = 20（万元）

M 公司在 A 国应纳税款：(150 + 100) × 40 % − 20 = 80（万元）

M 公司承担的总税负：20 + 80 = 100（万元）

（4）按税收饶让规定计算

M 公司在 B 国已纳税款：100 × 20 % = 20（万元）

视同已纳税款：100 × 30 % = 30（万元）

M 公司在 A 国应纳税款：(150 + 100) × 40 % − 30 = 70（万元）

M 公司承担的总税负：20 + 70 = 90（万元）

简要分析：

（1）免税法下，居住国政府完全放弃居民（公民）管辖权，彻底免除了纳税人的国际重复征税。

（2）扣税法下，居住国政府没有放弃居民（公民）管辖权，但只是部分免除了纳税人的国际重复征税。

（3）抵免法下，居住国政府既没有放弃居民（公民）管辖权，又彻底免除了纳税人的国际重复征税。

（4）税收饶让法下，在抵免法的基础上，纳税人确实享受到了非居住国政府的税收优惠。

目前，世界上大多数国家采用抵免法、税收饶让法来解决国际重复征税问题。

思考题：

（1）对四种消除国际重复征税的方法进行评价。

（2）我国应该采用何种方法消除国际重复征税？

二、作业与思考题

（一）多项选择题

1. 关于税收概念，以下表述合理的有（　　）。

A. 税收是国家调节经济的一个重要手段

B. 税收是人们为享受公共物品支付的价格

C. 税收体现了征纳双方平等交换关系

D. 税收是国家取得财政收入的形式

2. 关于税收“三性”理解正确的有（　　）。

A. 税收“三性”是区别于其他财政收入的主要特点

B. 税收强制性的依据是国家所有权

C. 税收固定性意味着征税对象和征税数额是固定的

D. 税收无偿性指的是国家不向纳税人直接支付任何报酬

3. 有关税收基本术语表述正确的是（　　）。

A. 纳税人是最终负担税款的人

B. 税收属于社会再生产的交换环节

C. 税收的客体是税法规定的标的物

D. 税目反映了征税广度，税率反映了征税深度

4. 下列关于税率表述正确的是（　　）。

A. 名义税率是纳税人实际纳税时适用的税率

B. 实际税率是纳税人真实负担的有效税率

C. 在实行比例税率条件下，边际税率不同

D. 在实行比例税率条件下，平均税率与边际税率一致

5. 下列表述正确的是（　　）。

A. 我们常说的个人所得税中的 800 元是起征点

B. 按课税对象的性质可将税收分为商品课税、资源课税和财产课税

C. 从价税课税，收入弹性大

D. 价内税容易造成对价格的扭曲

6. 宏观税负的制约因素有（　　）。

A. 经济发展水平　　　　B. 政府职能范围

C. 征管水平　　　　D. 财政收入

7. 关于税负转嫁的表述正确的是（　　）。
   A. 税负转嫁只是税收的一部分，税收归宿覆盖全部税收
   B. 税负转嫁有利于国家取得收入
   C. 税负转嫁是商品货币经济的必然产物
   D. 商品货币经济的存在不等于税负转嫁的实现
8. 下列表述正确的是（　　）。
   A. 需求弹性越大，税负前转容易后转难
   B. 需求弹性越小，税负前转容易后转难
   C. 供给弹性越大，税负前转容易后转难
   D. 供给弹性越小，税负前转容易后转难
9. 以下哪些税种体现了"利益说"的特征（　　）。
   A. 燃油税　　B. 社会保险税
   C. 车船使用税　　D. 营业税
10. 下列表述正确的是（　　）。
   A. 税收效应和替代效应均产生税收超额负担
   B. 征收人头税或所得税会产生税收效应
   C. 纳税成本可以用货币计量
   D. 目前我国税务效率还可以再提高

（二）简答题

1. 简述课税对象、税源和税基的关系。
2. 试分析微观税负的客观影响因素。
3. 评价"利益说"和"支付能力说"。
4. 如何理解税收"中性"与税收调节作用?
5. 简述税收最优原则不存在的原因。
6. 简述最适课税理论。

（三）论述题

1. 论述拉弗曲线和最优宏观税负。
2. 试论税负转嫁的制约因素。
3. 论述最适课税理论对我国税制深化改革的借鉴意义。

三、作业与思考题参考答案

（一）多项选择题

1. ABD　2. AD　3. CD　4. AB　5. CD　6. AB
7. ACD　8. BC　9. ABC　10. BD

（二）简答题

1. 答：课税对象与税源有一定联系。税源是指税收的经济来源或最终出处。从根本上说，税源是一个国家已创造出来并分布于各纳税人手中的国民收入。由于课税对象既可以是收入，也可以是能带来收入的其他客体，或是仅供消费的财产，因此，课税对象与税源未必相同。有些税种的课税对象与税源相同，如所得税的课税对象与税源都是纳税人的所得；有些税种的课税对象与税源不同，如财产税的课税对象是纳税人的财产，但税源往往是纳税人的财产收入或其他收入。

税基与税源的区别也是明显的。税源总是以收入的形式存在的，是税收负担能现实存在的物质基础；税基则既可以是收入或财产，也可以是支出，而支出本身是无法承载税收负担的。

2. 答：微观税收负担的制约因素是多方面的。客观因素主要有：

第一，宏观税收负担水平。整个国民经济的宏观税收负担是纳税人微观税收负担的总和，纳税人微观税收负担是整个国民经济的宏观税收负担的分解。在一定的税收制度下，宏观税收负担水平的高低必然对微观税收水平形成直接的制约。

第二，收入分配体制。收入分配体制是整个经济体制的组成部分并与其相辅相成。在市场经济体制下，收入分配以市场要素价格决定的要素分配为基础，税收主要是国家在市场要素分配基础上的再分配，从而分配的顺序表现为先分配，后征税。这种收入分配体制决定了个人是主要的纳税主体和税负承担者，个人的税收负担率比较高，而企业税收负担率比较低。在计划经济体制下，国有经济在整个经济中占有绝对优势，国家对国有企业实行统收统支的分配体制，在这种体制下，国有企业向国家上缴税收还是利润是没有什么本质区别的，实际上国家参与国有企业纯收入分配时也常常税利不分，如果国家主要采用税收形式，则国有企业的税收负担率就很高；如果国家主要采用利润上缴形式，国有企业的税收负担率就很低。再从个人收入分配来看，其分配顺序表现为先扣除（采用税或利的形式），后分配。也就是说，国有企业中的职工工资收入是已被进行了社会扣除后的低收入，因此，至少在名义上职工个人不再是纳税主体或很少纳税，当然个人税收负担率也就等于零或很小。现在，我国正由计划经济体制向社会主义市场经济体制转轨，在一定的经济发展水平上，伴随着收入分配体制的调整及由此导致的个人收入的增加，个人税收负担率会逐步增加，相应企业税收负担率会逐步有所下降。

第三，税制结构。这里所说的税制结构指的是税收制度中的税种构成。在一定的经济发展水平和经济体制条件下，不同的税制结构对微观主体税收负担的影响是不同的。比如，以商品课税为主的税制结构中，企业的税负会比较重，个人的税负相应比较轻；以所得课税特别是个人所得课税为主的税制结构中，个人的税负会较重，企业的税负相应比较轻。此外，每一种税的开征及完善与否，都会影响和制约相关纳税人的税收负担。

3. 答：(1)“利益说”要求按纳税人从政府公共支出中获得的利益程度来分配税负。这种观点的理论依据是，政府之所以要向纳税人课税，是因为它向纳税人提供了公共物品；纳税人之所以要向政府纳税，是因为他们从政府提供的公共物品中获得了利益。因此，税负在纳税人之间的分配，只能以他们享受利益的多少为依据，受益多者多缴税，受益少者少缴税，受益相同者缴纳相同的税。可见，“利益说”实际上是将公民纳税与政府提供公共物品看成是一种类似于市场交易的过程，税收就好比是政府提供公共物品的价格。

这一观点在理论上是极易被接受的，但在实践中却遇到了问题。这就是每个纳税人从公共物品中受益多少的信息常常难以获得，如果让公共物品的受益者自己报告，则由公共物品特征决定的“搭便车”心理会使他们刻意歪曲自己的受益情况，进而隐瞒真实的信息，这是“利益说”的一个重要局限。“利益说”的另一个重要局限在于，它以市场的分配是公平的这一假设为前提，而在现实中这一前提并不存在，从而即使“利益说”能够实现，亦无法为收入再分配公平贡献力量。因此，它也不能解释各种社会福利支出的税收来源问题。

当然，“利益说”虽在税制实践中不具有普遍意义，却并不排除其在某些个别税种中的运用。例如，燃油税、车船使用税就是“利益说”的典型例证，社会保险税则是“利益说”的另一例证。

(2)“支付能力说”要求根据纳税人的支付能力来确定其应承担的税负。按照这一观点，税收负担的分配与支出不发生联系，每个纳税人只要按支付能力大小来分摊税收总额即实现了公平。尽管这一观点由于不联系支出，受到一些经济学家的反对，但从实践角度来看，它最具可行性，已成为被广为接受的指导税制建设的理论之一。

运用“支付能力说”实现税收横向公平时，面临的首先是支付能力的衡量问题，这实际上也就是税基的选择问题。

收入通常被认为是衡量纳税人支付能力的最佳标准。收入越多，表明在特定时期内扩大生产和消费以及增添财产的能力越大，税收支付能力也越大；反之，则越小。在实践中，如何界定收入，还有一些问题要解决：一是以单个人的收入为标准还是以家庭的平均收入为标准。二是以货币收入为标准还是以经济收入为标准。所谓经济收入，不仅指货币收入，而且包括任何能增加个人消费潜力的收入，如自产自用产品和服务的推定价值、居住自有房屋的推定房租、社会保障收入等。三是某些支出是否应予扣除。如医疗费用支出、获得收入所付出的成本费用等是否可扣除，怎样扣除。四是不同来源的收入是否应区别对待。如勤劳收入与不劳而获的收入应否区分。这些问题如果处理不好，同样难以准确衡量纳税人的支付能力，进而妨碍公平。此外，由于收入既与人的能力有关，也与其努力程度有关，是人们决策工作与闲暇的结果，因此，一些学者认为不同收入的人可能有着相同的福利状况或支付能力，以收入作为衡量支付能力的标准这时就不能实现横向公平。这种批评也存在下述的消费和财产标准中。

消费被认为是衡量纳税人支付能力的又一标准。其理由是：消费意味着对社会的索取，索取越多，说明支付能力越强，越应多缴税。对消费课税除避免了对储蓄的重复征税，还能在客观上起到抑制消费，鼓励投资，促进经济发展的作用。问题是消费的累退性会导致对消费征税的累退性，这显然不利于实现税收公平。

财产也被认为是衡量纳税人支付能力的标准之一。一方面人们可利用财产赚取收入，增加支付能力；另一方面财产还可带来其他满足，如声望、权力、安全保障等，亦直接提高了财产所有者的实际福利水平。加之资本利得，财产隐含收入通常不被纳入收入税基，因此，国家也有必要将财产税基作为收入税基的补充。但用财产来衡量纳税人的支付能力，也有局限性：一是财产税是由财产收益负担的，数额相等的财产不一定会给纳税人带来相等的收益，从而使税收有失公平；二是财产税与所得税一样，存在抑制储蓄和投资的问题；三是财产形式多种多样，实践中难以查核，估值颇难。

4. 答：税收中性与税收调节的关系可简单归纳为三点：①在个别税种上，从效率角度看，如果实行税收中性有利，则排斥税收调节。从整个税制上来看，税收中性与税收调节并不是矛盾的，而是相辅相成的。这是因为，即使是市场机制发达的国家，也存在市场失灵的领域，税收调节矫正这种失灵和缺陷是政府可选择的手段之一。所以，在市场有效和失灵的各自领域，税收中性与税收调节可以并存、统一于整体税制之中。②税收中性与税收调节服务的目标与作用的层次有所不同。税收中性着眼于资源配置，主要服务于微观效率目标，而税收调节既与资源配置有关，也关注收入分配，服务于公平和效率两个目标。不仅如此，税收调节还是宏观经济稳定与发展不可缺少的前提和手段。因此，两者完全可以统一于从微观到宏观的不同经济层次之中。③现实地看，税收中性也内含着一定的税收调节因素，这是因为完全纯粹的税收中性几乎是不存在的。

5. 答：首先，从信息的角度看，在现实中，政府对纳税人的能力和课税对象等情况的了解并不完全，在信息不对称的情况下，政府只能根据纳税人的收入、支出等可观测到的信息来征税，这就难免产生纳税人经济行为的扭曲。其次，从征管角度看，政府的征管能力从来都是有限的。无限的征管能力和无限的成本是配套的，过高的成本限制了政府的征管能力。最后，从税收本身的特点来看，绝大部分税收也是不符合最优原则的。因为税收的征收等于在市场有效配置资源的过程中加进了一个“楔子”，即“税收楔子”（Tax Wedge），使消费者支付的价格与生产者获得的价格发生了分离，产生了消费者剩余损失或生产者剩余损失，进而影响到消费者或生产者的行为。或者说，因税收楔子的存在，资源的利用不能充分反映消费者与生产者的偏好，也就无法实现最优配置。因此，在大多数情况下，税收的最优原则是不可能实现的。

6. 答：最适课税理论围绕着公平与效率原则，对于究竟应该如何选择商品的征税范围，如何设计所得税的累进程度，如何搭配商品课税与所得课税之间的组合等非常重要的问题进行了深刻的分析。

最适商品课税理论：

（1）一般税与选择税的权衡。从效率角度，在税收一定的情况下，课征一般商品税比课征选择税更符合经济效率的要求。因为用相同税率对商品（包括闲暇）普遍课税只会产生收入效应，因而不会扭曲消费者选择，不会造成税收超额负担。而对商品课征选择税，不仅会产生收入效应，还会产生替代效应，其结果必然会影响消费者的选择，并且造成税收超额负担。从社会公平角度，由于一般商品税很容易课及一般生活必需品，而对生活必需品的课税具有明显的累退性，这与公平目标是相悖的。所以，从公平与效率兼顾的要求出发，最适商品课税应首先尽可能广泛课征，同时对一些基本生活必需品减征或免征。

(2) 兰姆塞法则 (The Ramsey Rule) ——反弹性法则及其修正。在解决了商品课税的范围问题后，接下来的是税率结构的选择问题，是对全部商品使用统一的税率课征，还是按不同商品确定差别税率课征。兰姆塞法则回答了这一问题。该法则指出：为了使总体超额负担最小化，税率的制定应当使各种商品在需求量上按相同的比例减少。将兰姆塞法则进一步引申，可得出：只要商品在消费上互不相关，对各种商品课征的税率必须与该商品自身的需求价格弹性成反比。因为只有如此，才能达到使各种商品在需求量上按相同的比例减少的目的。兰姆塞法则故也被称为反弹性法则。

(3) 科勒特—哈格法则 (The Corbett—Hague Rule)。该法则主张：为了纠正商品课税对工作—闲暇关系的干扰，在设计商品课税的税率结构时应采取一种补偿性措施，即对与闲暇互补的商品课征较高的税率，对与闲暇互替的商品课征较低的税率。科勒特和哈格之所以提出这一法则，是因为一般商品税实际上并不把闲暇这种特殊商品包括在征税范围中，而闲暇与其他商品之间又确实存在互补或互替关系，这就会扭曲人们在闲暇和一般商品消费之间的选择，鼓励人们多消费闲暇，减少劳动供给，降低经济效率。为了解决这一问题，在确实又无法对闲暇直接征税的情况下，就只能对与闲暇存在互补或互替关系的商品进一步采取补偿性措施。并且这也多少弥补了所得课税对工作—闲暇关系干扰造成的效率损失。还需指出的是，科勒特—哈格法则与反弹性法则并不矛盾，因为与闲暇互补的商品一般也是无需求弹性或低弹性的商品。

最适所得课税理论：

(1) 所得税的边际税率不能过高。在政府目标是使社会福利函数最大化的前提下，社会完全可以采用较低累进程度的所得税来实现收入再分配，过高的边际税率不仅会导致效率损失，而且对公平分配目标的实现也无益。就标准的累进税制而言，边际税率递增的累进税制要比单一税率的累进税制造成的超额负担更大。而且边际税率越高，替代效应越大，超额负担也越大；同时，相对而言，边际税率越高并不等于越有助于收入分配公平，因为最低收入阶层所获得的免税额或补助额是不变的，高边际税率充其量只是限制了高收入者的收入水平，而无助于低收入者福利水平的提高。

(2) 最适所得税率结构应当呈倒"U"型。从社会公平与效率的总体角度来看，中等收入者的边际税率可适当高些，而低收入者和高收入者应适用相对较低的税率，拥有最高所得的个人适用的边际税率甚至应当为零。这一结论是基于这样的判断：在同样的效率损失情况下，政府通过提高中等收入者的边际税率，从较为富裕者那里取得更多的收入；而通过降低最高和最低收入者的边际税率，增加这一群体的福利，从而既能实现帕累托改进，又能促进收入分配公平。应清楚的是，倒"U"型税率结构的分析结论是在完全竞争的假定前提下得出的，现实中完全竞争几乎不存在，因此不能完全按照倒"U"型税率结构设计所得税税率。

关于所得税与商品税的搭配理论：

(1) 所得税与商品税应当是相互补充的，都有其存在的必然性。许多经济学家从不同角度分析了直接税和间接税的优劣，虽然结论莫衷一是，但一般认为所得税是一种良税，而差别商品税在资源配置方面也是所得税所不能取代的。

（2）税制模式的选择取决于政府的政策目标。在所得税和商品税并存的复合税制条件下，是以所得税还是以商品税作为主体税种影响到税制的总体功能。既然所得税有利于实现分配公平目标，商品税有利于实现经济效率目标。那么，如果政府的政策目标是以分配公平为主，政府就应选择以所得税为主体税种的税制模式；如果政府的政策目标是以经济效率为主，政府就应选择以商品税为主体税种的税制模式。所以，一国的税收制度最终实行何种税制模式，要取决于公平与效率目标间的权衡。

（三）论述题

1. 答："拉弗曲线"的原理并不复杂，它是专讲税收问题的，提出的命题是："总是存在产生同样收益的两种税率"。主张政府必须保持适当的税率，才能保证较好的财政收入。与拉弗同时代也同为供给学派经济代表人物的裘德·万尼斯基对此作出了扼要解释："当税率为100%时，货币经济中的全部生产都停止了，如果人们的所有劳动成果都被政府所征收，他们就不愿在货币经济中工作，因此由于生产中断，没有什么可供征收100%税额，政府的收益等于零。"税率从0～100%，税收总额从零回归到零。"拉弗曲线"必然有一个转折点，在此点下，即在一定的税率下，政府的税收随税率的升高而增加，一旦税率的增加越过这一转折点，政府税收将随税率的进一步提高而减少。设税率为B点是税收达到最大值A，则AB线以右的区域被称为税收禁区。"拉弗曲线"认为：税率高并不等于实际税收就高。税率太高，人们就被吓跑了，结果是什么经济活动都不发生，你反而收不上税来。只有在税率达到一个最优值时，实际税收才是最高的。

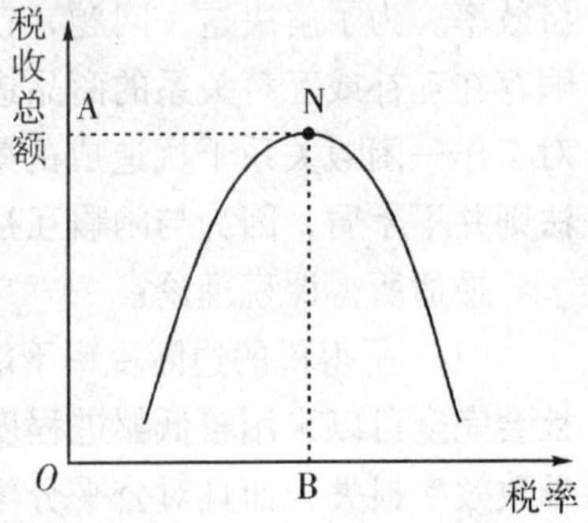

拉弗曲线是富有启发性的，它可使我们更全面、直观地认识税收与经济的内在联系，并告诉我们最佳税率应是既能使政府获得实现其职能的预期收入，又能使经济实现预期产出（常用国内生产总值表示）的税率。显然，这个最佳税率应该小于或等于E点代表的税率。由于各国所处发展阶段的不同，具有政治体制、经济体制和文化传统上的差别，因而不可能有一个各国通用的最佳税率。同样，一个国家不同时期的最佳税率也可能是不同的。归根到底，最佳税率的确定只能建立在本国国情的基础上。

在社会主义市场经济条件下，最佳税率的确定，应考虑以下几点：

第一，必须保证生产过程中的物质消耗得到补偿。劳动资料和劳动对象的消耗属于生产过程中的物质消耗，它们的及时足额补偿是生产在原有规模上继续进行的必备条件；否则，生产规模就要缩小，经济发展就会受阻。人们常说的税收不能侵蚀资本，就是这个道理。

第二，必须保证劳动者的必要生活费用得到满足。劳动者是生产中起主导作用的要素，因此，要保证社会再生产的顺利进行，还必须保证劳动力的再生产，而要保证劳动力的再生产，就必须满足劳动者的必要生活费用。换句话说，也就是税收不能侵蚀必要生活费用。不仅如此，劳动者的生活水平还应随着经济的发展不断提高。

第三，必须保证国家行使职能的最低物质需要。国家行使职能，满足社会公共需要，构成社会再生产的必不可少的外部条件。如果税收不能满足国家行使职能的最低物质需要，社会再生产也是不能顺利进行的。具体来说，国家行使职能的最低物质需要由三部分构成：①业已达到的，不随生产发展和人口增加而相应增加的社会公共需要量，如行政经费、和平时期的国防费用。②随着生产发展和人口增加而要相应增加的社会公共需要量，如文教卫生事业费。③为满足由人口增加所引起的社会投资中必须由国家承担的部分，如基础设施投资。

上述前两点构成宏观税负水平的最高量限，后一点构成宏观税负水平的最低量限。最佳税率显然应在这个界限之内，并需根据当时的社会经济发展目标及具体国情综合确定，同时依据实践的检验结果及时修正。

2. 答：在存在税负转嫁条件下，税负最终能否转嫁以及转嫁程度大小，还要受诸多因素的制约。

（1）商品或要素供求弹性。商品或要素的价格是由其供求状况决定的，反过来，商品或要素价格的变化也影响其供求量，两者相互作用的程度可由商品或要素供求的价格弹性（以下简称“供求弹性”）来表示。具体来说，商品或要素的供给弹性是指在市场供给曲线的任何一点上，价格变化百分之一所导致的供给量变化的百分比，它衡量的是商品或要素供给量对价格变化的反应程度。商品或要素供给弹性越大，表明供给者当价格变化时调整供给量的可能性越大，进而通过调整供给量影响价格的可能性也越大；反之，影响价格的可能性也越小。商品或要素需求弹性是指在市场需求曲线的任何一点上，价格变化百分之一所导致的需求量变化的百分比，它衡量的是商品或要素需求量对价格变化的反应程度。商品或要素需求弹性越大，表明需求者当价格变化时调整需求量的可能性越大，进而通过调整需求量制约价格的可能性也越大；反之，制约价格的可能性也越小。

（2）课税范围。一般来说，课税范围越宽广，越有利于实现税负转嫁；反之，越不利于实现税负转嫁。这是因为商品或要素购买者是否接受提价（税负转嫁引起）的一个重要制约因素是能否找到不提价的同类替代品。如果商品或要素课税的范围很广，同类商品或要素都因课税而提价，其购买者接受转嫁的可能性就加大；如果商品或要素课税范围很窄，同类商品或要素许多因未课税而价格保持不变，其购买者转向购买未课税替代品的可能性增大，相应减小了税负转嫁的可能性。实际上，课税范围对税负转嫁的制约也是通过影响供求弹性的变化而间接产生的。

（3）反应期间。就需求方面说，课税后的短期内，由于消费者（买方）难以变更消费习惯，寻找到代用品和改变支出预算，从而对课税品的需求弹性较低，只好承担大部分或全部税负；而在课税后的长时间内，以上状况都可能改变，从而消费者只承担少部分税负或很难实现税负转嫁。就供给方面说，时间因素的影响更大。课税产品的转产，会要求机器设备与生产程序的改变，短期难以做到，所以生产者（卖方）的税负，有时不能在短期内转嫁，但长期内情况会发生变化并导致税负转嫁。

（4）税种属性。在实践中，由于税种的属性不同，作为其课税对象的商品或要素的供求弹性不同，而在税负转嫁中表现出不同的特点。总体而言，以商品为课税对象，与商品价格有直接联系的增值税、消费税、关税等是比较容易转嫁的。而对要素收入课征的所得税，则常常是不易转嫁的。如个人所得中的工资，主要决定于企业与员工的协商，税前的协定往往是双方尽可能得到的成交条件，税后很难变更。且个人所得税课税范围较宽，个人难以因课税而改变工作，也就难以转嫁税负。对企业课征的法人所得税尽管也存在转嫁的渠道，如提高企业产品售价，降低员工的工资或增加工作强度，以及降低股息和红利等，但这些渠道过于迂迴，或者会受到企业员工和股东的反对，也都不易实现。

(5) 市场结构。在不同的市场结构中，生产者或消费者对市场价格的控制能力是有差别的，由此决定了在不同的市场结构条件下，税负转嫁的情况是不同的，市场结构成为制约税负转嫁的重要因素。

完全竞争的市场结构。完全竞争的市场结构指的是一种竞争完全不受任何阻碍和干扰的市场结构。在这种市场结构下，任何单个厂商都无法影响价格，他们都是既定价格的遵从者或接受者，市场价格由整个行业的供求关系所决定。因此，在政府征税以后，任何个别生产者都无法在短期内单独提高课税商品的价格，把税负向前转嫁给消费者（买方）。但从长期看，在完全竞争条件下，各个生产者会形成一股整个行业的提价力量，从而实现税负转嫁。

垄断竞争的市场结构。垄断竞争的市场结构指的是一种既有垄断又有竞争，既不是完全竞争又不是完全垄断的市场结构。在这种市场结构下，产品之间的差别性使生产者成为自己产品的垄断者，同时由于差别的有限性使许多产品又具有一定程度的替代性，从而形成各种有差别的产品之间的竞争；并且生产者的数量比较多，各生产者对市场的控制力都不大。在垄断竞争条件下，单个生产者可利用自己产品的差异性对价格进行适当调整，从而有可能把税负加入价格向前转嫁给消费者。但由于没有形成垄断市场，不能完全转嫁出去而保留垄断利润，因此只能实现部分转嫁。

寡头垄断的市场结构。寡头垄断的市场结构指的是少数几个生产者供给某种商品的大部分，其产量在该行业的总产量中各占有较大的份额，从而可对市场的价格和产量发挥重要影响的一种市场结构。在这种市场结构下，每个生产者对其商品价格和产量的改变都会影响整个市场和其他竞争对手的行动。因此，每个生产者在作出价格和产量的决策时，不仅要考虑其自身的成本、利润情况，而且需考虑对市场的影响及竞争对手可能采取的对策。在政府征税之后，各寡头生产者或许早已达成协议，可在原价基础上，自动根据某一公式，各自提高其价格转嫁税负。

完全垄断的市场结构。完全垄断的市场结构指的是整个行业的市场完全被一家厂商所控制的市场结构。在这种市场结构下，实际上是生产者自行定价。政府若对其产品征税，垄断者会千方百计将税负转嫁给消费者。但转嫁多少及转嫁方式要视其产品的需求弹性大小而定。

3. 答：结合中国目前的具体情况，借鉴最适课税理论的思想精华，我国进一步完善税制改革的基本思路可以归纳为这样一句话：宽税基，低税率，差别待遇，严格管理。

我们首先应当明确一下我国在今后一段时期内的税制模式。根据税收理论，一般认为商品税有助于提高效率，所得税有助于促进公平。我国是一个发展中大国，提高效率，促进经济增长仍然是主要政策目标。因此，商品税应成为我国目前的主体税种，健全商品税制特别是完善增值税是我国深化税制改革的主要任务之一。

宽税基要从两个层次来理解：一是从整个税制来看，税基是所得不是消费，它涉及税制模式的确立；二是从单个税种来看，税基是计税基础，它涉及这种税的征税范围和减免规定。对前者而言，许多经济学家认为，同所得相比，消费是更广泛的税基；而且，以美国为首的以所得作为主要税基的经济发达国家也在从所得税基转向消费税基。从我国目前以及今后一定时期内的税制模式来看，税基主要是消费，问题是如何完善以此为税基的税种。对后者而言，某些主要税的税基要拓宽，重点在于个人所得税和增值税。

低税率不是要一味地降低税率，也不是紧随发达国家的税率降低而降低（因为发达国家的税率降低主要是降低所得税的税率，而它们过去的所得税税率太高），而是要根据我国的经济发展阶段和政府履行职能的需要制定合理的税率。

差别待遇对于我们这样的发展中大国来说是必不可少的。我们在进一步完善税制时，要适当保留税制的差别待遇，但要对差别待遇的对象进行科学的选择和严格的管理。结合现行税制税收差别待遇主要表现在三个方面：一是税种上的差异，如对某些特殊产品征收增值税的基础上仍征消费税，但要把消费税目前的价内税变为价外税；二是税率上的差异，如企业所得税对小型企业实行较一般税率低的税率，这一规定不应保留；三是税收优惠上的差异，有些税收优惠（如有关基础产业投资、落后地区投资、吸引外商投资以及促进技术进步的税收优惠）仍然有必要存在，只是要严格审批和加强管理。

严格管理虽然在最适课税理论中没有作为研究，但它已被暗含在前提条件中——政府有强大的管理能力，管理费用低廉。从某种程度上说，强大的管理能力、有效的管理技术和手段是决定税制可行性和有效性的关键因素。

第九章　税收的经济效应

一、教学案例

案例一：明朝时期的盐的专卖——一段发人深省的史实

盐的专卖也许最能表现出明朝政府在商业管理方面的无能。专卖制度最主要的弊病在于将管理简单农耕社会的方法和原则施用于宏大的商业性经营管理。然而无能并不能完全归因于无知，好几位明朝的政治家指出了专卖制度的不足，但被完全忽略了，因为盐的管理仅仅是一成不变的财政制度的一个组成部分。有限的能力和缺乏适应性使得任何彻底的改革在实践中成为不可能。

明朝政府在处理盐商事务时，从来没有制定过任何一项普遍性政策，盐务机构也没有公布过任何指导性方针。具体适用的方法，是以当时的需要和情况为基础，由各个官员单独制定。这些普遍性做法逐渐成为定例。

虽然官员要同商人进行各种交易，但是他们从来不认为政府同商人之间的关系是一种契约关系。在他们看来，国家高高在上，凌驾于契约关系之上，每个国民都有为其服务的义务。商人们希望产生利税，而且自愿地参与政府活动。然而，当无利可图，没有自愿经销食盐者时，官员认为征召商人去完成这项任务是完全公平合理的事情，就像他们要求普通百姓服役一样。在某些情况下，商人们同政府进行交易时事实上要承担一定损失。他们认为这些损失在某种程度上是特许经商的费用。

价格、解运办法、截止日期、未完成任务的处罚等，全部由政府单方面决定。虽然地方管理者和检察官员常常提出建议，但所有重大事情都要由北京的皇帝批准。有时，在这些建议提交之前，也向盐商征求意见，但他们从来没有机会同官方讨价还价。商人们希望以投标的方式购买政府指定价格的官盐，但这种建议得不到赞同。在1518年和1526年，一些盐商想出了能被朝廷接受的出价，并进行了两次努力。虽然看起来他们是同京师联系紧密、有影响力的富商，他们的建议能够赢得皇帝的欢心，但却激怒了官僚。户部实际上两次都持反对意见，并要求将建议的商人逮捕、严惩。

政府未兑现诺言时，也没有义务对盐商进行赔偿，向遭受巨大损失的盐商分发少量抚恤金是极为少见的情况。当交易对商人有利时，盐政官员会以此为借口向他们的利润征税。当商人们受到不公正待遇时，科道官员有义务进行保护，但他们更多是出于仁爱政府不应该残暴地对待其臣民的信念，很少是出于对个人公平的关心。

认为盐商由于政府的任意妄为而心灰意冷，这是一种误解。政府法规的不确定性创造了无数暴富的机会。腐败的官吏易受贿赂，诚实的竞争实际上成为一种例外。

明朝的食盐专卖收入不多，却仍然给百姓造成了很大的痛苦。当发生危机时，盐价上涨，粮价下跌，每个消费者食盐的花费相当于其稻米支出的一半。在一些地区，生活必需品已经完全消失了。食盐短缺的直接原因是巡抚试图控制食盐价格，然而最根本的原因还在于专卖行为本身的性质。

早期明朝中央政府的管理比较有效，制度的结构性弱点虽然逐步恶化，但仍未完全显露出来。但是盐的专卖制度的所有不健全因素从一开始就已经存在了，这主要包括缺乏对灶丁的资助，管理部门分散、低效，分配设施不足，要求商人承担强迫性义务等。最根本的因素是政府为这项工作提供的资金不足，也缺乏相应的服务。

总之，食盐专卖使少数奸商和贪官获得好处，而成千上万的人却备尝艰辛，国家从中所得收入也为数不多，实际收入甚至要比官方统计更少。国家财政赤字主要负担大都落在普通民众身上。明朝政府在食盐专卖交易中占用大量资金的事实，鼓励了其他领域的高利息率，这又更加造成资金匮乏。

参考资料：《十六世纪明代中国之财政与税收》，黄仁宇，生活·读书·新知三联书店。

简要分析：对某种产品实行专卖是政府出于财政目的所进行的垄断性经营，上述案例揭示了这种做法的弊端。

思考题：政府专卖的财政意义何在？它会产生哪些成本？

案例二：英国国有企业民营化的改革

1980 年，英国的国民生产总值中，国有企业所占份额为 11%，而现在约为 2%。在过去 20 年里，英国转让了 50 多家大型国有企业以及更多的小企业。

英国实施国有企业民营化改革主要有三个目标：提高国有企业的效率，改善国有企业为客户提供的服务，扩大资产所有权在英国人口中的分布。

虽然改革的目标并不是从出售这些企业中获得最大化的财政收益，但这项改革仍然取得了很好的财政效果，创造了超过 1 000 亿美元的财政收入。1980 年，国有企业曾在一周内花掉了 9 000 万美元的政府财政预算。然而到了 20 世纪 90 年代中期，英国政府实施了国有企业民营化之后，这些企业一周内上缴的利税就有 9 000 万美元。

英国的国有企业民营化改革中，根据企业的状况和经营环境，英国政府采取了不同政策，这包括业务出售、管理层和员工收购、股票上市、授予特许权。

股票上市是最常用的方法。上市安排大多同时向国内的机构和零售投资者、国际的投资者发售股票。这三种投资者的竞争可以提高国有股的价格。上市为企业创造了一个很好的管理框架，而且绝大多数外部投资者和外部分析者要求企业以一种清晰、透明的方式经营，并且高度关注企业的业绩，这对改进企业运营来说是强有力的驱动力。上市也给予了企业合适的渠道，使之能进入国际资本市场持续融资，而这恰恰是政府难以做到的。

特许经营的方式在改革的第三阶段日益流行，这种方法适用于那些需要政府支持的行业，例如铁路运营公司及某些新建的监狱、医院和大学。按照这种方案，有意向的民营企业被邀请来陈述他们所需的国家补贴金额，数量最少者中标。

英国的国有企业监管机制是独立于政治程序的，各个部门的监管权责都通过法律确定下来，从而保持与政治家的距离。然而历史的经验显示，仅靠监管是远远不够的，引入竞争体制往往比强化监管更有助于激励管理者提高效率和改善客户服务。同时人们发现，并不是所有的国有部门都是自然垄断的领域。例如在电力行业，电厂之间也可以开展竞争。真正的垄断元素只有一个，即把电力从电厂传输给使用者的电缆。

亏损的国有企业通过削减成本和开拓市场而不是提高价格，转变成了盈利企业。例如在劳动生产力的增加方面，英国电信在民营化的最初十年提高了135%，天然气行业在八年里提高了20%，电力生产企业在三年里提高了75%，而电力供应商在同期也增加了19%。就客户服务而言，民营化以来相对于一般价格水平，天然气和电力的价格下降了30%，零售电话业务的价格下降了40%。同时伴随着供应中断的减少，顾客选择机会和获得补偿金额的增加，服务质量也明显提高。

在原来的体制下，国有企业经营者面对的是一个不确定的环境，比如：不明确的经营目标，来自政府的干预，促使人竭力避免风险的激励机制。国有企业民营化的成功正得益于克服了上述的弊病。

参考资料：《英国国企的救赎》，史蒂夫·罗宾逊；载《财经》，2002年6期。

简要分析：上述案例清楚地描述了英国国有企业民营化改革的目标、做法、成效以及财政效果，这无疑是一个成功的改革。

思考题：为什么对国有企业的民营化要选择不同的政策？为什么说竞争比监管更重要？

案例三：我国国有资产管理体制的改革进程

1998年8月，国务院决定成立国家国有资产管理局，以行使对中华人民共和国境内外全部国有资产的管理职能。

1993年11月，中国共产党十四届三中全会做出《中共中央关于建立社会主义市场经济体制若干问题的决定》，该决定明确对国有资产实行国家统一所有、政府分级监管、企业自主经营的体制。这意味着在政企分开之外，我国首次提出了政资分开的概念。

1993年以后，深圳、上海等地开始进行国有资产管理体制的探索。

1998年，国务院机构改革过程中，国家国有资产管理局被撤销并入财政部。在同一次机构改革中，机械、化工、内贸、煤炭等15个以主管行业内企业为主要职能的专业经济部门被改组为隶属于国家经贸委的“局”，并明确不再直接管理企业。

2001年2月，国家经贸委下属9个国家局被撤销。

2002年11月，中国共产党第十六次全国代表大会宣布：“在坚持国家所有制的前提下，充分发挥中央和地方两个积极性。国家要制定法律法规，建立中央政府和地方政府分别代表国家履行出资人职责，享有所有者权益，权利、义务和责任相统一，管资产和管人、管事相结合的国有资产管理体制。”

中国共产党第十六次全国代表大会报告关于国有资产管理体制的论述意味着新中

国成立以来一直实行的国有资产“国家统一所有，地方分级管理”的模式将被“国家所有，分级行使产权”的模式取代。这样，地方政府在坚持“国家所有”的前提下，将享有完整的出资人权益，将有可能自行决定这部分资产的拍卖、转让等事宜，事实上也就相当于拥有了属于自己的那部分产权。由于地方政府对自身辖下的企业会更了解，二者（政企）利益关系也变得更为紧密，国有企业改制的推进亦减少了阻力。而国有资产究竟如何在中央与地方政府之间划清出资人权限，将是一项有待展开的复杂工作。

参考资料：《10万亿国资走向》，石东，赵小剑；载《财经》，2002年22期。

简要分析：上述案例从政府的角度简要描述了我国国有资产管理体制改革的走势，而中国共产党第十六次全国代表大会报告所确定的“在坚持国家所有的前提下，充分发挥中央和地方两个积极性。国家要制定法律法规，建立中央政府和地方政府分别代表国家履行出资人职责，享有所有者权益，权利、义务和责任相统一，管资产和管人、管事相结合的国有资产管理体制”，对进一步的国有企业改革意义何在呢？

思考题：中国国有企业进一步改革的出路是什么？

案例四：以土地储备制度为主要特征的新供地机制——来自杭州的探索

2000年下半年，杭州市政府国土资源局土地储备中心发文，收购储备范围扩大到旧城改造地块、城市建设重点区域及新征建设用地。位于文三路359号市国土资源局大楼11层的杭州市土地储备中心，不过是一个仅有12人编制的正处级事业单位，但是这个规模不大的单位动辄能调动上亿元资金。登录它的网站，马上可以看见大量的土地收购和招商信息。

据杭州市国土资源局有关人士向记者介绍，这是全国第一家较为规范的土地储备机构。它的任务很单一：杭州市区范围内需盘活的存量土地和新增建设用地中，凡用于商品房开发的国有土地，原则上都按统一价格收购或征用，经过初步开发，将“生地”变为“熟地”，然后纳入政府储备库。

位于土地储备中心楼下的，便是杭州市土地市场交易大厅。这种地理设置简洁地显示了土地收购储备制度的操作链条：收购来的大部分土地使用权根据城市总体规划、土地利用总体规划和实际需要，在这里统一由政府以招标、拍卖等方式进行市场运作。

杭州市土地储备中心从1997年8月成立至今，累计收购土地13 688亩（1亩≈666.67平方米），大约相当于1.6个西湖（5.68平方千米）的面积。收购这些土地，该土地储备中心花去74.34亿元；到目前为止仅卖出和移交一半多土地，就收回69.1亿元。目前该土地储备中心尚库存6 000多亩土地，价值近50亿元。

杭州供地机制的诞生过程极富“中国特色”。1997年，为解决杭州国有企业改革中的土地资产变现问题，当时的市长让国土资源局“想想办法”。1997年8月，杭州市国土资源局受命成立土地储备中心，首要任务就是收购因产业结构调整的企事业单位需盘活的存量土地。当时定下的目标是，截止到2000年，有20%以上的经营性房地产用地通过政府的土地储备中心供给。

新机构边筹建边动作，以“试点探索、小步启动、适时收购，确保不亏，稳妥发展”为原则。最初的业务以收购和收回两种方式为主，除收购企事业单位因产业结构调整需盘活的存量土地，还可将违法用地、闲置抛荒土地及无主地依法收回。

随着杭州市土地储备中心土地收购储备量的增加，土地收购储备的范围在不断扩大。1998 年 6 月，杭州市土地收购储备管理委员会决定，将收购储备范围扩大到市区需盘活的所有土地；2000 年下半年，杭州市政府国土资源局土地储备中心发文，收购储备范围扩大到旧城改造地块、城市建设重点区域等，新增建设用地也包括在其中。

杭州市此举反映了中国土地制度所有权和使用权相分离的内在矛盾。新中国成立后我国土地实行公有制，在单一所有制的经济形态下，所有权和使用权是两个无须严格区分的模糊概念。改革开放后，“三资”企业、个体、私营经济大量涌现，所有权和使用权呈现分离的趋势。20 世纪 80 年代后期兴起的土地使用权改革则首开两权分离的先河，变过去无偿、无限期使用土地为有偿、有限期使用，使其真正按照商品的属性进入市场。从此，单位和个人便可通过划拨或出让两种方式取得国有土地使用权。

不过，土地使用者若改变土地用途，必须报经政府有关部门批准。土地使用权以划拨方式取得的，在改变土地用途时还须补交土地出让金。这意味着，除使用权外，法律并没有将土地的处置权和收益权赋予土地的使用者。

1998 年修订的《中华人民共和国土地管理法》规定，国家所有土地的所有权由国务院代表国家行使。国务院土地行政主管部门统一负责全国土地的管理和监督工作，具体到地方。虽然法律并无明文规定，但由于土地的自然属性，各地政府自然而然地成为土地所有权事实上的代表者，实际的管理职能按照法律由各地土地部门承担。然而，长期以来，城市存量土地资产盘活过程中，真正掌握土地供应主动权的并不是土地部门。土地使用者往往利用自身身份带来的便利，绕开政府有关部门自行招商，如此便可自行处置土地，获取收益。正是这种现实迫使政府要想办法把土地供应权抓在手中。

客观来看，以土地储备制度为主要特征的新供地机制的建立，不仅是城市政府以集中统一的供地权取代各个部门行政审批权的过程，更是它以土地所有者身份强化其土地处置权和收益权的过程。这是经济转型时期经济发展的现实选择。不过，如果超越单纯的房地产业，从经济全局的角度观察，政府统一供地权垄断土地市场，又是一种祸福相依的机制。归根结底，土地的所有权是国家的，政府只是行使管理者职能。如此关联之局要求政府在统一供地权的同时，要按市场需求供地，这意味着政府必须昭然于市场监督之下，又超然于其对市场的垄断地位之上。这是一个艰巨的任务。

参考资料：《中国经济大局下的城市“土改”》；载《财经》，2003 年 2 期。

简要分析：土地是一种典型的资源性资产，也是一种稀缺资源，怎样安排土地的所有权和对相关的权力进行管理才能有效配置土地的使用权，是政府必须慎重考虑的问题。以土地储备制度为主要特征的新供地机制的建立，在这方面到底有哪些好处呢，又会产生哪些问题呢？

思考题：你认土地所有权的安排对土地的有效利用会产生什么样的影响？

案例五：缓解机场拥挤——政府收费正面效应的实例

机场拥挤的性质非常类似于公路的拥挤。位于大都市的大型机场以及其他以航空运输为中心的区域的大型机场，是非常拥挤的，尤其在一天的某段时间里。而位于小城市的大部分机场从不拥挤。所有航班趋向于同时为大都市提供航空服务，因为大都市对航班的需求量最大。但是在拥挤期间，甚至在比较拥挤的机场，飞机着陆费并不高于非拥挤情况下的收费，这意味着使用者并未在交通高峰期和交通拥挤地区对拥挤付费。

由经济学家们提出来的解决办法不应让人吃惊：对待拥挤，理应收费。具体地讲，经济学家主张，在拥挤的机场征收的飞机着陆费应该比不拥挤的机场高，而在那些拥挤的机场内，拥挤期间所征收的飞机着陆费又应比不拥挤期间高。如此的定价策略会创造出一种激励机制，让人们对航班认真地进行规划，使消费者在拥挤较少的时间和机场多选择空中旅行，从而充分利用现有的机场容量。例如，洛杉矶在 1993 年就将飞机着陆费提高至原来的三倍。不过这也在相当程度上遭到了航空公司的反对，他们认为城市正在将这笔资金供给给一些与机场无关的服务。

在对机场设施进行新增投入方面，由于 1990 年的《航空安全与机场容量扩张法案》的实施，机场扩张有了新的收入来源。经美国联邦航空局批准，机场能以每张机票 1 美元、2 美元或 3 美元的价格向乘客征收设施费，所获收入用于资本项目的扩张，以增进安全、增加竞争和减少噪音。在 1992 年和 1993 年，有 161 个机场被批准征收设施费，接下来的几年他们便能筹集到 90 亿美元的旅客设施费。这些直接由乘客支付的使用费可以使机场较少地依赖本地财产税，可以支付资本扩张项目。这些资本扩张项目在很大程度上由直接受益者的交费来提供资金。机场服务的乘客越多，所能筹集到的扩建资金也越多。如果美国联邦航空局审定最高的收费仅限于最拥挤的机场，那么乘客设施费甚至会成为对拥挤的收费。

对机场进行效率定价的某些不情愿和获得有效的机场投资的困难，部分是因为航空服务由地方政府来提供这个事实。如果一个拥挤的机场费收入能真正反映其成本的着陆费或大量的乘客设施费，那么某些航班和乘客可能会选择附近城市的其他不拥挤的机场。拥挤性机场所在的地区会担心工作岗位的减少、收入以及税金的下降。地方政府可能会偏好在短期内对乘客征收拥挤费，而在长期内则扩建机场。但是倘若许多地方都遵循这种策略，那么某些地区就会导致机场容量过剩。这就产生出一个基本的关于联邦主义的问题。为了得到一个更为有效的航空运输系统，必须重新审视主要由地方政府来提供航空服务在联邦体制中是否适当。

参考资料：《州和地方财政学》，（美）费雪，中国人民大学出版社。

简要分析：对公共设施的使用收费的一个重要原因就是为了克服拥挤，以使公共设施能够更有效率地加以利用。上述案例清楚地说明了这一点，但主要由地方政府来提供航空服务的体制却会制约合理收费机制的形成。

思考题：为什么在公共设施的使用上对拥挤收费是有效率的？

案例六：出租汽车行业管制中的政府失灵——政府收费负面效应的实例

北京出租汽车协会在2001年做了一个调查，声称一辆夏利车司机每月交给出租汽车公司的份钱平均为4 400元，而公司的运营成本为每车每月4 019.97元，其中包括管理费800.65元，也就是说公司的每车纯收入每月只有257.97元，一个月的纯利润率仅为5.86%。国家、企业、司机的所得比例是1.98∶1∶9.87。按照这种说法，司机得大头，国家得中头，企业得小头。但“的哥”们对此提出了强烈置疑。北京渔阳出租汽车公司的杨师傅以自己为例说，他的月营业收入基本保持在8 700元左右，这些收入用于支付每月的份钱4 400元，燃油费约1 800元，修理费约400元，用餐费300元（每日10元），应付罚款等其他开支100元，每年的出租汽车车辆、计价器年检费等费用合计每月平摊30元，个人所得税每月60元。总计每月支出为7 100元，净收入则约为1 600元。但杨师傅为之付出的代价是每天几乎工作10个小时。

杨师傅怎么也不相信企业拿的是小头。他给记者算了一笔账：一辆新夏利车投入出租运营的成本大概是9万元，司机承包一辆车的抵押金是4万元。也就是说，公司买一辆新车，实际只付5万元。而出租车的使用年限是5年，每个月4 400元的份钱，而且承包期内的所有日常汽车维护费用均由司机承担。如此算来，公司2年就可以赚回一辆车的本钱，后3年净赚。

参考资料：《出租车载不动的愁怨》，胡一帆，载《财经》，2003年2期。

以管理着5 000辆出租车的某家出租汽车公司为例，每车每月份钱5 000元，每年共收入3亿元的份钱。对制度经济分析而言，更关键的是，每辆出租车的司机“以车代押”在公司里押了5万元的保证金，从而出租车司机们处于被公司“敲竹杠”的境地难以自拔。

2002年，这家公司规定每辆出租车必须更换白色座套，必须由公司定期清洗这些白色座套。为此，每车每月必须向公司支付清洗费30元。据一位出租车司机匡算，仅此一项规定，公司的年纯利就可以增加100万元。你不满意吗？你可以退租，但必须从你的保证金里扣除3万元的“提前终止合同”罚款。

司机们被公司“敲竹杠”而难以自拔，因为出租车的资本初置费用其实是司机们自己支付的，只是由于公司拥有政府认定的经营牌照，司机们不得不把自己的资产折价抵押给公司。否则，司机们就必须支付移居和移车的费用，从北京移居到“敲竹杠”程度较弱的城市，姑且不问是否有这类城市。

政治权力对经济资源的垄断，天然地具有一种“收益递增”的效应，即腐败所带来的好处，提供着政府官员为更大的腐败设置管理权力的激励，从而腐败意味着更大的腐败，“寻租”意味着无穷无尽的“设租”和“寻租”。为什么“政府失灵”比“市场失灵”更加危险？因为政府的失灵可以被腐败者的“收益递增”自动地扩展为政府的“普遍失灵”，而市场的普遍失灵在经济世界里几乎不可能出现。

参考资料：《为什么“政府失灵”比“市场失灵”更加危险？》，汪丁丁，载《财经》，2003年2期。

简要分析：出租车行业总是被作为一个政府管制性行业，其经营权只有在政府许可下才能获得。对经营权的控制本来是为了使出租车行业的经营在规模上受到约束，在服务质量上得到保障，从而形成在一个区域内的有效、有利的供应。然而，这种管理方式又为少数获得经营权的人提供了获取垄断收益的机会，而这种收益又必然是以增大他人的成本为代价的，上述案例就反映了这一状况。

思考题：

(1) 政府管制一定会出现“政府失灵”吗?

(2) 如果同时存在“政府失灵”和“市场失灵”时，应该怎么办?

案例七：从水的定价看政府收费的标准

在设计供水系统时需要做出的第一个决定是：是否对消费者进行用水的计量。必须对水供应和水处理成本的降低进行测量，并和装水表计量的成本进行对比。装水表计量对消费大户，特别是工业用水大户来说，总是有效率的。但对用水小户，特别是城市中贫困地区的家庭来说，装水表进行用水计量通常没有效率。

对装水表的用户来说，一种三级收费体系是有效率的。

第一级，与用水有关的收费价格应定在和增量的水生产和运送的平均增量成本相等的水平上。但这种收费将对最初的 20 ~ 40 升的日人均消费量实行生命线收费标准。如果城市中各个地区或各个季节中成本差别特别大，政府可以允许在各个地区或在各个不同季节中实行有所不同的收费标准。这种收费标准也将随时间有所变化，以便反映出供水系统从生产能力过剩到生产能力短缺以及和它的投资周期相符又回到生产能力过剩时平均增量成本的变化。

第二级，居民用水户应缴纳一笔与用水量无关的定期费用。低收入消费者缴纳的这笔费用应等于或低于和连接有关的边际经常性成本（水表维修、读表、填写等费用）和实行连接的年成本之和。给低收入家庭的补贴程度取决于再分配目标的强度和实行内部交叉补贴的可能性。它同样也取决于对资金来源的各种需求，特别是对公共供水处来说，为了筹措资金提供交叉补贴（比如给公共供水处），中等和高收入消费者的定期连接费应定在等于或高于连接的边际经营成本。这样将会允许交叉补贴以及当水费随平均增量成本变化而变化时维持供水营业的全部资金的自给自足。对高收入阶层收取的安装成本应以一次性付清为基础，按市场利率在较短时期内筹措起来。

第三级，政府应设计出一种一次性开发费，并按照细分的私人财产的宅前标准来补偿整个供水系统的投资费（如果私人开发者被要求自己来安装该系统，这笔费用可以省略）。在低收入财产所有者的主要居住区，降低开发费于开发成本之下，并向高收入财产所有者收取高额连接费是公平的。这样就得找出一种根据收入来区别所有者的办法。如果财产估价体系是精确的，对与供水系统相连接的居住地征收比例财产税将是一种行之有效的方法。这种税收将随时间而变化以反映使用费的变化。如果财产估价是不精确的，在城市的不同地区就会收取不同的连接费。除了最低限额的收费，累进的收取结构将不起作用，因为每个连接口的消费量和消费者的人均收入之间的关系不明显。另外，使用费可能是无效率的。

对没有安装水表的居民用户，征收比例财产税或土地税是公平的。收费标准也可按把住房和供水分配网络相连接的水管的大小来制定。这笔费用将定在能保证供水经营、在资金上实行自给自足并顾及来自开发费的收入。

从公共水龙头处取水消费应该免费。但政府也应该对水龙头实行管理以避免水的浪费。经营水龙头的资金应首先来自个人家庭中装有连接口的用水户。只有在出于政治理由而排除用水户之间的交叉补贴时才使用一般税收。因此实际上对那些从高收入用户中收取的用于交叉补贴的资金的使用有一个等级制度。这些补贴首先应用于安装公共水龙头并免费提供从公共水龙头处消费的水。一旦对公共水龙头的需要已完全满足，交叉补贴将用于装有连接口的个人家庭。这样一种顺序的理由是连公共水龙头都享受不到的家庭是最穷的家庭，而公共水龙头的用户是最穷的消费者。对公共水龙头和用水的补贴是公平的，中收入和高收入者很少能从上述补贴中获益。而且，对公共水龙头实行补贴而引起的消费增加给公共健康带来的利益要超过对屋内连接口实行补贴而带来的利益。

工业和商业消费者支付和平均增量成本相等的用水价格。对高收入的居民消费者可以收取连接费和开发费，只要高于成本的收费不会转嫁，特别是不会转嫁到低收入消费者身上。啤酒和其他大众饮料业在这方面需要引起特别注意。

上述提出的收费结构应当在考虑到再分配目标的同时，以最小的效率损失实现供水经营在资金上的自给自足。独立于其他服务机构的垂直一体化经营机构最容易实现资金的自给自足。地方和全国性的当局机构将仅仅检查是否大体上符合前面提出的基本定价和投资原则。自主性垂直一体化并不是实现这一收费结构的必要条件，但是如果没有自主性和垂直的一体化机构，为了保证供水经营的资金自筹和在制定收费标准时把全部有关成本都考虑在内，需要作出特殊的努力。

参考资料：《发展中国家城市财政学》，巴尔·林，中国财政经济出版社。

简要分析：在考虑用收费为某种公共项目筹资后，收费的定价就是一个非常重要的问题，它常常需要根据收费项目提供物品本身包含的效率要求和公平要求的特点来设计收费的方式和标准。

思考题：为什么对水的收费要设计如此复杂的收费方法?

案例八：政府收费的管理——以拥挤费的征收方式为例

征收拥挤费最常见的办法是，由车辆在进入交通设施之前或之后向收费亭缴纳过路费或过桥费。这种通行费能反映道路建造、维修成本以及拥挤成本，而且通行费能根据车辆类型、地点、一天的时间和一年的时间的不同而不同。设置收费亭的不足之处在于它会负担高昂的管理费用（征收者的工资）和附带费用（车辆运行耽搁)。使用旨在缓解拥挤的收费亭是低效率的，因为停车去支付通行费可能造成更多的拥挤。此外，对公共汽车、地铁和机场的收费已经在进行，改变这种收费结构以便把拥挤问题考虑进去并不会使征收成本增加很多。如果当前对使用一次地铁收费 0.5 美元，那么在拥挤期间改为每使用一次地铁收费 1 美元，这并不意味着成本上升很多，实际上某些地铁系统已经在这么做。

汽车燃油税是为道路建造、维修筹集资金的一种相对较好的方式，但它对缓解拥挤的作用并不明显。如果汽车税率增加，那么司机面对的整个成本（包括每天最拥挤时的成本和并不拥挤时的成本）都会增加，这种成本在并不拥挤的时间就显得非常高，这是低效率的。这只是用一个新的效率问题来替代另一个效率问题。而且，在拥挤严重的地区比不拥挤地区征收更高的汽油税几乎是不可能的，因为一个人可以简单地调整他购买汽油的地方。

另外，也经常为经济学家们所推崇的方式是测量法。它采用某种方法对使用交通设施的量进行测量和记录，并设计一个记账程序。测量法的一种简化方法是在拥挤期间向行驶于特定区域的车辆出售运行许可证。新加坡于 1975 年采用了该制度。在汽车挡风玻璃上粘贴了票证的车辆规定在上午 7:30 至 9:30 可从 22 个入口处的任何地方进入限制地带。注明了日期的粘贴物的标价大约是每天 1.3 美元或每月 26 美元。至少坐有 4 个人的汽车和公共汽车可免费，在限制地带之外建立了 14 个停车场，以利于人们换乘相对便宜的小公共汽车。在限制地带的 22 个入口处驻有警卫人员，他们记录那些违反规定的车辆的许可证号码，以便随后实施拘留。

新加坡的拥挤定价办法产生了令人瞩目的效果。拥挤定价办法公布的大约一个月后，在每天规定的两个小时内进入限制地带的车辆数量大约减少了 45%，而平均速度大约提高了 22%。行车数量减少的原因在于：车辆共同使用（许多人坐同一辆车）的情况大量增多；一些车辆运行路线改到限制区域之外（它导致了非限制区域拥挤增加）以及更多的人将上下班时间改在上午 7:00 至 7:30 之间（结果，许可证所规定的时间也扩大到包括上午 7:00 至 7:30 这半个小时）。形成对照的是，很少有人由乘汽车改为乘公共汽车，因此后来大量的停车场被取缔。这种车辆运行许可证制度给政府筹集到相当多的收入，1976 年初的收费达到很高的水平，以至于该制度似乎不完全是针对拥挤而采取的。这种特殊的收费方式在更大的和更多的都市区是否同样有效地得到运用却并不明显。新加坡对拥挤定价的反应意味着那里对上下班行车的需求弹性相当大。

参考资料：《州和地方财政学》，（美）费雪，中国人民大学出版社。

简要分析：正如案例五一样，对公共设施的使用收费是为了克服拥挤，提高公共设施使用的效率，但不同的收费方法中又会出现一些新的效率问题，上述案例便反映了这一情况。

思考题：还有更好的对拥挤收费的定价办法吗?

二、作业与思考题

（一）填空题

1. 现行资源税的征税范围包括__________和__________。
2. 现行增值税是以不含税价作为计税基数，即实行了__________。
3. 我国的企业所得税采用__________税率，税率为__________。
4. 现行消费税采取和__________交叉征收的形式，税率采取__________和__________两种形式。

（二）单项选择题

1．税收的主体（　　）。

A．税务机关　B．国家　C．海关　D．工商机关

2．最早提出税收原则的是英国古典经济学家（　　）。

A．威廉·配第　B．攸士第　C．味利　D．亚当·斯密

3．一种税区别于另一种税的主要标志是（　　）。

A．纳税人　B．课税对象　C．课税依据　D．税率结构

4．下列税中，（　　）属于中央税。

A．增值税　B．资源税

C．消费税　D．证券交易印花税

5．下列商品课税中，赋税最容易转嫁的是（　　）。

A．对供给弹性大、需求弹性小的商品的课税

B．对供给弹性大、需求弹性大的商品的课税

C．对供给弹性小、需求弹性小的商品的课税

D．对供给弹性小、需求弹性大的商品的课税

6．税制构成的核心要素是（　　）。

A．纳税人　B．税率　C．征税对象　D．纳税期限

7．税收的强制性依靠的是（　　）。

A．国家对国有企业生产资料的所有权　B．国家对生产资料的所有权

C．国家的政治权力　D．社会习惯势力

8．在税收要素中，体现纳税人负担轻重的最主要要素是（　　）。

A．税率　B．附加和加成　C．起征点　D．减免税

9．直接税和间接税的划分是（　　）。

A．按课税对象的性质分类　B．按税负能否转嫁分类

C．按税收的管理权限分类　D．按税收和价格关系分类

10．农业税的计税标准是（　　）。

A．农业收入　B．常年产量

C．农业纯收益　D．农产品销售收入

11．营业税实行的是（　　）。

A．比例税率　B．全额累进税率　C．超额累进税率　D．定额税率

12．土地增值税实行（　　）。

A．比例税率　B．超额累进税率　C．定额税率　D．超率累进税率

13．增值税是以增值额为课税对象的税收。从价值构成看，所谓增值额是指（　　）。

A．C＋V＋M　B．C＋V　C．V＋M　D．C＋M

14．税法中规定的课税对象开始征税时应达到的一定数额称为（　　）。

A．免征额　B．起征点　C．速算扣除款　D．计税金额

15. 1978 年以前，国有企业利润的分配制度总体上是（　　）。
A. 统收统支制　B. 企业基金制　C. 利润留成制　D. 承包制
16. 企业所得税的计税依据是（　　）。
A. 应纳税所得额　B. 销项税额　C. 进项税额　D. 总产值
17. 以课税对象的价格为依据，按一定比例计征的税种叫（　　）。
A. 从价税　B. 资源税　C. 共享税　D. 消费税
18. 以课税对象的数量为依据，规定固定税额计征的税种叫（　　）。
A. 从价税　B. 增值税　C. 从量税　D. 所得税
19. 按课税对象的性质划分，增值税属于（　　）。
A. 流转课税　B. 收益课税　C. 财产课税　D. 行为课税
20. 国家以社会管理者身份参与企业分配的形式是（　　）。
A. 税收　B. 国债　C. 利润上缴　D. 股息或红利

（三）多项选择题

1. 税收的基本特征有（　　）。
A. 强制性　B. 无偿性　C. 固定性　D. 有偿性
2. 亚当·斯密在《国民财富的性质和原则的研究》中提出的税收原则有（　　）。
A. 平等原则　B. 确实原则　C. 便利原则　D. 最少征收原则
3. 按税收的计税依据为标准，税收分为（　　）。
A. 从价税　B. 价内税　C. 价外税　D. 从量税
4. 按税负能否转嫁为标准，税收分为（　　）。
A. 实物税　B. 直接税　C. 间接税　D. 货币税
5. 减税免税的具体形式包括（　　）。
A. 税基式减免　B. 税率式减免　C. 税赋式减免　D. 税额式减免
6. 税收的形式特征包括（　　）。
A. 强制性　B. 随机性　C. 无偿性　D. 信用性
E. 固定性
7. 属于减轻纳税人负担的措施主要有（　　）。
A. 减税　B. 免税　C. 加成　D. 规定起征点
E. 规定免征额
8. 下列税收中，属于对流转额课税的有（　　）。
A. 所得税　B. 增值税　C. 营业税　D. 消费税
E. 印花税
9. 营业税的纳税人是（　　）。
A. 从事各种货物销售的单位和个人
B. 从事加工、修理修配业务的单位和个人
C. 转让无形资产的单位和个人
D. 销售不动产的单位和个人

E. 提供应税劳务的单位和个人

10. 税收按照征税对象分类，可分为（　　）。

A. 流转税类　　B. 所得税类
C. 资源税类　　D. 财产税类
E. 特定行为征税类

11. 税率的形式主要有（　　）。

A. 比例税率　B. 幅度税率　C. 累进税率　D. 差别税率
E. 定额税率

（四）判断题

1. 税收的固定性具有连续性的含义。（　　）
2. 税收的起征点比免税额的优惠面更加广泛。（　　）
3. 所谓税收效应就是指以尽可能少的征收费用获得尽可能多的税收。（　　）
4. 税收是历史上最早的财政范畴。（　　）
5. 税收的主体是国家。（　　）
6. 所谓税收的社会政策，主要是指所得税政策。（　　）
7. 税负转嫁的最早方式是改变商品的价格。（　　）

（五）名词解释

1. 比例税率
2. 定额税率
3. 累进税率
4. 税负转嫁
5. 税制结构
6. 税负归宿
7. 利税分流
8. 利改税
9. 税收
10. 纳税人
11. 征税对象
12. 税率

（六）简述题

1. 简述在社会主义市场经济条件下税收的作用。
2. 简述税负转嫁的的条件。
3. 简述影响税制结构的因素。
4. 简述税收的基本特征。
5. 什么是税收制度？

6. 简述承包经营责任制的弊端。
7. 简述“利改税”的主要功绩。
8. “利改税”改革的主要内容有哪些?

（七）论述题

1. 试述社会主义国家税收存在的必要性。
2. 试述实行利税分流的必要性及其主要内容。

三、作业与思考题参考答案

（一）填空题

1. 矿产品　盐
2. 价外税
3. 统一比例　33%
4. 增值税　比例税率　定额税率

（二）单项选择题

1. B	2. A	3. B	4. C	5. A	6. C
7. C	8. A	9. B	10. B	11. A	12. D
13. C	14. B	15. A	16. A	17. A	18. C
19. A	20. A				

（三）多项选择题

1. ABC	2. ABCD	3. AD	4. BC	5. ABD	6. ACE
7. ABDE	8. BCD	9. CDE	10. ABCDE	11. ACE	

（四）判断题

1. T	2. F	3. F	4. T	5. T	6. T
7. T					

（五）名词解释

1. 比例税率是指对同一征税对象不论数额大小，只规定同一比例的税率。

2. 定额税率亦称“固定税额”，是税率的一种特殊形式。它按征税对象的一定计量单位规定固定税额，而不是规定征收比例。

3. 累进税率是按征税对象数额的大小，划分若干等级，每个等级由低到高规定相应的税率，征税对象数额越大税率越高。

4. 税负转嫁是指在商品交换过程中，纳税人通过提高商品销售价格或压低商品购进价格等办法，将缴纳的税款转嫁给他人负担的过程，即最初缴纳税款的法定纳税人，不一定是该项税款的最后负担者。

5. 税制结构是指国家在一定时期以某种税或某类税为主体与其他税种相互联结配套的税收体系，简单地讲就是税收体系的布局问题。

6. 税负归宿是指处于转嫁中的税负的最终落脚点，只要税收的转嫁过程结束，税负总要落到最终负税人身上，不再转嫁，这便是税负归宿。

7. 利税分流是指国家参与国有企业利润分配所采取税收（即所得税）和上缴利润两种形式，而不能只采取税收或上缴利润某一种形式。

8. 利改税也叫“以税代利”，它是我国国有企业利润分配制度的一次重要改革。它是指把国有企业原来向国家上缴利润改为由国家征税。

9. 税收是国家凭借政治权力，按照法律程序规定课税对象和方法，以强制、无偿方式取得财政收入的一种形式。

10. 纳税人是税法规定的直接负有纳税义务的单位和个人。纳税人可以是自然人，也可以是法人。

11. 征税对象又称课税对象，是课税的依据。征税对象规定着征税的范围，是确定税种的主要标志。

12. 税率是税额占课税对象数额的比例。在课税对象和税目既定的条件下，税额的大小决定税率的高低，税率高低直接决定纳税人的负担水平，也是制约财政收入多少的因素。税率主要分为三种：比例税率、累进税率和定额税率。

（六）简述题

1. 答：①为经济建设积累资金。②体现公平税负，促进公平竞争。③体现国家产业政策，促进经济结构的调整和资源的合理配置。④调节分配。⑤体现充分发挥市场作用与加强宏观调控的一致性。⑥维护国家权益，促进对外经济交往的发展。⑦监督经济活动，维护正常的经济秩序。

2. 答：在价格可以自由浮动的前提下，税负转嫁的程度还受诸多因素的制约，主要有供求弹性的大小、税种的不同、课税范围的宽窄以及税负转嫁与企业利润增减的关系等。①供给弹性较大、需求弹性小的商品的课税较易转嫁，供给弹性较小、需求弹性大的商品的课税不易转嫁。②商品课税较易转嫁，所得课税一般不能转嫁。③课税范围宽广的商品的课税较易转嫁，课税范围较窄的商品的课税难以转嫁。④生产者谋求利润目标对税负转嫁的关系。

3. 答：①经济结构决定税制结构。它表现在三个方面：一是从生产力发展水平来看，社会经济的发展速度、规模和比例决定税收的增长速度、规模和比例。二是从生产关系来看，一定的生产资料所有制结构决定一定的税制结构。三是从国民经济部门来看，一定的产业结构决定一定的税制结构。②税制结构反作用于经济结构。它表现在三个方面：一是税收在各种经济形式间的收入结构影响社会经济形式的结构。二是税收在各部门间的收入结构影响经济的部门结构。三是税收在各种产品间的收入结构影响社会的产品结构。

4. 答：①强制性。强制性是指征收上的强制性，不以纳税人是否自愿为转移，依法计征，违法必究。②无偿性。无偿性是指国家征税以后，不再直接返还给纳税者，也不需要对纳税人付出任何代价。③固定性。固定性是指各级政府征税应按照法律程序批准的税法规定的方法和标准课征。税收的强制性、无偿性、固定性三个特征，是互相联系的统一整体，是任何社会制度下税收的共有特征。

5. 答：税收制度简称“税制”，税收和税制是两个不同范畴的概念。税收是一种特殊形式的分配关系，属于经济基础范畴；税制则是属于社会上层建筑范畴。税制是根据国家的税收政策，依照法律程序确定的征税依据和规范，规定着国家与纳税人之间的征纳关系，是税收这种特殊分配关系的表现形式，具体表现为税收体系和各税种等税制要素。

6. 答：实行承包经营责任制对增强企业活力，发展经济起了一定的作用。但是随着社会化大生产复杂关系的不断变化和矛盾的显示，日益暴露出了许多问题：①在所得税实际不平等负担的基础上进行承包，不能有效地促进企业公平竞争。②所得税基础上的承包，削弱了税收杠杆作用。③承包制对产业结构和财政收入带来消极影响。④税前还贷助长了固定资产投资膨胀。⑤实行承包经营责任制不利于企业改善经营管理，助长了企业的短期行为。

7. 答：利改税是我国国有企业利润分配制度的一项重要改革。它是指把国有企业原来向国家上缴的利润改为由国家征税。利改税分两步走：第一步于 1983 年推行，主要内容是开征国有企业所得税；第二步利改税于 1984 年推行，主要内容是把原工商税划分为产品税、增值税、营业税和盐税；开征调节税和资源税，恢复和开征一些地方税等。

8. 答：利改税是指把国有企业原来向国家上缴利润改为由国家征税。利改税的主要功绩在于：①实行利改税，使国家与企业的利润分配关系具有了法律的强制性，相对稳定了国家与企业的利润分配关系。②实行利改税，以法律形式强化了国家与企业的分配结构，促使分配结构更趋合理。③实行利改税，促使企业转换经营机制，改善经营管理。④实行利改税，增强了企业自我改造、自我积累、自我发展的能力。

（七）论述题

1. 答：税收是国家凭借政治权力，按照法律程序规定课税对象和办法，以强制、无偿方式取得财政收入的一种形式。税收作为分配范畴，它与国家的存在有着本质的联系。社会主义国家存在税收的必要性表现在：

（1）社会主义国家的存在是税收存在的前提条件。①国家履行职能，筹集维持国家机器等上层建筑需要的物质条件，决定存在税收。②满足社会各种需要的社会总产品的各项扣除需要采取税收形式。③国际间经济贸易交往发生国际税收关系，决定存在税收。

（2）社会主义市场经济体制决定税收的存在。①在市场经济条件下，企业微观经济活动和国家的宏观经济运行需要发挥税收的调控功能。②政府税收杠杆作用的发挥促进企业公平竞争。

总之，社会主义国家的经济条件和政治、社会条件决定了必然存在税收，这是不以人们的意志为转移的。

2. 答：必要性：①国家以社会管理者和国有资产所有者的双重身份行使职能。前者对所有企业征收所得税，后者分享部分企业利润，以体现所有权。②实行利税分流，改变国有企业所得税税率偏高的现状，实行公平税率和税基，就能体现企业公平竞争的要求。③实行利税分流，改变以往形成的、临时性的、不规范的分配形式，有利于从机制上体现转换企业经营机制的要求。④实行利税分流，改革企业利润分配制度，能够分别发挥所得税和利润分配杠杆的作用。这些都充分体现了建立市场经济体制，加强和改善国家宏观调控的需要。

利税分流是指国家参与国有企业利润分配应采取税收和上缴利润两种形式，而不能只采取税收或上缴利润某一形式。其主要内容：①统一企业所得税税率。国家将国有企业所得税统一实行33%的比例税率，这一方面促进市场经济及其竞争机制的形成，另一方面保证财政收入稳步增长。②建立规范、合理的企业所得税税基。如规范成本范围和标准；取消税前还贷。③取消对国有企业征收“能源交通重点建设基金”和“预算调节基金”。④导致不同形式分配税后利润。

第十章　税收制度

一、教学案例

案例一：从假发票案例看我国的税收制度

发票是我国经济交往中基本的商事凭证，是记录经营活动的一种书面证明，是在购销商品、提供或接受服务以及从事其他经营活动中开具、收取的收付款凭证。然而，应当看到的一个现象是，每年国家税务总局公布的十大涉税违法案件中，都至少有一半以上属于制售、虚开增值税专用发票或者其他发票的发票违法案件。这使得我们不得不思考这样一个问题：在制度设计上旨在加强财务管理、保障国家税收的发票制度与现行如此猖獗的假发票案件有何关系？发票税收制度的存在到底能发挥多大的作用？

发票税收是否合理？

我国现行的税收是主要依靠发票来承载和反映税收的税收制度，一般称为“发票税收”。在发票税收下，不仅征税凭票，退税也凭票。尽管发票在我国是计税的重要依据，但发票却不是真正的法律证据，要真正求证经济活动事项本身的合法性和真实性，唯有对照货币资金的真实往来和实际运作。在任何情况下，发票都不能作为移送、起诉和宣判的关键。

由此可见，正是因为发票本身的特性，决定了“以票定税”这种发票税收制度从根本上是不合理的。也恰恰是发票税收制度的存在，才从根源上导致了目前发票虚开、造假现象的屡禁不止以及纳税人合法利益的受损。概括地说，发票税收的不合理主要体现在三个方面：

首先，在发票税收制度下，发票是决定纳税人税负高低的唯一“合法”计税依据。纳税人都有着减少税款支出、维护自身利益的天然本性，即追求自身利益最大化的要求。正是由此，在当前纳税人使用假发票或“真票假用”的收益远大于成本的前提下，一些纳税人对于假发票的所谓“黑色需求”必然导致发票制假、贩卖的大肆蔓延。

其次，发票税收制度下假发票的存在使得纳税人承担了一部分本应由国家承担的责任，造成了自身利益的不必要的损失。国家为了维护自身的税收利益，保障税收的及时入库，同时也为了制止纳税人使用假发票，从政策上直接规定了纳税人取得各类假发票不得作为税款抵扣的凭证，而不区分纳税人取得假发票的主观意愿和是否确实存在此项经济业务。这种简单的一刀切的规定，诚然可以在一定程度上打击纳税人对于假发票的需求，但这种只关注发票真假而不看重经济业务本身的政策导向恰恰也是以票定税发票税收制度的一种体现与强化，无异于将本应由征税机关承担的打击、控制假发票的责任转移给了纳税人，由纳税人额外地承担了辨别、区分真假发票的义务。这种制度设计下，纳税人很可能因为在没有防范的情况下因取得假发票而使本来真实的业务无法合法地抵扣税款，无形中承担了非主观意愿的情况下取得假发票的经济损失。

最后，现行的发票税收制度赋予了发票太多的功能，发票即是税款，税款即是发票。但发票既不是货币，又不是有价证券，却承担了货币和有价证券的职能，可以说功能与地位明显不对称。这恰恰又是发票税收制度设计本身的一大不合理之处。与此相对应，发票的主管税务机关权力有限，也很难承担发票的诸多重任。因此，仅靠税务机关来行使现行发票税收制度下发票的诸多职能实属困难。

由此我们不难得出结论：在发票税收制度下，不可能有真正意义的依法治税，因为发票的合法性尚待商榷。在发票税收制度下，税收不能真正反作用于经济。由于发票的种种缺陷，纳税人的偷税情况将始终存在，且无法避免。在发票税收制度下，不可能真正做到效率优先。不论是手工方式，还是金税工程，发票的运作无非是货币资金运作的翻版。因此，发票的运作始终是一种重复和浪费。

"存在即为合理"的现状下如何对待假发票?

在质疑了现行发票税收制度的不合理性之后，我们又不得不思考这样一个问题：既然我国目前还不能废除发票税收制度，在这种"存在即为合理"的现状下，我们应当如何整顿发票市场，尽量减少发票犯罪的可能性呢?

首先，国家应加大对制造假发票的犯罪分子的打击力度。目前我国相关法律规定：非法制售假发票的起刑点是25份。这样就只能根据犯罪分子制造多少份发票来追究其刑事责任。根据现有法律规定，最多只能判7年的有期徒刑，并处罚5万以上50万元以下的罚金。从打击角度来理解，国家对假发票犯罪从定罪量刑这个标准来看，处罚力度远远不够。

其次，国家应加大对于故意使用假发票的单位和个人的惩处力度。我国目前对于发现使用假发票的单位和个人多处以罚金。根据规定，使用假发票者仅被处以1万元以下的罚款。处罚力度不足往往会使很多人铤而走险。因此，在发现单位和个人使用假发票的时候，执法机关应当调查他们购买发票的动机是什么，比如说对于为了虚增成本，以此减少利润，达到偷税目的的企业，应当按偷税追究刑事责任。此外，如果说是一些公务人员，为了侵吞国家的财产，去购买一些假的发票拿去报销，就构成职务犯罪了。对于这些问题，执法机关均应当依法追究个人和单位的责任，以法律作为保障的根本。

最后，建立真正的货币资金电子化的现代税收是治理之本。在市场经济体制下，一切商业行为均围绕经济进行，而经济利益又依赖于货币资金的往来运作产生联系和发挥作用，离开了货币资金的往来运作，市场经济将没有任何存在的价值和意义。因此，只有牢牢抓住货币资金的往来运作，牢牢抓住货币资金的产生和发展，才能真正抓住市场经济发展的灵魂，才能真正把握现代税收制度前进的方向。货币资金电子化对社会经济领域所有货币资金全方位、全过程的管理和监控，决定了现代税收应是货币资金电子化的税收。只有货币资金电子化的税收，才能全面、有效地解决发票税收面临的诸多问题，成为真正的现代税收。

案例二：抗税实例

天鹰电器公司1999年3月份效益良好，但纳税时却申报亏损。此后，税务人员经过调查，发现该公司两个月以来通过变造账簿偷逃税款8 000元。税务机关责令其补缴所偷逃税款8 000元，并处以偷税数额两倍的罚款。该公司财务经理对罚款表示不服，与税务人员发生争执。双方言行偏激，税务人员认为该公司的此种行为构成抗税，并声明要追究其刑事责任。

问题：

（1）税务机关的处罚是否合适？

（2）该公司财务人员和税务人员的争执行为是否构成抗税？

参考答案：

（1）税务机关的处罚合法。天鹰电器公司的行为属于偷税。据《中华人民共和国税收征管法》第四十条的规定，偷税是纳税人员采取伪造、变造、隐匿、擅自销毁账簿、记账凭证，在账簿上多列支出或者不列、少列收入，或者进行虚假纳税申报等手段，不缴或少缴税款的行为。偷税数额不满1万元的由税务机关追缴其税款，并处以偷税数额5倍以下的罚款。本案该公司通过变造账簿偷逃税款达8 000元，所以按规定税务机关对其处以偷税数额两倍的罚款是正确的。

（2）不构成抗税。《中华人民共和国税收征管法》第四十五条和《全国人民代表大会常务委员会关于惩治偷税、抗税犯罪的补充规定》第六条均规定：以暴力、威胁的方法拒不缴纳税款的，是抗税。由此可见，抗税在客观上表现为采用暴力、威胁的手段拒不缴纳税款。而本案中，公司财务经理尽管对税务机关的处罚表现为不服，态度不好，情绪激动，但始终没有使用暴力、威胁的方法，没有构成抗税。税务机关对该公司的行为定为抗税是错误的。

案例三：税制改革对经济评价的影响

广义上讲，建设项目经济评价包括财务评价和国民经济评价两个层次。习惯上，我们所说的建设项目经济评价特指财务评价。财务评价是在现行财税制度和价格体系的条件下，计算项目范围内的效益和费用，分析项目的盈利能力、清偿能力，以考察项目在财务上的可行性。可见，现行税收制度是建设项目财务评价的一个基本经济假设。由于国民经济评价把税收视为国民经济内部的转移支付，税收制度对国民经济评价的影响较小。

本书着重研究我国税收制度与财务评价的关系，以及税收制度改革对财务评价的影响。

（1）税收制度

①税收与税收制度

税收简称“税”，是国家为实现其职能凭借其政治权力，依法参与单位和个人的财富分配，强制、无偿地取得财政收入的一种形式。强制性、无偿性和依法征税所具有的固定性是税收的基本特征。

税收制度简称“税制”，是指国家以法律形式规定的各种税收法律、法规的总称，或者说是国家以法律形式确定的各种课税制度的总和。税收制度是国民经济调控体系和经济管理体制的重要组成部分。税收制度是取得税收的载体，主要包括国家的税收法律和税收管理体制等。税收制度的内容主要有两个层次：一是不同的要素构成税种，二是不同的税种构成税收制度。

②税制改革的进程

新中国成立以来，税制改革经历了一个曲折的过程。从总体上考察，税制改革分为三个历史时段：1949—1957 年，即国民经济恢复和社会主义改造期间，是税制建立和巩固的时期；1958—1978 年底，是我国税制曲折发展的时期；1978 年至今，是税制改革蓬勃发展的时期。

在这半个世纪期间，税收制度先后进行了五次重大改革：1950 年，统一全国税政；1953 年，修正税制，基本建立新税制。1958 年，税制改革，简化税制，以适应社会主义改造基本完成及经济管理体制改革之后的新形势的要求。1973 年，继续简化税制。经过这三次改革，复税制基本简化、合并成了单一税制。1978 年以后，按照国家的改革开放政策，全面改革税收制度，建立涉外税收制度；经过国营企业两步“利改税”和 1984 年的全面改革工商税制，使单一税制体系发展成为多税种、多环节、多层次的复合税制体系，基本适应了发展有计划社会主义商品经济的要求。1994 年税制改革的主要内容是全面改革工商税制，这次改革以适应中国共产党第十四次全国代表大会提出的建立社会主义市场经济体制的要求。

③现行税收制度

a. 现行税种

1994 年的税制改革奠定了现行税制的基础。它主要表现在四个方面：一是全面改革了流转税制，实行了以比较规范的增值税为主体，消费税、营业税并行，内外统一的流转税制。二是改革企业所得税制，将过去对国营企业、集体企业和私营企业分别征收的多种所得税合并为统一的企业所得税。三是改革了个人所得税制，将过去对外国人征收的个人所得税、对中国人征收的个人收入调节税和个体工商业户所得税合并为统一的个人所得税。四是对资源税、特别目的税、财产税、行为税作了大幅度的调整，如扩大了资源税的征收范围，开征了土地增值税，取消了盐税、奖金税、集市交易税等 7 个税种，并将屠宰税、筵席税的管理权下放到省级地方政府，新设了遗产税和证券交易税（一直没有立法开征）。

目前开征的税种有 24 种，包括增值税、消费税、营业税、企业所得税、外商投资企业和外国企业所得税、个人所得税、资源税、城镇土地使用税、城市维护建设税、耕地占用税、固定资产投资方向调节税、土地增值税、房产税、城市房地产税、车船使用税、车辆购置附加税（自 2001 年 1 月 1 日起开征）、车船使用牌照税、印花税、契税、屠宰税、筵席税、农业税、牧业税、关税。

b. 税收政策

税收政策是指国家为了实现一定历史时期总的发展战略目标，选择确立的税收分配活动的指导思想和原则，是经济政策的重要组成部分。我国现行的税收政策是“统一税法、公平税负、简化税制、合理分权”。

税收政策是通过各个税种的政策来体现的。流转税的政策是公平、中性、透明、普遍。企业所得税的政策是调整、规范国家与企业的分配关系，促进企业经营机制的转换，实现公平竞争。个人所得税的政策是既要破除平均主义，鼓励多劳多得，合理拉开收入差距，又要采取措施，调节过高收入，缓解社会分配不公，避免两极分化。农业税政策是轻税、增产不增税和合理负担。关税政策由传统的“以防范为主”转向了“以促进为主”，确立了鼓励出口、扩大必需品进口，促进和保护国民经济发展以及保证关税收入的政策。

c. 税法体系

依照税法调整对象不同，税法分为税收基本法、税收实体法和税收程序法。目前国家正着手研究制定税收基本法。税收实体法是以规定税收法律关系的实质性权利、义务为主要内容的法律规范，如《中华人民共和国个人所得税法》、《中华人民共和国增值税暂行条例》。税收程序法是以规定税收实体法中所确定的权利、义务履行程序为内容的法律规范，如《中华人民共和国税收征收管理法》。

d. 现行税收分类

按征收对象分类，税收一般分为流转税类、所得税类、财产和资源税类、社会保障税类和其他税类。

流转税类是指以商品或劳务流转额为对象的税收体系。它包括增值税、消费税、营业税等，在我国税收结构中居于中心地位。纳税人取得收入就要纳税。其计税依据是销售额或业务收入额，不受成本费用的影响，征收效率最大。

所得税类是指以所得额或收益额为课税对象的税种类别。它包括企业所得税、农业税等。所得税是以纯收益额为征税对象，采用比例税率或累进税率。农业税以总收益额为课税对象，采用地区差别税率。

财产和资源税类是以各种财产、自然资源为征税对象的税收种类。它包括房产税、城市房地产税、资源税等。

其他税类包括特定目的税、特定行为税等类型的税种。政府为了达到特定目的对特定对象和特定行为征税，以发挥税收的调节作用。

社会保障税类是指以社会保障税、社会保险税为主要内容的税类，我国至今尚未开征。

按财政、税收管理体制划分，税收分为中央税、地方税、中央地方共享税。我国的财政管理体制是按照企业的隶属关系划分税收的。自 1994 年起，我国开始实施分税制，根据事权与财权相结合的原则，将税种统一划分为中央税、地方税、中央与地方共享税。国家分设中央与地方两套税收机构分别征管相应的税收。

按税制结构划分，税收分为间接税、直接税。这种划分方法在税收理论研究和税制建设方面应用相当广泛。税制分为三种类型：间接税为主体的税制，直接税为主体的税制，间接税与直接税并重的“双主体”税制。凡是税负能够转嫁的税种，归属于间接税；凡是税负不能转嫁的税种属于直接税。

经济发达国家多以收益所得税、财产税为主体税种。以某种间接税和直接税为“双主体”的税制，是一种过渡性税制类型。我国目前的税制结构是以间接税为主体，其他税为辅助的复税制体系。增值税、消费税、营业税、关税的税收占总税收的70%以上；所得税类税收次之，约占总税收的15%。

按征税机关分类，总税收分为工商税收、关税、农牧业税。我国以往公布的统计资料常常出现这些字眼。现行的24种税收，分别由税收机关、海关和财政机关征收。海关征收关税；海关代征的进口环节增值税和消费税计入工商税收。财政机关（1996年开始改由税务机关）负责征收农业税、牧业税、耕地占用税、契税；其他税种均由税务机关征收。

税收分类详如表10－1所示。

表10－1　　税收分类

分类方法	内容
按征收对象分类	
流转税类	增值税、消费税、营业税、关税、城市维护建设税、车辆购置附加税、燃油税（尚未开征）
所得税类	企业所得税、个人所得税、外商企业所得税、农业税、牧业税
财产和资源税类	房产税、城市房地产税、车船使用牌照税、资源税、城镇土地使用税、耕地占用税、遗产税（尚未开征）
社会保障税类	社会保障税类（尚未开征）
其他税类	固定资产投资方向调节税、土地增值税、契税、印花税、屠宰税、筵席税
按财政、税收管理体制分类	
中央税	关税，车辆购置附加税，消费税，燃油税（尚未开征），海关代征的增值税与消费税，地方银行以及外资银行和非银行金融企业缴纳的所得税以及营业税和城市维护建设税，对储蓄存款利息征收的个人所得税，金融、保险企业缴纳的营业税中按照提高3%税率征收的部分
地方税	营业税、个人所得税、城市维护建设税、地方企业缴纳的所得税、城镇土地使用税、固定资产投资方向调节税、车船使用税、房产税、城市房地产税、印花税与契税、耕地占用税、土地增值税、车船使用牌照税、农业税、牧业税、屠宰税、筵席税、遗产税（尚未开征）
中央地方共享税	增值税（中央75%，地方25%）、企业所得税（隶属关系划分）、资源税（海洋石油资源税归中央）、资源交易印花税（中央88%，地方12%）、证券交易税（尚未开征）、社会保障税类（尚未开征）
按税制结构分类	
间接税	增值税、消费税、营业税、关税、资源税、城市维护建设税、屠宰税、筵席税、印花税、燃料税（尚未开征）
直接税	企业所得税、个人所得税、房产税、城镇土地使用税、车船使用税、遗产税（尚未开征）、外商投资企业和外国企业所得税、固定资产投资方向调节税、城市房地产税、耕地占用税、车船使用牌照税、土地增值税、农业税、牧业税、契税、社会保障税类（尚未开征）

(2) 税制改革的总体思路

①现行税制存在的问题

经过一系列的税制改革，我国已初步形成了与分税制和市场经济相配套的多层次复合税制。但是，现行税制与市场经济和社会发展水平仍然存在不相适应的矛盾。加入世界贸易组织以后，这些矛盾表现得更加突出。

与其他国家相比，我国税收占国内生产总值的比重偏低。自1994年以来，税收占国内生产总值的比重逐年上升，从1994年的11%上升到2000年的14.2%。另外，税外收费泛滥，据调查约占国内生产总值的10%。

税收调节功能不强。我国目前实行流转税为主体的税制。2000年，增值税、消费税税收达7 024亿元，占总税收（12 660亿元）的55.5%。现行增值税在税目、税率及税收减免方面趋于中性，在促进产业结构调整，支持基础产业、高科技产业的发展等方面，难有大的作为；所得税在体现国家产业政策方面的功能虽然较强，但由于其在税制结构体系中处于辅助地位，调节作用受到很大限制。现行税制在调节收入和财富分配方面的作用也相当有限。

税收负担分配不够合理。突出表现为纳税人所纳税额占总税收的比重与其所分配到的国民收入占国民收入的比重发生错位。第二产业税负明显高于第三产业。第二产业内部，能源、原材料工业等基础产业税负较重。国有企业重于集体企业，集体企业重于私营企业，内资企业重于外资企业。

与国际惯例相比，一些税种的设计和安排不科学。比较典型的如内资企业与外资企业仍使用不同的所得税制；实行生产型的增值税、个人所得税的设计及征收方式比较落后；未能及时开征社会保障税、遗产税和赠与税。

税收优惠层次过多，内容复杂，互相交叉，不利于正确引导投资方向，也造成各地区之间经济发展的不平衡；税收优惠方法单一，目前主要是减税、免税，而很少采取加速折旧等其他措施；税收优惠对产业结构的引导能力不强。

②税制改革方向

改革开放是我国的基本国策。税制改革要充分借鉴市场经济的国际惯例和普遍经验，优化税制结构，发挥税收的调节作用，促进经济结构调整，为企业的公平竞争创造条件。

a. 统一税收政策，实行国民待遇原则

国家应逐步取消外资企业享受的超国民税收待遇，统一内外企业税种、税率。以间接性和产业导向性的税收优惠，取代现行的普遍性外资税收优惠。改变按所有制性质设立税收政策，确保各类企业在同等条件下公平竞争。国家近期要按照产业政策统一内外资企业所得税，包括统一税率、统一所得税会计制度和统一税前扣除标准。

b. 完善流转税制

改革重点是增值税的转型和消费税的征税范围。增值税要由目前的生产型向消费型转变。生产型增值税制，不利于技术进步和扩大再生产，特别是对于资本密集型、技术密集型的高新技术产业和能源、原材料等基础产业。与国际上通行的消费型增值税不一致，导致我国的出口商品含税，价格竞争力降低。缩小营业税的征税范围以扩大增值税的征税范围。国家可以先行考虑对交通运输业、建筑业、销售不动产改征增值税。

现行消费税只选择了11个税目征税，征税面偏窄。对高消费项目和产品、污染环境的产品可开征消费税。对香皂、护肤品、护发品等日常消费品将不再征收消费税。

c. 推进税费改革进程，适时开征新税种

税外收费过多过滥，造成政府行为扭曲，企业、农民负担沉重，是经济转型时期的一大突出问题。乱收费还败坏投资环境，影响外商和民间的投资信心。近年政府抓紧清理整顿税外收费，研究准备了以道路、车辆收费为突破口的“费改税”改革方案。

为费化了的税正名。取消诸如与公路有关的养路费等，与电力有关的基金、贴费、附加等，与环境污染有关的排污费，与教育有关的费和附加，各种社会保险统筹项目收费，对应设立燃油税、电力发展税、环境税、教育税、社会保障税等。取消不适应市场经济的税种，如固定资产投资方向调节税、筵席税等。归并某些具有附加性质的税（费）种，如应将城市维护建设税、教育费附加并入增值税、消费税和营业税之中。文化事业建设费可列入营业税税目当中。矿产资源补偿费可并入资源税。

可以预期，开征遗产税、赠与税和社会保障税已为时不远。

d. 进出口税收改革

国家应分步调减关税税率，实行协定税则，改进关税结构。我国名义关税税率的算术平均水平逐步下降，1991年初为42.5%，2000年下降到15%，2005年降到10%。调整关税税率结构，根据比较优势原则对国内某些产业适当保护；对涉及国家安全的卫生、环保产品可以按产品技术标准和卫生检疫标准实行差别性进口税收政策。打击走私和清理关税优惠措施，提高关税实际征收率。建立反倾销税、反补贴税制度。

依据全额退税的国际惯例，国家要进一步提高出口退税率，扩大退税税种，直至实行全额彻底退税，以增强出口产品的竞争力。今后国家可考虑把营业税、城市维护建设税及教育费附加列入退税范围。目前平均退税率水平约15%，因固定资产的进项增值税税额不得抵扣，实际退税额低于已征税额。

国家应鼓励国产化。国家应鼓励企业使用国产设备和国内配件，按照国产化率高低制定税收优惠政策。国家应鼓励技术先进企业的发展战略转移到占领国内市场方向上。

e. 所得税改革

提高所得税的地位和税收比重，远期目标是建立流转税与所得税并重的双主体税制。国家应充分发挥所得税在调节经济运行、体现国家产业政策、促进公平分配等方面的积极作用。统一企业所得税政策，清理整顿减免优惠。以加速折旧优惠替代以往普遍采用的税率优惠。建立税基、税率合理和有利于征收管理的个人所得税制度，把分类所得税制改为综合所得税制。近期要积极地创造转变的条件（如金融实名制，金融机构信息处理联网）。

f. 征管制度改革

国家应强化税收征管，堵塞税收流失漏洞。国家应建立以申报纳税和优化服务为基础，以计算机网络为依托，集中征收，重点稽查的模式。

(3) 税制改革对经济评价的影响

①建设项目税收与会计核算

在经济评价当中，往往把一个建设项目假定为一个企业，一个负有纳税义务的纳税人，一个会计主体。有些文件也将其形象地称为“项目法人”。

纳税主体就是纳税人，是税法规定的直接负有纳税义务的法人和自然人。会计主体是指会计工作为其服务的特定单位或组织。

下面着重介绍工业项目，特别是石化建设项目的纳税与会计核算。试图从根本上揭示税收对建设项目经济评价的影响。

a. 项目税收分类

建设项目的计算期包括建设期、生产期两个阶段。不管是建设还是生产经营，都离不开征税与纳税，税收活动贯穿项目始终。

根据税收是否明示，即列示在经济评价的有关报表上，将建设项目的税收分为显性税收和隐性税收。涉及显性税收的税制改革一般会影响到有关经济评价报表的格式，涉及隐性税收的税制改革只是影响相关的投资或成本费用的数值大小。显性税收一般包括流转税类、资源税类、企业所得税类和其他税类。具体到石化项目，包括增值税，消费税，城市维护建设税，原油、天然气等资源税，企业所得税，固定资产投资方向调节税。流转税类、资源税在辅助报表——“销售收入和税金估算表”中估算，企业所得税在辅助报表——“损益表”中估算。固定资产投资方向调节税作为投资的构成内容，列示在辅助报表——“投资估算表”当中。

隐性税收一般包括其他税类、财产税类和流转税类，不单独列示。建设项目按规定缴纳的房产税、城镇土地使用税、车船使用税、印花税，或形成项目资产原值，或计入“其他管理费用”。购置车辆缴纳的车辆购置附加税，列入车辆购置的投资。进口设备、工程材料的关税计入项目投资，进口原材料（如原油）的关税，计入原材料成本。购置固定资产的进项增值税直接计入项目投资。耕地占用税随征地费用，契税随土地转让费用，计入项目投资。增值税转型后，增值税必将全部明示出来。

建设项目实际缴纳的税金，期末或者转入损益表直接抵减当期主营业务收入，或者直接分配到项目的成本费用，或者通过固定资产、无形资产和递延资产的折旧、摊销间接地转入成本费用，或者转嫁到项目范围之外。

直接进入产品成本费用的税金，包括房产税、城镇土地使用税、车船使用税、印花税、进口原材料的关税、原材料所含的消费税；投资方向调节税、耕地占用税、契税、购置固定资产的进项增值税、进口关税通过折旧、摊销间接进入产品成本。从销售收入中直接扣除的主营业务税金及附加，包括消费税、营业税、城市维护建设税、资源税。增值税实行价外核算，自成一体。企业所得税直接从利润中扣除。

b. 项目纳税与会计核算

建设项目纳税遵循现行的税收制度，税金在项目内部的分配流动服从相关的会计制度。

在建设期，建设项目主要投资购建资产。资产的计价基础一般为历史成本，即购建资产达到可使用状态前所发生的一切合理、必要的支出。这些支出既有直接发生的，如购置资产的价款、价内税金（关税、消费税等）、增值税、运杂费、包装费和安装成本、耕地占用税和固定资产投资方向调节税，通过出让方式取得国有土地使用权的契税；这些支出也有间接发生的，如应分摊的借款利息、外币借款折合差额以及应分摊的其他间接费用等。

《中华人民共和国增值税暂行条例》规定，不准抵扣购进固定资产的进项税额。因此，购置机器设备等固定资产，或者购置用于工程项目的材料，支付的增值税额应该直接计入“固定资产”、“在建工程”等科目。增值税最终转化成固定资产原值。

另外，购建固定资产过程中，建筑工程费、安装工程费的取费里面含有的营业税及城市维护建设税，也将形成固定资产原值。

固定资产原值在生产期以折旧形式逐渐转入到制造费用当中。购置无形资产所支付的有关税金，如契税、印花税，以摊销形式逐渐摊入管理费用。

在生产期，建设项目开展生产经营活动，购进原材料、燃料动力等存货，按照有关标准加工生产出商品，并销售出去。一般采用历史成本作为存货入账价值的基础。历史成本包括购货价格、购货费用、税金、制造费用。这里的税金指流转税中的价内税，包括关税、消费税、资源税等，将直接构成存货成本。增值税是价外税，不构成存货成本，而是作为“进项税额”单独记账，通过“应交税费——应交增值税”科目核算。

建设项目在一定时期内取得的营业收入和实现的利润，要按照税法的规定缴纳各种税金。这些应交的税金，要按照权责发生制的原则预提计入有关科目。这些应交的税金在尚未缴纳之前暂时停留在项目里，形成项目的一项负债。

增值税的核算：

项目对外销售商品时，通过“应交税费——应交增值税”、“应交税费——未交增值税”科目核算增值税。“应交税费——应交增值税”科目的借方核算进项税额、已交税金、减免税款、出口抵减内销产品应纳税额、转出未交增值税等项目，贷方核算销项税额、出口退税、进项税额转出、转出多交增值税。“应交税费——未交增值税”科目，核算期末从“应交税费——应交增值税”的子科目中转入的当期未交或多交的增值税。

“应交税费——应交增值税”期末余额反映当期尚未抵扣完的税金，转入下期继续抵扣。“应交税费——未交增值税”科目期末余额反映前期欠交或待抵扣的增值税税款。

当期缴纳的增值税款，会计核算的利润表中并不能反映出来。

营业税的核算：

项目经营工业生产以外的其他业务（主营业务之外的不经常发生的业务，包括对外提供运输劳务、销售不动产、转让无形资产等）所取得的收入，按规定缴纳营业税。这些业务通过“其他业务支出/收入”、“营业外收入/支出”和“应交税费——应交营业税”科目核算。期末，“其他业务支出/收入”、“营业外收入/支出”科目余额转入利润表，“其他业务业务收入/支出”直接抵减主营业务利润，“营业外收入/支出”直接抵减营业利润。

当期缴纳的营业税款，会计核算的利润表中也不能直接揭示出来。石化项目经济评价一般不涉及营业税。

其他税费的核算：

对外销售商品时，消费税、城市维护建设税、教育费附加、资源税等，先通过“应交税费”、“主营业务税金及附加”科目等核算。期末，缴纳的消费税、城市维护建设税、教育费附加、资源税等通过“主营业务税金及附加”科目转入利润表，直接抵减主营业务收入。

建设项目按规定缴纳的房产税、土地使用税、车船使用税、印花税，计入期间费用的“管理费用”科目。耕地占用税和固定资产投资方向调节税通过有关科目，最后摊入对应的固定资产原值。

所得税通过“应交税费”、“所得税”和“递延税款”科目核算。所得税作为一项费用，期末直接抵扣利润总额。

c. 项目评价价格与税金

建设项目经济评价价格一般是指生产期投入产出物的价格。在实践当中，有些部门单位习惯采用含增值税价格，有些部门单位喜欢使用不含增值税价格，甚至还要扣除消费税、城市维护建设税和教育费附加。

概括地说，不含增值税价格顺应了会计核算的要求，能比较真实地反映项目的生产成本，评价数据与会计核算资料具有可比性；含增值税价格则扭曲了生产成本。没有必要担心不含增值税价格将影响流动资金估算值，因为只要调整估算参数（比如适当增加周转天数），或者干脆将不含增值税价格人为地转换成含增值税价格，问题就迎刃而解。

采用含增值税价格，经济评价的损益表、现金流量表中的“主营业务税金及附加”就得考虑增值税税额。显然，这与会计核算原则不同。

分析建设项目税收与会计核算，可以简要地勾勒出项目经济评价的税金估算与会计核算的关系，弄清各项税金的来龙去脉及其对建设项目“净现金流量”的影响。会计核算、税收估算与经济评价损益表、现金流量表的关系，如表 10 -2 所示。

表 10 -2　　建设项目税金流向表

行次	会计核算报表——利润表 会计主体：某石油化工股份公司	经济评价辅助报表——损益表 模拟主体：某石油化工建设项目	经济评价基本报表——现金流量表 模拟主体：某石油化工建设项目	税金流向
1	一、主营业务收入	一、主营业务收入	一、现金流入	利润表主营业务税金及附加包含消费税、资源税、城市维护建设税、教育费附加等，不含增值税；如果经济评价损益表、现金流量表的主营业务收入包含增值税，则主营业务税金及附加也包括增值税。
2	减：销售折让		① 主营业务收入	
3	主营业务收入净额		② 回收固定资产余值	

表10－2(续)

行次	会计核算报表——利润表 会计主体：某石油化工股份公司	经济评价辅助报表——损益表 模拟主体：某石油化工建设项目	经济评价基本报表——现金流量表 模拟主体：某石油化工建设项目	税金流向
4	减：主营业务成本	减：主营业务成本	③ 回收流动资金	
5	主营业务税金及附加	主营业务税金及附加		
6	二、主营业务利润	二、主营业务利润	二、现金流出	
7	加：其他业务利润		① 建设投资	主营业务成本含固定资产折旧费。购置固定资产实际支付的关税、消费税、车辆购置附加税、进项增值税、耕地占用税、固定资产投资方向调节税等均计入了固定资产原值。 主营业务成本扣除折旧费、摊销费、财务费之后，就是经营成本。 管理费用含印花税、车船使用税、房产税、城镇土地使用税，无形资产、递延资产摊销。 补贴收入含退还的增值税。 其他业务利润的其他业务支出当中含有营业税、城市维护建设税及教育费附加。 营业外支出当中含有营业税、城市维护建设税及教育费附加。
8	减：存货跌价损失		② 流动资金	
9	营业费用	营业费用	③ 经营成本	
10	管理费用	管理费用	④主营业务税金及附加	
11	财务费用	财务费用	⑤ 所得税	
12	三、营业利润	三、营业利润	三、净现金流量	
13	加：投资收益		四、累计净现金流量	
14	补贴收入		五、所得税前净现金流量	
15	营业外收入		六、所得税前累计净现金流量	
16	减：营业外支出		内部收益率(IRR)	
17	四、利润总额	四、利润总额	财务净现值(NPV)	
18	减：所得税	减：所得税	投资回收期（T）	
19	五、净利润	五、净利润		

注：亏损、净亏损、损失以“－”号填列。

②税制改革对经济评价的影响

理论上讲，税收的微观经济效应体现在两方面：一方面，税收将支付能力从纳税人手中转移到政府手中，发生了资源的转移；另一方面，税收会引导消费者对物品的选择或生产者对要素的选择。

税制改革导致建设项目税收负担发生变化，直接影响经济评价的指标值；税制改革可能影响经济评价的编制程序和报表格式。另外，税制改革还影响建设项目产品的市场供需平衡及市场竞争环境，间接影响项目的生存。由于税制改革是一项系统工程，下面重点介绍增值税转型、开征燃油税及加速折旧对建设项目经济评价的直接影响。

具体地说，税制改革一般表现在税目、税率（或税额标准）的调整，税前扣除标准（或抵扣项目）的变化，停征现有某些税种，开征某些新税种。税制改革会直接影响建设项目的投资造价水平、生产经营成本费用及收入，并反映到项目的“财务现金流量表”当中，使“净现金流量”（现金流入减现金流出）发生变动，改变经济评价指标值。

a. 增值税改革

增值税类型：

增值税是指对增值额课征的一种流转税。增值额是指企业在生产经营过程中新创造的价值。按照马克思的商品价值构成公式，商品价值是由 C + V + M 构成，扣除不变资本的价值，新创造的价值为 V + M，即增值额。在实际运用中，由于各个国家基本情况及经济政策目标不同，各国税法所规定的增值额并不一致，与理论上的增值额也不尽相同，因此形成了不同类型的增值税。

按增值额内容和扣除项目的不同，增值税分为消费型增值税、收入型增值税和生产型增值税。它们的区别主要在于税基的宽窄不同。增值额既可以按全部的增值项目相加计算得出，也可以按全部商品的价值扣除未增值的部分计算得出。按后一种方法计算，需要扣除的项目 C 包括两部分：一部分是劳动手段（生产资料）的当期转移价值，另一部分是劳动对象的价值转移。扣除劳动对象的转移价值一般是没有异议的，而对劳动手段的价值是否允许扣除，能扣除多少，这是区别三种类型增值税的关键所在。

消费型增值税在计算增值额时允许把当期购买的固定资产价值在当期全部予以抵扣，而不管其是否转移到产品价值中去。这时，税基就小于理论上的 V + M。从国民经济整体看，在社会总产值 C + V + M 中扣除了 C 以及 V + M 中用于积累的部分，税基相当于全部消费品的价值，因此它被称为消费型增值税。

收入型增值税在计算增值额时，仅允许扣除当期转移到商品价值中去的那一部分固定资产的价值。这时的税基与理论上的 V + M 趋于一致。从国民经济整体上来看，税基相当于国民收入，因此它被称为收入型增值税。

生产型增值税在计算增值额时，只允许扣除劳动对象转移到商品价值中去的价值，而不准对任何固定资产的价值给予扣除。这时的税基就大于理论上的 V + M。从国民经济整体上来看，税基相当于国民生产总值，因此它被称为生产型增值税。

增值税转型：

生产型增值税不能适应市场经济进一步发展的需要，而消费型增值税才能真正发挥增值税本身的优势。增值税转型是必然的。

目前，增值税在生产流通领域得到了比较普遍的推行，成为第一大税种（约占总税收的 50%）。受我国财政状况的制约，增值税转型很可能无法采取“一揽子”方式，而是采取渐进方式，先在部分行业试行，再逐步扩展到所有行业；或者先转向收入型增值税，最终转向消费型增值税。近期，对于符合产业政策的内外资企业，特别是高新技术产业和资本密集型产业，政府除给予适当减免税外，将允许抵扣资本购进项目所含增值税税款。石油、石化行业有可能成为改革试点行业之一。

没有必要担心增值税转型会影响国家财政收入和建设项目的税收负担。因为增值税转型并不是孤立的，国家可以通过适当提高税率保证财政收入水平，平衡项目纳税负担。从长远看，消费型增值税仅对全部的消费品课税，对投资品不课税，就会起到刺激投资的作用，有利于资本形成，刺激经济增长，增加新的税源，从而可以从根本上带来财政收入的增长。

从微观层次讲，增值税改革对项目经济评价的影响将是全方位的。定性地分析，实行消费型增值税，建设项目购进固定资产，包括其他长期资产的进项增值税可以全额抵扣，不再计入建设项目的购建成本，这就必然会影响投资估算的编制程序，降低建设项目的投资造价水平。建设投资自然也会相应地降下来，建设期的“现金流出——建设投资”减少。如果其他参数不变，生产期的折旧费、摊销费就会减少，折旧摊销的税收挡板效应弱化，“现金流出——所得税”增加。从建设项目的现金流量表整体分析，“建设投资”和“所得税”两者引起的“净现金流量”的现值会减少，全部投资的经济评价指标会变得更好。

b. 开征燃油税

根据有关资料介绍，燃油税只对车用汽油、柴油从量征收。燃油税在生产环节征收。汽油征收 1 596. 2 元/t（1. 15 元/L)，柴油征收 1 117. 2 元/t（0. 95 元/L)。

由于燃油税转嫁性质明显，不会增加项目的税收负担。开征燃油税会对石化项目的资金周转产生一定影响，但对项目的经济评价影响不大。石化项目在销售汽柴油时，代收代缴燃油税。销售汽柴油的应收货款的期限可能要长于燃油税的纳税期限，造成项目垫付税款，流动比率下降，流动资金和财务费用增加，使经济评价指标值产生一定程度的下降。

c. 加速折旧

从表面看，加速折旧是会计问题，实质是税收问题。由于减税、免税这种普遍性的税收优惠方法对产业结构的引导能力不强，加速折旧可能成为重要的税收优惠措施之一。

加速折旧可以促进技术进步，调整产业结构，引导产业升级。对资产的折旧摊销方法、年限，税法和会计制度都作了规定。在计算缴纳所得税时，要以税法的有关规定为准。加速折旧方法有双倍余额递减法、年数总和法、折旧年限缩短的直线折旧法。

加速折旧充分发挥了折旧的税收挡板效应，使建设项目在生产期初的应纳税额大幅度减少，缴纳所得税的总体时间向后推移，甚至造成生产期缴纳的所得税总额（静态）减少。因此，建设项目期初的现金流出转移推迟到后期流出，使期初的净现金流量增加，改善了经济评价指标值。

d. 案例分析

为了定量说明税制改革对经济评价的影响，这里引入一则案例。

某新建石化项目：建设投资 132 000 万元（含增值税 15 000 万元）。资本金比例 65%，铺底流动资金比例为 30%。项目的计算期为 17 年，其中建设期 2 年、生产期

15 年。

基础方案（现行税制）：工艺消耗指标、物料平衡、产品方案、价格水平以及其他参数已经取定。根据有关规定，最终得出经济评价结果。

增值税转型：假设其他数据、参数固定不变，增值税由生产型增值税转为消费型增值税且税率不变。假定，购置资产的进项税额 15 000 万元在生产期初分 3 年平均抵扣，每年抵扣 5 000 万元。此时，建设投资下降到 117 000 万元，资产原值也要下降。由于增值税金仍要由项目垫付，建设期资金占用仍然是 132 000 万元，建设期利息不变。

加速折旧：假设其他数据、参数固定不变，综合折旧年限由 15 年缩短到 10 年。

经济评价结果如表 10－3 所示。

表 10－3　　主要经济评价数据指标汇总　　金额单位：万元

项目名称	基础方案	增值税转型	加速折旧	备注
基本数据				
总投资	140 523	140 455	140 523	
建设投资	132 000	117 000	132 000	
建设投资的进项增值税		15 000		
建设期利息	2 542	2 542	2 542	
流动资金	5 980	5 914	5 980	
销售收入（不含增值税）	672 312	672 312	672 312	生产期平均值
增值税	13 464	12 464	13 464	生产期平均值
总成本费用	598 778	597 072	598 758	生产期平均值
其中：折旧费	7 951	7 001	11 926	
主营业务税金及附加	51 087	50 987	51 087	生产期平均值
利润总额	22 446	24 253	22 467	生产期平均值
利税总额	73 534	75 240	73 555	生产期平均值
所得税	7 407	8 004	7 414	生产期平均值
净利润	15 039	16 250	15 053	生产期平均值
单位加工费/元 · t－1	76	70	76	生产期平均值
经济评价指标				
内部收益率				
全部投资（所得税后，%）	14.62	14.86	15.19	
全部投资（所得税前，%）	20.22	20.91	20.22	
自有资金（所得税后，%）	16.04	16.31	16.70	
净现值				

表10－3(续)

项目名称	基础方案	增值税转型	加速折旧	备注
全部投资（所得税后）	17 853	19 449	21 264	
全部投资（所得税前）	59 358	64 316	59 358	
自有资金（所得税后）	23 294	24 829	26 532	
静态投资回收期/年	7.72	7.63	7.43	含建设期2年
借款偿还期/年	4.33	4.29	4.15	含建设期2年

二、作业与思考题

（一）多项选择题

1. 对我国税制发展下列表述正确的是（　　）。
   A. 1950年税制建立，为我国税制的进一步发展奠定了良好的基础
   B. 十年动乱期间的“简化税制”的改革将已经建立的税制破坏殆尽
   C. “利改税”建立了分税制的税收管理体制
   D. 1994年税制改革的主要原因是原税制过于繁缛
2. 对现实世界性税制改革浪潮的评价正确的是（　　）。
   A. 目前的减税浪潮是由于各国互相跟风的结果
   B. 直接的降低税率减轻了企业和个人的负担，刺激了投资和消费
   C. 减税有利于增强各国的税收竞争力
   D. 税制改革更有利于公平税制的建立
3. 关于世界贸易组织原则对税制改革的要求包括（　　）。
   A. 国民待遇　B. 互惠待遇　C. 关税减让　D. 透明度
4. 下列表述正确的是（　　）。
   A. 没有商品交换就没有流转税的存在
   B. 增值税、消费税、营业税都是对全部流转额课税
   C. 生产型增值税的税基对购进固定资产的价款作了部分抵扣
   D. 消费型增值税的税基对购进固定资产的价款作了全部抵扣
5. 下列属于一般纳税人或按一般纳税人纳税的有（　　）。
   A. 非企业性单位
   B. 从事成品油销售的加油站
   C. 不经常发生增值税应税行为的企业
   D. 从事批发或零售货物的纳税人，年应税销售额在180万元以上的
6. 下列各项中，应视同销售货物行为征收增值税的有（　　）。
   A. 将委托加工的货物用于非应税项目
   B. 动力设备的安装

C. 销售代销的货物

D. 邮政局出售集邮商品

7. 下列行为属于增值税的混合销售行为的有（　　）。

A. 医院提供治疗并销售药品

B. 邮局提供邮政服务并销售集邮商品

C. 商店销售空调并负责安装

D. 汽车修理厂修车并提供洗车服务

8. 关于增值税税率，下列表述正确的有（　　）。

A. 销售粮食、食用植物油适用13%的税率

B. 出口货物均为零税率

C. 提供加工、修理修配劳务的税率为17%

D. 6%或4%的税率仅适用于小规模纳税人

9. 消费税不同应税产品的纳税环节包括（　　）。

A. 批发环节　　B. 进口环节

C. 零售环节　　D. 生产销售环节

10. 下列应缴纳消费税的有（　　）。

A. 烟　　B. 汽车轮胎

C. 汽油　　D. 邮票

11. 下列应缴纳营业税的有（　　）。

A. 金融保险　　B. 娱乐服务

C. 销售机器设备　　D. 交通运输

12. 以下属于所得税范畴的有（　　）。

A. 工资、薪金　　B. 工商企业利润

C. 股息、利息　　D. 成本费用

13. 企业下列支出中，可以从应纳税所得额中据实扣除的有（　　）。

A. 新产品、新工艺　　B. 业务招待费

C. 差旅费　　D. 意外灾害损失有赔偿的部分

14. 下列单位中，不属于企业所得税纳税人的有（　　）。

A. 私营企业　　B. 银行储蓄所

C. 事业单位　　D. 个人合作伙伴

15. 下列各项中，属于个人所得税居民纳税人的有（　　）。

A. 在中国境内无住所，但一个纳税年度中在中国境内居住满一年的个人

B. 在中国境内无住所且不居住的个人

C. 在中国境内无住所，而在境内居住超过6个月不满1年的个人

D. 在中国境内有住所的个人

16. 在计算个人所得税时，不得减除费用的有（　　）。

A. 利息、股息、红利所得　　B. 稿酬所得

C. 劳务报酬所得　　D. 偶然所得

17. 将个人所得税的纳税义务人分为居民纳税义务人和非居民纳税义务人，依据的标准有（　　）。

A. 境内有无住所　　B. 境内工作时间

C. 取得收入的工作地　　D. 境内居住时间

18. 下列各项中，适用5% ~35%的超额累进税率计征个人所得税的有（　　）。

A. 个体工商户的生产经营所得　　B. 个人独资企业的生产经营所得

C. 对事业单位的承包经营所得　　D. 合伙企业的生产经营所得

19. 下列收入中，可以直接作为个人所得税应税所得额的有（　　）。

A. 外币存款利息　　B. 企业债券利息

C. 出租房屋的租金　　D. 金融债券利息

20. 下列表述正确的有（　　）。

A. 资源税有一般资源税和级差资源税两种类型

B. 遗产税、赠与税是静态财产税

C. 印花税、证券交易税均为行为税

D. 行为税对任何行为课税

（二）简答题

1. 简述1994年税制改革的背景及主要内容。
2. 简述增值税的最大特点和优点。
3. 简述增值税和消费税的不同之处。
4. 所得课税具有什么特点？
5. 简述财产课税的特征。

（三）计算题

1. 某化工厂为增值税一般纳税人，2002年8月发生如下业务：

（1）7月，该化工厂购进原材料，增值税专用发票上注明价款180 000元，8月原材料入库；

（2）8月，该化工厂购进化工原材料，取得的普通发票上注明价款21 200元，原材料已到，但未验收；

（3）支付生产用煤价款，取得的增值税专用发票上注明价格20 000元；

（4）购进包装物，取得的增值税专用发票上注明价款50 000元，月末尚未入库，购进车间使用的低值易耗品，取得的专用发票上注明价税合计1 170元；

（5）销售化工涂料一批，开出的专用发票上注明价款240 000元，增值税40 800元，并收取包装物押金3 400元（单独核算）；

（6）向一小规模商店销售涂料并开具普通发票，价格为46 600元，并收取运输费200元。

要求：请计算该企业2002年8月份的应纳增值税税额。（该企业7月份“应交增值税”明细账中有借方余额5 000元。）

2. 某大学教授2012年7月的收入情况如下：

（1）工资收入980元；

（2）学校发放上半年奖金3 600元；

（3）担任兼职律师取得收入80 000元，从中捐给“希望工程”（教育）基金会40 000元；

（4）取得稿酬3 800元；

（5）出售自有自用6年的家庭唯一住房，扣除当初购买住房的价格和售房时按规定支付的有关税费后，取得净收入12万元。

要求：请按上述条件计算该教授2012年7月份应缴纳的个人所得税。

（四）论述题

论述加入世界贸易组织后我国税制改革的思路和方向。

三、作业与思考题参考答案

（一）多项选择题

1. AB	2. BD	3. ABCD	4. AD	5. BD	6. AC
7. CD	8. AC	9. BCD	10. ABC	11. ABD	12. ABC
13. AC	14. BD	15. AD	16. AD	17. AD	18. ABCD
19. AB	20. AC				

（二）简答题

1. 答：随着经济体制改革的继续深化，原来的工商税制已经不能完全适应发展市场经济的要求，出现了问题。问题主要有：一是税负不均，不利于不同所有制、不同地区、不同企业和产品之间的公平竞争；二是国家和企业的分配关系和分配形式很不规范，国家除向企业征税外，还向企业征收能源交通重点建设基金和预算调节基金，地方政府和主管部门征集各种形式的基金和管理费，优惠政策也名目繁多；三是税收调控的范围和力度不能适应生产要素全面进入市场的进度，对资金市场和房地产市场的调节十分薄弱，还远远没有到位；四是地方税收体系不健全，规模过小，收入和管理权的划分不尽合理，不利于完善中央财政与地方财政的分配体制；五是内外资企业仍实行两套税制，矛盾日渐突出；六是税收征管制度不够科学，征管手段落后，税收流失现象较为严重。

这次税制改革主要涉及四个方面的内容：

（1）以推行规范化的增值税为核心，相应设置消费税、营业税，建立新的流转课税体系，对外资企业停止征收原工商统一税，统一实行新的流转税制。

（2）对内资企业实行统一的企业所得税，取消原来分别设置的国营企业所得税、国营企业调节税、集体企业所得税和私营企业所得税；同时，国有企业不再执行企业承包上缴所得税的包干制。

（3）统一个人所得税，取消个人收入调节税和城乡个体工商业户所得税，对个人收入和个体工商户的生产经营所得统一实行修改后的《中华人民共和国个人所得税法》。个人所得税的政策是主要对收入较高者征收，对中低收入者少征或不征。

（4）调整、撤并和开征其他一些税种。如调整资源税、城市维护建设税和城镇土地使用税；取消集市交易税、牲畜交易税、烧油特别税、奖金和工资调节税；开征土地增值税、证券交易税，盐税并入资源税，特别消费税并入消费税等。

2. 答：增值税的最大特点在于，不是按商品流转额“全额”征税，而是按部分流转额即增值额征税。这使得增值税具有很多优点：

（1）增值税可以避免重复征税和税负不均的问题。如果按商品流转额“全额”征税，税负会随着流转环节增多而加重，这存在重复征税问题。而增值税由于是按增值额征收的，转移价值不征税，这可以避免重复征税和税负不公平问题。

（2）增值税能够适应经济结构的各种变化，保证财政收入的稳定。由于增值税是按增值额征收的，在增值税税率一定的条件下，生产和流通结构的任何变化都不会影响税额，既不会因生产从全能改为专业化协作而加重企业的税收负担，也不会因生产经营由分散的众多小企业组合为大企业而减少税收。从流通方面来看，不管流通环节是增加还是减少，都不会影响税负。显然，这有利于经济体制改革和生产流通结构的调整，有利于企业的兼并、分解，也有利于财政收入的稳定。

（3）增值税有利于商品的出口退税，从而促进对外贸易的发展。世界各国对出口商品的流转税普遍实行“零税率”，即将出口商品在国内已缴纳的流转税款在出口环节一次全部退还给企业。由于增值税不存在重复征税的问题，一种商品在国内已征多少税款是能够准确计算出来的，即税款等于按商品最后销售价计算的税额。这就便于实行出口退税。

3. 答：消费税与增值税最大的区别在于：消费税是价内税（计税依据中含消费税税额），增值税是价外税（计税依据中不含增值税税额）。消费税的绝大多数应税消费品只在货物出厂销售（或委托加工、进口）环节一次性征收，以后的批发、零售环节不再征收。增值税是在货物生产、流通各环节道道征收。消费税与增值税的联系在于：对从价征收消费税的应税消费品计征消费税和增值税销项税额的计税依据是相同的，均为含消费税而不含增值税的销售额。

4. 答：所得课税又称“收益课税”，是以所得额（亦称“收益额”）为课税对象的税类。所得课税具有以下几个特点：

税负不易转嫁。由于所得税的课税对象是纳税人的最终所得，税负一般不易转嫁。这一特点有利于直接调节纳税人的收入，缩小收入差距，实现公平分配的目标。在采用累进税率的条件下，这一作用尤为明显。

一般不存在重复征税，税负较公平。所得课税以所得额为课征对象，征税环节只要不存在两个以上课税主体，就不会存在重复征税。另外，所得课税一般是以净所得为计税依据，所得多的多征，所得少的少征，体现了量能负担原则；同时，所得课税通常都规定起征点、免征额及扣除项目，可以照顾低收入者，不会影响纳税人的基本生活。

税源普遍，课征有弹性。在正常条件下，凡从事生产经营活动的一般都有所得，都要缴纳所得税，因此，所得课税的税源很普遍；同时，随着社会生产力的发展和经济效益的提高，各种所得会不断增长，国家可以根据需要灵活调整税负，以适应财政支出增减的变化。

计税方法复杂，稽征管理难度大。由于所得课税的对象是纳税人的所得额，而所得额的多少又直接取决于成本、费用的高低。这就使得费用扣除问题成为计征所得税的核心问题，从而带来了所得课税的计征方法复杂，稽征管理难度大等问题。

5. 答：财产课税是以纳税人拥有或支配的财产为课税对象的税类。财产课税具有三种特征：一是课税不普遍，具有选择性。由于财产的种类繁多，加之一些财产又容易转移和隐匿，各国都很难做到对全部财产征税，通常只是选择一些容易控制和管理的财产征税，如对土地、房屋等不动产征税。二是税负不易转嫁，课税比较公平。财产税属于直接税，税负难以转嫁，课税的结果会直接增加纳税人的负担。由于拥有财产的多寡可以反映纳税能力，对财产课税符合量能纳税原则，能调节纳税人收入，有利于实现公平税负。三是税收弹性差，税源比较有限。因此，财产税一般是作为地方税种。

（三）计算题

1. 解：（1）当期进项税额 = 180 000 × 17% + [1 170/(1 + 17%)] × 17% + 20 000 × 13% = 30 600 + 170 + 2 600 = 33 370（元）

（2）当期销项税额 = 40 800 + [9 × (46 600 + 200)/(1 + 17%) × 17% = 40 800 + 6 800 = 47 600（元）

（3）当月应纳增值税 = 47 600 − 33 370 − 5 000 = 9 230（元）

2. 解：7 月份工资应纳个人所得税 = (980 − 800) × 5 = 9（元）

7 月份所获上半年奖金应纳个人所得税 = 3 600 × 15 − 125 = 415（元）

律师费收入应纳个人所得税：

当未考虑捐赠因素时，应纳税所得额 = 80 000 × (1 − 20%) = 6 400（元）

当考虑捐赠因素时，应纳税所得额 = 6 400 − 6 400 × 30% = 44 800（元）

律师费收入应纳个人所得税 = 44 800 × 30% − 2 000 = 11 440（元）

稿酬所得应纳个人所得税 = (3 800 − 800) × 20% × (1 − 30%) = 420（元）

出售自有自用 6 年的家庭唯一住房取得的净收入免征个人所得税。

（四）论述题

答：（1）世界贸易组织对我国税制改革的要求

根据世界贸易组织的国民待遇原则，对外国企业和外国居民不能实行税收歧视。不过，世界贸易组织并不反对给予外国企业和外国居民高于本国企业和本国居民的税收待遇。以此度量我国的现行涉外税收制度，实行的是“超过国民待遇”。所以，对外国企业和外国居民实行国民待遇是中国税收改革方向之一。

根据世界贸易组织的最惠国待遇，清理那些适用于不同成员国的、带有差别待遇性质，又不符合所谓例外规定的项目或条款，这也是我国税制改革一个内容。

根据世界贸易组织透明度原则，提高税法的立法层次，加大税法的透明度，是中国税制改革的又一方向。

根据世界贸易组织的统一性原则，统一税制是我国税制改革的又一个内容。

（2）我国税制改革的思路

增值税。现行增值税的调整方向主要是两个：一是转换改型，即改生产型增值税为消费型增值税；二是扩大范围，即将交通运输业和建筑安装业纳入增值税的实施范围，完善增值税抵扣链条。

消费税。国家要根据变化了的客观环境对消费税进行调整：对那些过去没有计征消费税但现在看来应当计征消费的项目，纳入消费税的征税范围；将那些过去计征了消费税的但现在看来不应当继续计征消费税的项目，从消费税的征税范围中清除出去。

企业所得税。企业所得税改革的思路：要完成内外资企业所得税制的，统一纳税人的标准，统一税率，统一税前扣除标准，统一资产的税务处理，统一税收优惠政策，为各类企业提供一个稳定，公平和透明的税收环境。

个人所得税。个人所得税改革内容有：一是实行分类与综合相结合，将工资薪金所得、生产经营所得、劳务报酬所得、财产租赁所得和财产转让所得纳入征税范围，其他所得实行分类征税；二是建立能够全面反映个人收入和大额支付的信息处理系统，形成一个规范、严密的个人收入监控和纳税人自行审报体系；三是简化税率，减少级距。

关税。现行关税，要在降低关税总水平的同时，调整关税税率结构，适当扩大从量税，季节税等到税种所覆盖的商品范围，提高关税的保护作用。

费改税。一是实行车辆道路收费改革，开征燃油税；二是推进社会保障收费制度改革，开征社会保障税；三是加快农村税费改革，切实减轻农民负担；四是推进环保收费制度改革，开征环境保护税。

除此之外，国家还要适时开征遗产税，并使其同个人所得税相配合，共同担负调节居民收入分配的重任。

第十一章　税制改革的理论与实践

一、教学案例

案例一：分税制改革

案情简介：1994 年实行分税制改革后，地方财政收入占全国财政收入的比重从 1993 年的 78% 降至 44.3%，降低了 33.7 个百分点。尽管之后地方财力有所回升，1997 年达到 51.1%，但仍大大低于 1993 年以前的水平。但从地方的财政支出来看，同期地方财政支出占全国财政支出中的比重并未降低，反而上升了，1996 年达到 72.9%。地方财政收入与财政支出的巨大差距，导致了地方财政自给率明显降低，仅为 0.6 左右。地方财政缺乏必要的财权，对中央财政的依赖性依然很高，地方在预算外寻求资金来源的能力有所加强，行政性收费在地方财政收入中的比重逐年增加。

案例评析：

当前我国是由多层次的政府组成的，不同层次的政府承担着不同的职能。为完成其所担负的职能，各级政府必须具备一定的财政收入。合理确定各层次政府的职能并相应划分各层次政府的财政收入范围是现代财政管理体制所要解决的核心问题，也是充分发挥现代财政职能的基础性环节。但从本案所提供的数据来看，我国的财政收支划分体制存在相当多的问题，财政收支划分法还有待进一步的完善。

（1）中央和地方财政级次划分的现状：财政收支划分法的非规范性

我国的财政级次划分制度是根据“一级政权，一级财政”的原则建立的，根据《中华人民共和国宪法》规定的五级政府结构，在《中华人民共和国预算法》中相应设立了五级预算，将我国的财政级次划分为五级，即中央财政，省、自治区、直辖市财政，设区的市、自治州财政，县、自治县、不设区的市、市辖区财政，乡、民族乡、镇财政。1993 年国务院发布的《关于实行分税制财政管理体制的决定》，对中央和地方的事权和支出的范围进行了划分，规定中央财政主要承担国家安全、外交和中央国家机关运转所需经费，调整国民经济结构、协调地区发展、实施宏观调控所必需的支出以及由中央直接管理的事业发展支出。它具体包括国防费，武警经费，外交和援外支出，中央级行政管理费，中央统管的基本建设投资，中央直属企业的技术改造和新产品试制费，地质勘探费，由中央财政安排的支农支出，由中央负担的国内外债务的还本付息支出，以及中央本级负担的公检法支出和文化、教育、卫生、科学等各项事业费支出。地方财政主要承担本地区政权机关运转所需支出以及本地区经济、事业发展所需支出。它具体包括地方行政管理费，公检法支出，部分武警经费，民兵事业费，地方统筹的基本建设投资，地方企业的技术改造和新产品试制经费，支农支出，城市维护和建设经费，地方文化、教育、卫生等各项事业费，价格补贴支出以及其他支出。中央和地方财政支出的划分，是以中央和地方的事权划分为基础确立的，它力图正确处理中央与地方的分配关系，调动“两个积极性”，促进国家财政收入的合理增长。

在确定中央和地方财政支出的范围之后，《关于实行分税制财政管理体制的决定》根据事权与财权相结合的原则，采用税种分割法，按税种划分中央与地方的收入，将维护国家权益、实施宏观调控所必需的税种划为中央税；将同经济发展直接相关的主要税种划为中央与地方共享税；将适合地方征管的税种划为地方税，并充实地方税税种，增加地方税收入。其中，中央固定收入包括关税，海关代征的消费税和增值税，消费税，中央企业所得税，地方银行和外资银行及非银行金融企业所得税，铁道部门、各银行总行、各保险总公司等集中缴纳的收入（包括营业税、所得税、利润和城市维护建设税），中央企业上缴利润等。外贸企业出口退税，除 1993 年地方已经负担的 20% 部分列入地方上交中央基数外，以后发生的出口退税全部由中央财政负担。地方固定收入包括营业税（不含铁道部门、各银行总行、各保险总公司集中缴纳的营业税）、地方企业所得税（不含上述地方银行和外资银行及非银行金融企业所得税）、地方企业上缴利润、个人所得税、城镇土地使用税、固定资产投资方向调节税、城市维护建设税（不含铁道部门、各银行总行、各保险总公司集中缴纳的部分）、房产税、车船使用税、印花税、屠宰费、农牧业税、对农业特产收入征收的农业税（简称“农业特产税”）、耕地占用税、契税、土地增值税、国有土地有偿使用收入等。中央与地方共享收入包括：增值税、资源税、证券交易税。增值税中央分享 75%，地方分享 25%。资源税按不同的资源品种划分，大部分资源税作为地方收入，海洋石油资源税作为中央收入。证券交易税，中央与地方各分享 50%。

我国在进行分税制改革之初，分税制改革着眼于中央和地方财政收支划分的合理性的立法规范，但无论从财政法理论还是最终的运行结果来看，我国的财政划分体制是存在相当多的问题的。从地方财政支出的范围来看，地方财政担负了几乎所有的地方公共物品提供的职能，甚至承担了许多本应由中央财政负担的公共事项。而其财政收入的范围在分税制改革之后却呈现缩小的趋势，我国地方税制更加薄弱。从我国财政收入的情况看，税收在我国财政收入体系具有绝对的优势。以 2003 年为例，根据国家税务总局的统计快报，该年度的财政收入（不含债务收入）为 20 501 亿元，税收为 20 450 亿元，占财政总收入的 99.7%。而在地方财政收入中，税收的比重却逐年下降。地方所取得的税收根本无法为其履行提供地方性公共物品的职能给予必要的财政支持。为完成其所承担的大量的公共事务，地方政府在税收之外寻求财政收入，大量收取各种名义的行政规费，成为“费大于税、费挤占税”的根源性诱因。再加上现行的财政立法只对以税收方式取得财政收入的权限及其在不同政府之间的划分加以明确的规定，缺乏对税收之外的财政收入取得方式的明确约束，这也使地方政府得以转向税收之外的其他财政收入来源寻求资金的保障。而这种不规范的地方财政收入体系，极大地制约了地方完成其提供地方性公共物品的职能，加大了地方对中央财政的依附性，地方财政的自主性和灵活性被严重地压制，地方财政在国家财政体系中的地位和作用被削弱。

(2) 中央和地方财权的适度分配：财政收支划分法的合理规制

①我国财政收支划分法的立法现状

地方财政在全国财政体系中所应当扮演的角色，在学界和实务界一直都备受关注。地方是否应当享有自主的财政权利，是否有权决定其取得财政收入的范围和方式，中央政府可以在多大程度上制约地方财政权利的行使，中央政府与地方政府之间财权的平衡如何实现等问题，在我国现行的财政收支划分体制下无法得到解决。从法律规范的角度来说，财政收支划分相关立法的缺失，是中央和地方权利范围界定不清的根源所在。

当前我国现行的财政收支立法是相当薄弱的。除《中华人民共和国宪法》和《中华人民共和国预算法》中有关于财政收支划分的零星的规定外，绝大多数的财政收支划分的法律规定是由国务院的“规定”或“决定”来完成的，立法层次低，法律规范的效力不足。国务院作为中央政府，由其制定财政收支划分法，由其自身决定其财政收支的范围，必然无法避免国务院从其自身运作的需要出发来决定相应的财权范围。在这一过程中，财政收支划分法本应遵循的宗旨、价值和原则，难以避免被忽视的命运，而部门利益、本级政府的利益却被过多的考虑。因此，当前财政收支划分法的不规范性，实际上来源于中央政府的“自主立法”的立法模式。在以中央政府为主导的行政管理体制下，中央政府掌握财权配置的决定权，这意味着地方政府财权方面的需求有可能被有意或无意地忽视。于是，在1994年分税制改革之后中央政府的财权的扩张、地方政府财权的削弱实际上是无法避免的。而由国务院主导财政收支划分立法也将导致法律规定缺乏权威性，制度的稳定性较差，立法的科学性和民主性难以保证等，而且这些不良后果已经严重影响到我国财政收支划分制度的完善以及经济体制改革的推进。

此外，财政收支划分法不仅立法层次低，立法体系和立法内容也很不健全。首先，财政收支划分法是通过国务院的“规定”或“决定”来规范的，而不是通过严格意义上的行政法规来规范的。虽然国务院的规范性文件在效力上等同于行政法规，但无论从其名称上、结构体系上，还是从其语言表述上都与行政法规有相当大的距离。其次，财政收支划分法的基本内容还有很大一部分没有法律规范予以规定。比如关于财政收入中的非税收就基本上处于无法可依的空白状态，而这些非税收在地方财政所占的比重也是丝毫不能忽视的。最后，作为一个完善的立法体系，要有不同层次的法律形式予以规范，如法律、配套行政法规和部门规章等，而财政收支划分法则基本上只有一个孤零零的国务院规定予以规范。显然这离完善的财政收支划分法体系相距甚远，而一个完善的财政收支划分法体系是市场经济发达国家的一个共同的前提条件。

因此，实现我国财政收支划分法的合理规制，改变当前的立法现状是相当必要的。财政权利在各级政府之间的合理划分，实际上关系到各级政府行政职权的履行，涉及各级政府在整个国家政权机关体系中的地位，甚至涉及地方自治与国家结构和国家体制等根本性的宪法问题，其法律的规制应该由立法效力更高的法律来完成。

②中央和地方财权分配的原则和依据

根据公共物品的受益范围，可以把公共物品分为全国性公共物品和区域性公共物品。全国性公共物品应当由中央政府来提供，而区域性公共物品则应当由地方政府来提供。财政支出划分要依据各级政府事权的大小，也即按照各级政府提供公共物品的数量和质量来确定，而各级政府所能提供和应当提供的公共物品的数量和质量是和各级政府本身的地位和职责紧密联系在一起的。一般来讲，财政的收入分配职能和稳定经济职能应当由中央政府来承担，而财政的资源配置职能则应由中央政府和地方政府共同承担。而财政收入划分的依据是各级政府的财政支出范围，原则是事权与财权相结合，确保各级政府能充分完成其财政支出的任务。财政收入划分的对象是财政收入权。财政收入权是各级政府在财政收入方面所享有的权力的总称，包括财政收入设立权、财政收入征收权和财政收入享用权。现代国家的财政收入的形式主要是税收。因此，划分财政收入权主要是划分税收权。税收权一般包括税收的设立权即税收立法权、税收征收权和税收享用权。财政收支划分应当体现适度分权原则和事权与财权相结合的原则。

规范的财政收支划分体制应当是以适度分权原则和事权与财权相结合的原则建立起来的。适度分权原则是指在财政收支权的划分上应兼顾中央和地方的利益，在保证中央财政收支权的前提下，适度下放给地方一定的财政收支权。适度分权原则是一国分为中央和地方多级政府，各级政府分别承担相应的提供公共物品的职能。根据提供公共物品的效率的高低，具有全国意义上的公共物品适合于中央政府提供，则相应的财政收支权就应当集中于中央，而仅具有地方性意义的公共物品适合于地方政府提供，则相应的财政收支权就应当下放给地方。适度分权原则可以调动中央和地方两个积极性，是现代各国财政收支划分法所遵循的基本原则。

事权与财权相结合的原则是指在划分财政收支权时必须以各级政府的事权为基础，根据事权的大小来划分财政收支权。事权是指各级政府基于其自身的地位和职能所享有的提供公共物品、管理公共事务的权力。财权是指各级政府所享有的组织财政收入、安排财政支出的权力。事权与财权相结合的原则是权力与义务相统一、权责相统一等法律基本原则的具体化。事权是享有财权的基础，财权是履行事权的保障。只有把事权与财权相结合、相统一，才能保证各级政府最高效率地完成各自的职能，才能避免出现人浮于事或财力不足的现象，才能最大限度地提高财政收支的效益。

根据适度分权原则和事权与财权相结合的原则，对我国财政收支体制进行完善是相当必要的。由于我国幅员辽阔，各地所需公共物品的数量和质量也有很大差别，加上经济发展不平衡，由中央在全国范围内对各地的公共物品的提供进行统一安排，显然是不可能的。因此，赋予地方从本地的特殊情况和经济发展的要求出发提供适合于本地的公共物品的自主权是相当必要的。而这种自主权必须获得相应的财力的支持才能最终实现。当前地方财权的萎缩，严重限制了地方政府在社会发展和经济建设中本应有的作用的发挥。财权萎缩必然导致地方事权的架空，地方政府职能的实现受到极大的阻碍。

财政收支划分体制的安排，其根本目的在于以财政收入和支出的合理配置，保证各级政府正常运作所必需的财政收入，以合理的财权保证事权的实现。财政收支划分法的合理规制，应当实现在中央政府和地方政府两者之间在财权上的适度的平衡。从总体上说，地方政府在全国政权体系中居于基础性的地位。中央政府职能的实现，在很大程度上依赖于地方政府的合理运作。正因为如此，使地方政府获得相应的财权的保障，对其正确履行地方政府的职能是相当必要的。在财政收支划分体制下，国家应当合理地提升地方政府的地位，保证其获得与其事权相适应的财政收入。

(3) 地方财政权的肯认：地方自主权的财政基础的保障

财政收支划分法关系到各级政府在国家政权体系中的地位，关系到各级政府所承担的事权范围的大小和能否充分发挥其职能。财政收支划分法在一定程度上是一个国家政治体制、经济体制和立法体制的直接反映，也直接或间接地影响一国政治、经济和立法体制的未来走向。我国现行的财政收支立法体制实际上与我国中央集权的政治结构直接相关。在我国中央集权的单一制的国家政治结构形式下，地方政府的自治权并未得到肯认，这在一定程度上也制约了立法对地方政府的财政收支权的肯认。

尽管中央和地方政府其国家职能的履行的最终目标有其一致性，但由于不同的国家职能根据一定的标准在中央政府和地方政府之间进行了划分，从其自身履行国家职能的需要出发，中央政府和地方政府在财政收入权上也存在一定的利益冲突。中央政府与地方政府行使职权的着眼点是不同的，中央政府履行职权是以全国的整体利益的维护、协调、整合为价值目标的，而地方政府则主要着眼于地方的利益的维护。虽然地方利益与全国整体利益应当是一致的，但中央政府作为全国利益的维护者，其政策选择必然有独有的价值取向，此时，只有在中央和地方之间形成必要的权力的平衡，才能避免中央政府的权力过多而侵夺地方利益。因此，即使在中央集权模式下，地方政府一定程度上的自主权仍是相当必要的。地方政府要成为地方利益的有效的维护者，其地方事务安排的自主权应当得到有效的保障。

在任何一种政治结构模式下，财政收入都是政权职能履行的根本性保障。缺乏财政的支持，任何国家事务都缺乏实现的经济基础。与地方事务安排自主权相配合，也应当授予地方一定的财政收支的自主权，地方应有足够的自主权来选择其获得财政收入的方式和范围，使其能够根据地方的经济、社会发展的需要，合理安排其财政收支。中央对地方财政收入权的控制应当在一定程度上有所松动，中央现有的财政收入权也应当适当地下放给地方。

财政收入权是各级政府在财政收入方面所享有的权力的总称，包括财政收入设立权、财政收入征收权和财政收入享用权。我国的相关法律只是对税收权作出了相关的规定，而对其他的财政收入的取得权并未加以规定。为确保地方政府能获得充足的财政收入，我国的现行立法肯定了地方享有税收征收权和税收享用权。但对税收立法权则严格保留于中央，地方并无税收立法权，地方无权决定税种的开征、征税对象、征税的范围和税率。地方税收立法权的缺失，使其在税收的取得上极为被动，更多地受到中央的牵制。

根据税法理论，税收是人民同意的结果，有人民的同意始有税收的开征。出于地方公共事务的需要，人民同样可以赋予本地政府一定的税收征收权。地方税收立法权的授予，在一定程度上是对人民参与地方性公共事务的民主权利的认可。人民不仅有权决定具有全国意义的公共物品，同样有权决定地方政府在提供地方性公共物品上的权利。以同意地方政府开征地方意义上的税收，人民也得以参与对地方政府的公共物品的提供的决策过程，地方政府职权行使的民主性也更富有价值和意义。

不仅如此，地方政府税收立法权的肯定，更是避免地方在税收之外随意征收行政规费所必需的。地方政府在税收开征自主权上的缺失，使其在财政资金不足以维持其行政职权的行使时不得不寻求税收之外的财政收入来源，而在我国当前的立法体制下，税收权力已有所规范，而对行政规费的征收等仍欠缺相应的法律规制。地方政府在税收之外的征收行为，已脱离了税法的规制范围，形成了对人民财产权利和自由权利的随意侵夺。因此，赋予地方政府在税收开征上的自主权，允许其开征具有地方意义的税种，将有利于削弱地方政府寻求税收以外的财政收入形式的动因，将其财政收入的取得方式限定于税收的范围之内，并以税法加以有效的规范，则是更富有成效的规制模式。

（4）结论

中央和地方政府合理的财政分权，对我国政府体系的有效运转是相当必要的。本案例所暴露出来的地方政府在财政收入取得上的困境，已对地方政府正常行使其财政职能构成了一定的限制。如何在中央和地方形成合理的财政收支划分体制，应当是财政收支划分法所关注的。但在当前我国财政收支划分法还相当不完善的情况下，依据适度分权原则、事权和财权相结合的原则对财政收支划分法加以完善，赋予地方政府一定的财政自主权，使其能够根据地方的实际合理安排财政收支，是相当必要的。

案例二：税制改革的五个焦点

财政问题无小事，它关系到“收”与“支”，涉及国家、地区、部门、企业和个人的利益。2004 年财政增收 5 300 亿元，是我国有史以来财政增幅最大、增速最快的一年。而增收，也提供了进一步改革的机会。

主持：

《中国经营报》新闻中心 九鼎公共事物研究所

嘉宾：

刘尚希　财政部科研所副所长、研究员、博士生导师

夏杰长　中国社会科学院财贸所研究员

夏业良　中国经济体制改革研究会公共政策研究所副所长

冯兴元　中国社会科学院农村发展研究所研究员

秋　风　九鼎公共事物研究所研究员

焦点 1　国内生产总值增长速度快，税收增长速度更快

我国连续十年的财政收入的增长速度均大于国内生产总值的增长速度，如国内生产总值由 1994 年到 2003 年增加了 150%，而财政收入更是增加了 316%。

夏杰长：中国正处于工业化时期，工商业持续、快速增长。这几年产业结构快速升级，特别是第二产业增长幅度一直高于国内生产总值的增长，导致了税收增长幅度

较大。（我国税源历来就是依赖第二产业。）但是，不可否认的是，税收和国内生产总值的增长幅度应该是基本同步才合理。不可能税收的增长大于经济总量的增长，而且连续多年都是这样，已经排除征收和统计的时间差问题。

夏业良：财政收入的增加使得政府能够获得更多的资源，有可能向社会提供更多的公共物品和公共服务。但财政收入的增长速率是经济增长速率的210.7%，这是较为罕见的。我认为这是一种不正常的现象，它意味着政府获得费用的比率甚至不止两倍于国民经济增长的速率。在当前政府预算约束的程度有限和决策透明化的程度较低以及腐败案例比比皆是的制度背景下，政府占有资源过多，未必能使社会福利达到最大化。

冯兴元：2000—2003年，我国宏观边际税负水平（新增税收占新增国内生产总值的百分比）分别为32.3%、32.1%、40.8%和37.3%。2004年，我国宏观边际税收负担水平达30.4%。这意味着，近几年每年的新增税收占新增国内生产总值的百分比远远高于国内生产总值的增长率。这些仅仅涉及税收，而不涉及大量的预算外收入，如果算入的话则更高。这一部分是加强税收管理的结果，一部分是经济增长导致税收增长的结果。还有一些地方的税收当局为了完成税收指标，要求当地企业借债上税。

如果百姓对税收负担有话语权和参与决策权，很难想像其能够容忍宏观边际税负水平维持在这么高的地方。

秋风：人民纳税是用于购买政府提供的公共服务和公共物品。公共服务和公共物品当然多多益善，但在社会财富既定的情况下，政府拿得多则人民可支配的财富就减少，而政府使用资源的效率天然低于个人和企业，因而，税负应有一定限度。

刘尚希：要作出准确的判断，我们首先必须弄清楚导致税收大幅度超收的原因是什么。如果是现行税制导致了2004年税收大幅度超国内生产总值增长，则这意味着制度性因素在起作用，今后也会出现这种情况。长此下去，经济将会不堪重负，从而妨碍经济增长。这就要求我们对现行税制进行全面改革。若是管理技术性因素带来的，则这说明名义税负水平较高，在管理技术水平低下的条件下，名义税负与实际税负的差距大，名义税负高一点无足轻重；而随着管理技术水平的不断提高，实际税负不断地接近名义税负，表明降低法定的名义税负就变得十分迫切。但是，如果主要是偶发性因素导致了2004年税收的超速增长，那么，对这种高速增长就无须担心。可见，如何看待2004年的税收增长不是几句话就能说清楚的，我们不能凭一种直觉轻率地下结论。

焦点2　收入、支出、程序透明化

由于纳税主体正向个人转移（如私营企业、合资企业），社会公众对财政支出的公开透明的诉求越来越高。

冯兴元：国家首先需要在宪法、财政或者税收基本法、一般法律中确立各级政府的事权划分，然后在此基础上确立所需支出，最后确定所需收入。各级人民代表大会要真正发挥财政预算的决策权。所有各级政府的财政预决算报告和支出计划的临时变更必须及时采取公示制。各级政府不仅要公布预算大项，而且要公示各级政府各大部门的预算和理由。只有这样，人民代表大会和政府审计部门才容易决策和审计，人民才容易参与评判财政效率和公平原则是否得到遵循，有些地方是否可以得到改进。

秋风：有一点必须注意，中国尽管名义税负水平不高，但在正式的税之外，个人和企业还须向政府缴纳具有税的性质的其他费。学者估计，社会实际税负水平在30%以上，其中税外负担不小于名义税负。税外负担是对法治的财政原则的直接践踏。税外负担具有税的实质，但却没有经过征税的批准程序，未经人民或其代表同意即开征，又未纳入公共财政的分配体系，税款的使用不受人民的监督。因而，建立公共财政的第一要务在于，政府只能以税的形式获得收入；可以有一些例外，但不能像现在这样，例外反而大于正常。

夏业良：对政府公共支出的监督体现在各级人民代表大会以及政府审计部门的日常监督工作以及大众媒体的跟踪监督上。除了预算和决算报告之外，还应当由具体执行部门提交实施报告，汇报支出情况及其成效。在政府收入程序上应当做到收入项目合法与透明，提供有效和完整的纳税证明及其相关记录，积极接受广大纳税人的监督和质疑。

秋风：财政是宪政最重要的问题。根据宪政主义的财政原则，政府的全部收支，应当完备地体现在行政部门提交给议会的预算报告中。只有经议会批准，预算案才具有法律效力，政府才可征税、开支。像日本、美国这样的主要经济体，其财政年度都与历法年度不同。财政年度之所以与历法年度错开，主要是为了迁就预算编制与审批程序。

中国的财政年度与历法年度相同，但我们的财政年度却与预算周期不相吻合。根据目前的惯例，全国人民代表大会在每年3月初到中旬开会，审议批准财政预算报告。加上财政部和各部门的审批过程所耗费的时间，中央各部门所属单位的预算要到4月底5月初才能得到批准。而此时，预算年度或者说财政年度已经过去至少1/3了。相应地，至少1/3的预算开支也应当已经花出去了。

因此，国家有必要改变预算年度即财政的起迄时间，参照目前全国人民代表大会的惯例，应当对《中华人民共和国预算法》第十条予以修订：预算年度和财政年度始于每年的4月1日，终于每年的3月31日。这能使政府全年的开支至少具有程序上的合法性。

焦点3　个人所得税起征点之争

个人所得税改革的呼声很高，这反映了人们对社会财富分配格局的不满。个人所得税固然存在问题，但是收入差距调节却不能仅仅靠个人所得税来解决。

冯兴元：提高起征点可以大大减少征税成本。起征点之上最低档次的税率很低，才5%，但征税成本与征收更高档次收入时一样。最高档次的税率又很高，税率达45%（工资、薪金所得）。

像新加坡这样的国家，个人所得税的最高税率只有22%。2005年，新加坡政府预算案宣布了把它降低到20%。我相信诺贝尔经济学奖得主哈耶克的个人所得税观点。他认为即使个人所得税采用比例税率，所征税收从额度上看也是累进的，即收入低者少纳税，收入高者多纳税。哈耶克赞成一种轻度累进税率。

我国改革个人所得税的最好办法应该是：第一，首先规定人人有义务纳税，然后规定一定月收入额度之下免税，比如1 600元；第二，减少个人所得税收入的档次，把最低应税个人所得税收入的税率从当前的5%提高到8%左右，把最高应税个人所得税收入的档次的税率减少到30%以内。最好的方式是单一税率外加一个收入个人所得豁免额。

夏业良：我国的税务机关还不是独立的税收政策制定与执行机构，缺乏自主和统一的税收政策原则，有关个人所得税问题的专项研究明显滞后于现实发展的需要，以至于超过1/4世纪以前制定的个人所得税起征点迄今为止仍然没有改变，而几乎没有什么实质性改进的个人所得税起征点政策方案依然是“犹抱琵琶半遮面”，很有可能“胎死腹中”。

夏杰长：原来的个人所得税设计上采用了“分类”式所得税，就是根据不同的收入来源来设计税收标准，在不同环节上抵扣。对这种税政府征收方便，但却不能体现人与人的收入差距。因为有的人收入来源多，有的人收入来源单一。最合理的方式应该是以人为单位，把他所有的收入加起来征收。但是考虑到观念上的接受程度及征管难度，因此目前采取分类和综合相结合的方式征收个人所得税。

焦点4 结构性矛盾会被放大

中国的预算制度是增量预算，如果放大目前不合理的结构就等于固化了矛盾，这或许还不如不增收。

夏业良：最不应该放大的不合理表现是政府行政性支出过大，或者说政府自身的运行成本过高。而政府所提供的公共产品和公共服务与政府的财政收入规模极为不相称。国家必须对公务员制度进行根本性的变革，大幅度缩减公务员数量规模，同时对公务员提出更高的职业道德和技能要求。这当然不会是“帕累托改进”，因为这必然会触及既得利益阶层。但是如果不变革，庞大臃肿的公务员队伍总有一天会使国家不堪重负。

冯兴元：增收了，不能按照基数法来确定各部门的支出，而是要改变预算支出的结构，提高预算支出的效率。比如我国基础教育和基本卫生的支出偏低，而这两者是外溢性最大的领域。这方面投入越多，百姓素质越高，犯罪率越低，生活越趋近于小康。至于资金来源为何级政府，则由各级政府之间协调解决。由于中央政府获得了很大一块财政收入，而且财政体制本身也是中央确定的，地方上的最低人均教育支出缺口应该由中央负责安排弥补。

焦点5 中央与地方的税收分配

中央和地方的财权和事权划分不够清晰、合理，各级政府缺乏与本级公共服务职能及其公共开支相适应的正常财税收入来源，导致地方政府纷纷开辟“旁门左道”以增加财政收入。

夏业良：财政联邦制的理论重在说明税收权利与支出责任（提供公共产品、公共服务或准公共物品）在各级政府之间的对应关系。从实证的角度看，如果关于地方公共物品提供的决策是由该产品服务的特定区域内居民集体选择的结果，则对该公共物品所涉及的收益和成本的衡量将更为准确。因此我倾向于支持中央政府与地方政府在税收和支出责任上的划分更为明确，并且尽可能让地方政府享有更多的自主支配权。

冯兴元：地方应该有权开征当地的财产税。中央可以对特定类型的财产设置一定的税基和税率范围，地方可以在此范围内选择加征税率。由此地方也引入了一定程度的税收竞争，投资者和财产所有者可以选择最佳的税负——公共服务组合。

夏杰长：在统一税政前提下，国家应赋予地方适当的税政管理权。之所以用“税政管理权”而不是用“税收管理权”，原因在于中国是一个立法权高度集中的国家。只能在国家所既定的框架内，给予地方一定的调整权。

二、作业与思考题

论述题

1. 1994 年税制改革的背景和主要内容是什么？
2. 自 1994 年税制改革以来，中国税制有哪些变化？

三、作业与思考题参考答案

论述题

1. 答：1992 年 9 月，中国共产党第十四次全国代表大会提出了建立社会主义市场经济体制的战略目标，其中包括税制改革的任务。1993 年 6 月，中共中央、国务院作出了关于加强宏观调控的一系列重要决策，其中的重要措施之一就是加快推进税制改革。1993 年 11 月，中国共产党十四届三中全会通过了《关于建立社会主义市场经济体制若干问题的决定》，该决定明确提出了税制改革的基本原则和主要内容。

针对旧税制的某些不完善之处，1994 年税制改革提出了“统一税法、公平税负、简化税制、合理分权、理顺分配关系、保障财政收入、建立符合社会主义市场经济要求的税制体系”的指导思想。根据税制改革的指导思想，税制改革中坚持的原则有五个方面：一是有利于加强中央对国民经济运行的宏观调控能力。调整优化税制结构，合理划分税种和确定税率，实行分税制，理顺中央与地方的财政分配关系，通过税制改革，逐步提高税收占国民生产总值的比重，提高中央财政收入占整个财政收入的比重。二是有利于发挥税收调节个人收入相差悬殊和地区间经济发展差距过大的作用，促进地区经济协调发展，实现全民共同富裕。三是体现公平税负，促进企业平等竞争。公平税负是市场经济对税收制度的一个基本要求，要逐步解决按不同所有制、不同地区设置税种税率的问题，通过统一企业所得税和优化流转税，使各企业之间税负大致公平，为企业在市场中实现平等竞争创造条件。四是体现国家产业政策，促进经济结构的有效调整，促进宏观经济效益的提高和国民经济的持续发展。五是简化、规范税制。取消与形势发展不相适应的税种，合并重复设置的税种，开征一些确有必要开征的税种，实现税制的简化和高效。

1994 年税制改革的主要内容包括四个方面。第一，商品税改革。将产品税、增值税、营业税“三税并存，互不交叉”、内外两套税法的做法，改为增值税和消费税相配合的双层次商品税制结构，统一适用于内外资企业，取消产品税和对外资企业征收的工商统一税。对商品的生产、批发、零售和进口普遍征收增值税，并选择部分消费品交叉征收消费税，对不实行增值税的劳务交易和第三产业征收营业税。第二，改革企业所得税。将过去对国营企业、集体企业和私营企业分别征收的多种所得税合并为统一的企业所得税。第三，改革个人所得税。将过去对外国人征收的个人所得税、对中国人征收的个人收入调节税和个体工商业户所得税合并为统一的个人所得税。第四，对资源税、特别目的税、财产税、行为税作了大幅度调整，如扩大资源税的征收范围，开征土地增值税，取消盐税、奖金税、集市交易税等 7 个税种，并将屠宰税、筵席税的管理权下放到省级地方政府，新设了遗产税和证券交易税（但一直没有立法开征）。改革后的税种包括增值税、消费税、关税、营业税、企业所得税、外商投资企业和外国企业所得税、个人所得税、土地增值税、房产税、城市房地产税、遗产税、城镇土地使用税、耕地占用税、契税、资源税、车船使用税、车船使用牌照税、印花税、证券交易税、城市维护建设税、固定资产投资方向调节税、屠宰税、筵席税、农业税和牧业税。

1994 年的税制改革是新中国成立以来规模最大、范围最广、内容最深刻的一次税制改革。经过这次改革，中国初步建立了适应社会主义市场经济体制需要的税收制度，对于保证财政收入、加强宏观经济调控、深化改革、扩大开放、促进经济与社会的发展都起到了重要作用。但是，1994 年的税制改革至今已逾十年，在这期间，中国的总体经济形势发生了很大的变化。而且从适应社会主义市场经济体制要求的角度看，1994 年的税制改革仍是有差距的，一些问题逐渐表现得更加突出。因此，中国对税制进行了调整，特别是中国共产党第十六届三中全会提出“分步实施税收制度改革”以来，一些重要的税制调整措施相继出台。

2. 答：自从 1994 年的全面改革工商税制以来，中国的税收制度在基本框架方面没有大的变动。但是，进入 20 世纪 90 年代中后期，中国社会经济状况发生了巨大变化。随着税制改革的不断深入和市场化程度的不断提高，在经济快速发展的同时，我国也出现了一些社会问题。这些问题都要求政府采取强有力的措施予以应对，进而保障经济和社会的平稳转型，实现可持续发展。如果说 1950 年至 1983 年中国实行的是计划经济的税收制度，1983 年至 1994 年实行的是有计划商品经济的税收制度，那么到了 2003 年，中国经济已经进入市场化发展时期，为解决社会和经济发展中存在的深层次矛盾而启动新一轮税制改革则有了新的动因。新一轮税制改革也正是在这一背景下展开的。

2003 年，中国共产党第十六届三中全会通过了《完善社会主义市场经济体制若干问题的决定》，提出了“按照简税制、宽税基、低税率、严征管的原则，稳步推进税收改革”的战略举措。该决定确定了八个方面的内容：改革出口退税制度；统一各类企业税收制度；增值税由生产型增值税改为消费型增值税，将设备投资纳入增值税抵扣范围；完善消费税，适当扩大税基；改进个人所得税，实行综合和分类相结合的个人所得税制；实施城镇建设税费改革，条件具备时对不动产开征统一规范的物业税，相应取消有关收费；在统一税政前提下，赋予地方适当的税政管理权；创造条件逐步实现城乡税制统一。一般的看法认为，这标志着进入 21 世纪之后中国新一轮税制改革的开始。

2004 年 6 月 30 日，财政部、国家税务总局下发了《关于取消除烟叶外的农业特产税的通知》。2005 年 12 月 29 日，第十届全国人民代表大会常务委员会第十九次会议决定，自 2006 年 1 月 1 日起，废止 1958 年 6 月 3 日通过的《中华人民共和国农业税条例》。这标志着中国彻底告别了存在 2 600 多年的农业税历史。

2005 年 12 月 14 日，根据第十届全国人民代表大会常委会第十八次全体会议《关于修改〈中华人民共和国个人所得税法〉的决定》，工资、薪金所得费用扣除标准由每月 800 元提高到每月 1 600 元，并规定自 2006 年 1 月 1 日起实行。2007 年 6 月 29 日，经全国人民代表大会常委会通过，进一步将个人所得税费用减除标准提高到每月 2 000 元，2011 年 9 月 1 日开始实施新的《个人所得税法》，提高到 3 500 元。

第十二章　国债和国债市场

一、教学案例

案例一：关注扩张性政策的微观经济基础

人们把凯恩斯思想的核心理解为国家干预经济，这确实不错，但人们往往忘记了这种干预的前提是市场机制的完善。凯恩斯在《就业、利息和货币通论》的第 24 章强调，他的理论“在含义上是相当保守的”。这就是说，他并没有否认市场机制的调节作用。因此，他的政策是“国家当局可以和私人的主动性结合起来”，即在市场调节的基础上，国家政策发生作用。

其实，凯恩斯在建立宏观经济体系时心中有一个暗含的假设：市场经济的调节机制在正常发挥作用。换言之，只有完善的市场机制，宏观经济政策才能发挥作用。第二次世界大战后美国运用凯恩斯经济学取得了显著成效，就在于美国市场机制的完善性。而从 1950 年到 1980 年，英国政府尤其是工党政府，也在积极地使用扩张性财政政策和货币政策，也有相当大的赤字支出，但英国经济一直没有走出困境。原因何在呢？这就是英国政府在用种种手段破坏市场机制、限制市场的作用。

一些国家微观经济基础不好，企业缺乏活力，总想靠扩张性财政政策或货币政策进行刺激，实现繁荣。而且，一旦用了这些政策，就如同药物依赖一样，无法摆脱。这种对凯恩斯主义的误用和滥用既害了这些国家，也破坏了凯恩斯的名声。日本就是这样一个例子。20 世纪 90 年代之后，日本经济陷入衰退，其根本原因在于日本企业缺乏科技创新能力，以及政府对经济干预过多。日本企图用赤字财政政策来摆脱困境，从 1992 年宫泽喜一内阁发行 10 亿日元国债开始，十年间一直采用这种方法。结果经济至今未走出低谷，而国债发行已达 675 万亿日元，为一年国内生产总值的 136%，未清偿债务高达 366 万亿日元，居发达国家首位，是美国的两倍多。2002 年阿根廷爆发经济和政治危机也与滥用凯恩斯主义刺激经济、外债严重相关。

参考资料：《被误解的凯恩斯》，梁小民；载《经济学家茶座》，2002 年 9 期。

简要分析：国家干预政策是产生于市场经济这一微观经济基础又反过来为这一微观经济基础服务的，这是政府在选择宏观经济干预政策时必须牢记的。

思考题：为什么国家干预必须以市场经济的运行为前提？

案例二：运用国债技术改造资金促进化纤工业的发展

化纤工业作为我国纺织工业的重要组成部分，近几年得到了较快发展。1999 年，我国化纤产量为 600 万吨。到 2002 年，化纤产量已达 991 万吨，三年增长了 65%。化纤在我国纺织品总量中的比重逐年增加，化纤产量已由 1999 年占我国纺织品纤维加工量的 54% 提高到 2002 年的 65%。化纤产品已成为我国纺织行业的主要原料。

1999 年起实施的国债技改专项，以技术含量高、市场需求量大的涤纶、锦纶、氨纶、粘胶等产品为改造内容，以行业管理水平高、经济效益好的骨干化纤生产企业为重点，共安排国债技术改造项目 47 项，总投资 93.1 亿元，其中银行贷款 62.5 亿元。

目前，化纤项目竣工投产约 18 项，年新增功能性、差别化纤维 23 万吨。改造后的企业，产品结构得到调整，差别化率由 1999 年的平均 20% 提高到 45% 以上，企业技术装备先进程度、产品开发创新能力、企业综合管理水平及经济效益均有了明显提高，对带动我国化纤行业整体水平的提升起到了重要作用。

国债技术改造有力地促进了我国化纤工业的快速发展，它主要表现在以下五个方面：

（1）化纤生产企业组织结构得到调整。年产量在 5 万吨以上的企业，由 1999 年的 22 家上升到 2002 年的 57 家，平均规模超过 10 万吨/年。这形成了一批管理水平高、生产规模合理、经济效益好的行业排头兵企业。

（2）化纤产品结构调整有了明显成效。直接纺涤纶长丝新技术的应用显著提高了产品在国内外市场的竞争能力，纤维出口量由 1999 年的 8.8 万吨增加到 2002 年的 24.1 万吨，增量均为 1.8 倍。特别是高性能的差别化、功能性纤维新品种发展迅速，提高了我国纺织的面料质量水平，增加了我国纺织的花色品种和附加效益。

（3）化纤纺织品及服装出口创汇增长较快。1999 年，化纤纺织品及服装出口额为 151.8 亿美元。2002 年，化纤纺织品及服装出口额达到 200.5 亿美元，3 年内出口量增加 32.1%。

（4）化纤产品的应用领域不断拓展。化纤工业的高速发展，为我国成为纺织大国、纺织强国打下了坚实基础，产品开发能力和技术水平都有较大幅度的增长，化纤产品在国防、交通、能源、水利等产业领域得到广泛应用。

（5）纺织企业综合效益升级。通过实施国债技改项目，企业降低了生产成本，提高了劳动生产率和企业的经济效益，综合实力和整体优势明显增强，抗风险能力显著提高。这形成了一批像黑龙江龙涤集团、浙江恒逸集团、吉林化纤集团、新乡白鹭集团、江苏吴江丝绸集团、烟台氨纶集团等行业骨干企业。

随着我国人民消费能力的大幅增长和出口的需要，今后化纤工业仍将有较大的发展空间。据预测，“十五”期间，中国的人均纤维年消耗水平将由现在的 2.75 千克提高到 3.75 千克。全球经济一体化和世界化纤工业格局的调整，为中国化纤工业提供新的发展机遇。化纤工业将在加大技术改造力度的过程中，使企业的开发创新能力得到进一步增强，功能性、差别化纤维将得到进一步发展，化纤生产企业的国际、国内市场竞争力将得到进一步提高。

参考资料：《以国债技改促进化纤工业快速发展》，唐和义，汪敏燕，载《中国纺织报》。

简要分析：这是我国政府运用国债来帮助特定行业的企业进行技术改造，从而促进该行业快速发展的一个案例。这一案例体现了我国在国债运用上的一个特点，国债不仅用于公共投资，也用于扶持国有企业。

思考题：国债资金的运用范围应该有所限制吗？怎样限制呢？

案例三：浅析实施积极财政政策后的国债负担问题

（1）改革开放 20 年来我国国债规模的状况及特征

为了弥补财政赤字，筹集资金用于国家重点建设，从 1981 年起我国恢复发行国债，而且国债发行规模不断扩大。从 1981 年的 48.66 亿元增加到 1998 年的 3 891 亿元。截止到 1998 年底，国债累计发行额近 12 600 亿元，国债余额达 6 495 亿元；同时，我国国债规模的变化还表现出明显的阶段性特征。

第一阶段：从 1981 年到 1993 年，国债年度发行规模较小，从 1981 年的 48.66 亿元增加到 1993 年的 314.78 亿元，年平均增长率为 45.57%。这一阶段规模较小主要是由于改革开放处于初始时期，财政赤字较小并且采用发债和向银行透支或借款的“双轨制”弥补财政赤字。

第二阶段：从 1994 年至今，国债发行规模剧增。1994 年国债发行额达 1 028.57 亿元，约为 1993 年的 3 倍多，1998 年国债发行额达 3 891 亿元，年平均增长率达 69.57%。这一阶段国债数量增长过快，其原因有：一是财政赤字的弥补由“双轨制”转为“单轨制”，不准向银行透支或借款；二是这一阶段还本付息的数额增加，也相应地扩大了国债的发行量；三是积极财政政策的实施。

纵观改革开放以来的国债发行，除了少数年份负增长外，其余年份国债发行规模逐年递增。在我国财政收入占国内生产总值的比重和中央财政收入占全部财政收入的比重逐步下降，财政陷入困境的情况下，我国庞大的政府机构还能得以正常运转，一个很重要的原因就是有了国债的支持。1998 年以来在应对国际金融动荡、国内经济走势变化和体制转换所引起的需求不足而采取的积极的财政政策方面，国债的作用更是功不可没。1998 年，政府为了促进经济发展，增发了 1 000 亿元国债，加上配套资金达 2 000 亿元。1999 年，政府又在原来发行 3 400 亿元国债的基础上增发 600 亿元国债，加上配套资金共达 1 200 亿元。1998 年的积余资金和 1999 年的新增国债预计对经济增长的贡献率达 2%（数据引自《国际金融报》2000 年第一版）。但是也应该看到，伴随着国家债务规模的扩大，债务负担问题必须引起我们的高度重视。

（2）国债负担分析

①从财政收支角度看国债负担。可以从两个主要指标来考查：

第一，债务依存度。债务依存度是指当年的国债发行额与财政支出的比率，表明财政支出对国家债务的依赖程度。从国际经验看，国家财政的债务依存度的控制线是 15% ~ 20%，中央财政的债务依存度则为 25% ~ 30%。但从我国的现实看，20 世纪 80 年代以来财政的债务依存度表现出不断上升的趋势，1981 年为 4.27%，1990 年为

6.02%，1998 年已上升到 29.65%。尤其是中央财政的债务依存度上升幅度更快，1981 年为 7.78%，1991 年达 21.03%，1995—1998 年均已超过 50%，比国际上的一般控制线高出近一倍。这也反映出中央政府宏观调控能力严重弱化。

第二，国债偿债率。国债偿债率是指当年国债还本付息额占当年财政收入的比重。国际上一般认为国债偿债率应控制在 10% 左右。我国 1995 年以前，国债偿债率一般不超过 10%，但从 1995 年开始，国债偿债率大幅度上升，1998 年达 23.86%。由于国债发行额的逐年累进，财政的债务支出在今后几年还将不断提高，而我国财政支出困难的局面始终未得到根本扭转，在此情况下国家不得不走“发新债还旧债”的道路，国债规模越来越大。

②从国民经济的角度看国债负担。可以从三个主要指标来考查：

第一，国债负担率。国债负担率是一定时期国债余额占同期国内生产总值的比例，是衡量国债规模增长的宏观指标。发达国家国债余额占国内生产总值的比重一般不超过 45%，《马斯特里赫特条约》规定欧洲经济和货币联盟入围国家的这一比重不超过 60%。但由于发达国家的财政收入占国内生产总值的比重为 40% ~ 50%，因此国债余额大体上相当于当年财政收入总额。目前我国财政收入（包括预算外收入）占国内生产总值的比重也只有 20%，依此推算，我国国债余额占国内生产总值的比重以不超过 20% 为宜。从表 12 - 1 中可以看出，1986 年我国国债负担率为 2.87%，1998 年上升到 8.2%，大大低于国际公认的警戒线。

表 12 - 1　　　　我国的国债负担率　　　　金额单位：亿元

年份	国债余额	国债负担率（%）
1986 年	293.07	2.87
1990 年	890.34	4.8
1991 年	1 059.99	4.9
1992 年	1 282.72	4.8
1993 年	1 540.74	4.5
1994 年	2 286.40	4.9
1995 年	3 300.35	5.6
1996 年	4 361.43	6.4
1997 年	4 955.05	6.6
1998 年	6 495.05	8.2

资料来源：财政部财政科学研究所《研究报告》，1999 年第 8 期。

第二，居民应债率。居民应债率是指当年国债余额占居民储蓄存款的比重，是反映居民应债能力的重要指标。1998 年，这一指标为 6.2%。近几年我国储蓄率较高，虽然央行多次下调银行利率，但每年储蓄存款仍以 7 000 亿 ~8 000 亿元的幅度迅速增长。统计显示，1999 年第一季度末各项存款余额（包括企业、政府存款）达 99 437 亿元，各项贷款余额达 87 826 亿元，存款余额高出贷款余额 11 000 亿元。这说明进一步实施扩张性财政政策，扩大利用国债进行政府投资还有很大的余地。（参见《经济参考报》1999 年第五版。）

第三，赤字率。赤字率反映当年财政赤字占国内生产总值的比重。1998 年赤字率为 2.5%，按照 1999 年的预算数，财政赤字相当于国内生产总值的 1.7%，低于国际公认的 3% 的警戒线。

（3）分析国债负担应该注意的两个方面

①从财政收支的角度看，我国的债务依存度特别是中央财政的债务依存度比较高，国债偿债率也较高，均大大超过国际公认的警戒线水平。于是，有人认为目前我国的国债负担过重，扩张性财政政策的空间有限。但进一步分析中央财政的收支状况，可以看出三个问题：一是占相当比重的政府收支游离于政府预算之外；二是中央预算在整个预算中所占的比重偏低；三是越来越大的债务利息支付尚未编列在预算支出中。这三个方面的综合影响使得中央财政支出的相对规模偏低。具体到中央财政的债务依存度来看，即因分母缩小使得债务依存度变高。而国债偿债率反映的是国债还本付息额与该年度财政收入的关系，但由于财政收入的口径不同，使得计算结果出现偏差。我国衡量国债偿债率的“财政收入”仅仅包括预算内收入，而国外的财政收入指的是整个政府收入。由于非规范性财政收入（如预算外收入、体制外收入）的冲击，再加上我国财政收入的增长慢于国内生产总值的增长，这使得我国财政收入的规模偏低。如果在年度财政收入的基础上加上预算外收入和体制外收入，那么我国国债偿债率将大大降低，国债负担也会有所减轻。

②从国民经济的角度看，由于国债负担率和赤字率均低于国际公认的警戒线，同时，居民应债能力也较强，因此，财政政策进一步扩张的空间还是比较乐观的，但这“空间”并非足够大。这是因为：第一，国债负担率和居民储蓄水平虽然是制约国债规模的重要因素，但此仅仅反映了国债的容纳空间，是制约国债规模的外部条件，最终决定国债发行规模的因素是国债偿债率和债务依存度，这是制约国债规模的内在决定因素，因为国债的发行和偿还总是要国家财政承担的。第二，我国的国债负担率虽然低于国际公认的警戒线，但我国举债的时间不长，不能与西方发达国家上百年累积的国债余额作简单的比较。第三，我国的居民应债率比较低，应债能力较强，但也应该看到，我国的居民储蓄存款的增长中有一部分增长是由于老百姓对未来收入和支出的非理性预期（居民预期收入下降和支出上升）。减收增支的预期使大多数居民压缩即期消费而代之以储蓄。随着我国经济体制改革的进一步深入，企业经济效益的好转和住房、医疗、社会保障等制度的实施，这种非理性预期将有所改变，居民储蓄水平会有所下降。

参考资料：《扬州大学税务学院学报》，2000 年 2 期，韩晓琴 。

简要分析：在国债筹资日益成为政府财政收入的重要手段后，国债的负担问题必然引起人们的关注。前面部分详细分析了我国国债规模的状况及特征，并从财政收支的角度和国民经济的角度对我国国债负担状况进行了分析，给了我们一个较全面的关于我国国债负担的画面。

思考题：国债会成为负担吗？它会成为哪些人的负担？

案例四：我国关于国债运用限度与负担的争论

我国以增发国债为主要内容的积极财政政策始自 1998 年。1998 年上半年，固定资产投资和经济增长速度急剧下滑，为此，增发 1 000 亿元国债的财政扩张措施紧急出台。增发国债，加上银行和地方配套资金，扩大了基础设施的投资规模，在 1998 年起到了阻止固定资产投资和经济增长速度下滑的积极作用。1999 年和 2000 年国家又分别增发了 1 100 亿元和 1 500 亿元国债，该措施继续发挥了扩大投资规模、促进经济回升的作用。

到了 2000 年，宏观经济出现回升，主张积极财政政策应当适时淡出的意见开始提出。2000 年七八月间，学术界就是否增发国债问题发生争论，宏观决策部门最终采取了继续增发国债的措施。进入 2001 年，积极财政政策应当及时淡出的意见得到了较大范围的响应，是否增发国债的争论再次发生，宏观决策部门坚持继续实行积极财政政策不变，继续增发国债。

主张积极财政政策应当适时淡出的主要理由有：第一，增发国债的增长拉动效应已经明显减弱。增发国债仅在 1998 年下半年初次实施时扩大投资规模的效果比较明显。1999 年、2000 年的第二轮、第三轮增发大致同量的国债，未能形成新的投资基金增量和固定资产投资及工业增长加速。2001 年上半年出现 2000 年增发国债结余闲置的现象，适合国债投资的项目不多，难以安排。此外，增发国债的增长拉动效应主要体现在投资领域，对拉动消费需求没有直接作用，并且受居民消费倾向较低的约束而起不到多大的间接拉动消费及经济增长的乘数效应。第二，国债投资效率较低，产生对民间投资的挤出效应。行政主导的国债投资活动易于出现寻租空隙、损耗较大等低效率问题，工期拖长，造成较多半拉子工程。有些情况下，国债投资优先安排在某些垄断性高收益项目，形成壁垒，阻碍民间投资进入。为国债资金配套数倍的银行信贷及地方自筹资金，使国债投资项目得以占用更多的社会资金。2000 年上半年，国债投资增速下降，对企业投资的挤压减弱，企业投资急剧上升，宏观经济出现明显回升；2000 年下半年增发国债，财政筹资力度加强而使市场融资、投资受到挤压，财政投资的增速上升抵不过企业市场性投资增速的下降，从而社会投资总额增长速度下降，以致出现了财政投资扩张而经济增长反而下滑的负效应。第三，企业税负加重，对经济回升产生抑制效应。从 1998 年起，安排每年额外新增税收 1 000 亿元以上，比增发国债数额更多。税收增长速度超过 20%，中央税收增长速度更高，其较大幅度高于经济增长速度。税收增加主要通过加大税收征管力度的方式实现，一些有利于促进经济回升的减税措施和税制改革措施无法出台，企业实际税负过重，以致扩大财政支出的效果被税负加重的不良后果所抵消甚至超出。第四，财政负债负担及风险增大。1998 年和 1999 年，国债依存度分别为 41.7% 和 27.1%，超过国际公认的警戒线；国债偿还率分别为 23.9% 和 17.7%，明显超过了 8% ~ 10% 的警戒线；中央财政的国债依存度从 1994 年起连续超过 50%，1998 年更高达 71.1%，明显超过 25% ~ 30% 的警戒线。国债负担率虽低于一般国家水平，但我国发债时期不长，连续发债造成国债负担率提高速度较快的现象不容忽视。我国财政还承担了税制转型过程发生的隐性国债和或有国债，1998 年的综合国债负担率，即政府承担的显性和隐性债务总额占国内生产总值比率约达 60%。总之，以增发国债为主要内容的积极财政政策，在经济下滑时期作为一种反周期政策措施起到了积极作用，但以存在低效率弊病和挤出效应、债务风险增大为代价，这种临时性短期政策不宜连续多年实行并使之长期化。

主张积极财政政策在当前时期不宜淡出的主要理由有：第一，积极财政政策效果显著。据测算，1998 年，国债投资拉动经济增长 1.5 个百分点，1999 年，部分国债资金用于技术改造贴息，拉动 1 800 亿元技术改造投资。1998 年和 1999 年连续两年实行积极财政政策，支持中国经济 2000 年出现重大转机。在经济好转的情况下，继续增发国债，对于保持投资增长的连续性、巩固经济回升局面发挥了重要作用。2001 年国内经济呈现良好发展势头，但要从根本上扭转供过于求的局面，巩固经济回升的前期政策效果，推动国民经济持续发展，还需要积极财政政策继续发挥作用。第二，积极财政投资不存在挤出效应。1998 年增发国债以来，实际利率的上升主要是价格水平下降所致，而价格水平下降也不是财政扩张的结果。在政府借款之后，银行仍有过剩资金，并未出现资金紧张。商业银行贷款不活跃，主要受贷款风险约束，而不是产生于国债投资的竞争压力。国债资金主要投资于基础设施公共领域，与投入竞争领域的民间资本不发生竞争。民间投资不活跃，主要是受投资预期收益不高的影响。第三，积极财政政策不只是增发国债、扩大支出，还包括调整税收、支持企业技术改造、增加工资、加强社会保障等多种措施。从 1999 年起，国家加大出口退税力度，减征固定资产投资调节税和证券、房地产等行业交易税，降低和取消部分收费，对企业技术改造投资贷款提供贴息支持，提高下岗、失业和城镇贫困居民“三条保障线”的补助，增加机关事业单位职工工资等。这些减少税费、增加工资及社会保障的措施起到了鼓励投资和消费的作用。第四，国债规模控制在警戒线内。国债负担率远低于国际一般水平，1998 年仅为 13.3%。国债规模相对于财政规模的指标超标，主要原因是我国财政预算内收入占国内生产总值的比重低于世界平均水平，但国债规模相对于经济规模远低于警戒线。就整体经济规模来看，可发债的空间还很大。从动态来看，我国经济还将继续快速发展，经济规模继续扩大，国债安全空间还会增大。

参考资料：《2001 年的宏观经济形势与宏观政策》，袁钢明（合著），《中国公共政策分析 2002 年卷》，中国社会科学出版社。

简要分析：20 世纪 90 年代后期以来，为了克服我国经济的疲软走势，我国采用了扩张性（积极）财政政策，而大量发行国债是扩张性财政政策中必不可少的政策工具，也是我国扩张性财政政策中主要依赖的政策工具。急剧增长的债务规模也自然会引起人们的担心，进而引发人们对扩张性（积极）的财政政策的思考。

思考题：实行扩张性财政政策一定要发行大量的国债吗？

案例五：中国投资有限责任公司被讥“送财童子”，1.5 万亿美国国债投资又打水漂

中国投资有限责任公司就是送财童子，黄金投资比例只占 1.6%，没有享受到黄金上涨带来的好处，而美国国债的风险却时刻抽打着他的脸蛋。

美国债务状况恶化，美元价值受到动摇已成定局，人民的血汗钱打水漂，由谁来承担责任？

自 2011 年 8 月 5 日远在太平洋那端的美国传出信用评级被标普调低后，有关中国投资有限责任公司（以下简称“中投”）受困美国国债的话题就在微博上争论不休。

美国国债灰暗的投资前景，预示中投又陷入一个巨亏漩涡，但是中投管理层却很淡定，直言“不会认真对待信用评级”。

（1）账面最低损失 20%

美国发生债务危机，受影响最大的，除了美国本身外，可能就数持有庞大美国国债的中投了。

很多评论人士认为，除了美国国债，目前没有更多的安全品种，如果抛售，肯定会带来连锁反应。但无论如何，在未来一段时间，美元难逃贬值厄运，美国国债投资前景不妙。持有巨量美国国债资产的中投只能说又被“毒害”了一次。

根据中国外管局数据的统计，中投持有的 3.2 万亿元的外汇储备中，70% 仍然是美元资产。其中，持有美国国债达到 11 598 亿美元，是美国国债的第一持有主体，占比高达 12%，甚至比美联储高出 2 个百分点。

尽管多数机构预期美国国债市场短期内不会剧烈变动，但据美国证券行业和金融市场协会测算，评级下调可能令美国国债收益率长期内上升 0.7 个百分点，对美国而言将增加约 1 000 亿美元的公共债务融资成本，对中国和日本等债权国而言，则难具体测算美国国债价值损失及美元下跌的汇率损失。

诺贝尔经济学奖得主、美国著名经济学家克鲁格曼更是明确指出，不管发生哪种情况，美元贬值或者美国国债评级下降，中国购买的美国国债将遭受 20% ~30% 的投资损失。国内一些经济学家对于美国国债危机造成的账面减值也大致估算在 20%。

按照 1.16 万亿美国国债持有量计算，美国国债账面价值最低下跌 20%，我国将会损失 2 300 亿美元，折合人民币 1.5 万亿元。这就意味着，每个中国人手中约有 1 100 元钱蒸发。

大公国际资信评估有限公司董事长关建中也表示，美国偿债能力下降的基本判断已经得到市场肯定，中国持有的美国国债一定会贬值。

（2）中投管理层态度淡定

尽管市场各方忧心忡忡，但是中投高层并不焦虑。

中投副总经理汪建熙 2012 年 1 月就表示，中国不必抱怨美元或者美国国债高风险，持有大量的美元资产并非中国独有的问题。

他认为，美国国债是世界上最大的债券市场，流动性最好，其他金融产品风险未必小多少，而且没有风险，就意味着没有收益。在中投看来，就是“矬子里拔将军”，美国国债已经是比较好的投资品，大家就不要再说什么了。

面对标普下调评级，中投公司发言人表示不予置评，以免影响市场。中投国际有限公司董事长刘遵义更是撰文称，不会认真对待信用评级。如果信贷评级机构在分析债券信用度上是那么出色，他们就应该去管理大型投资组合，赚取庞大费用，而不是在做评级工作。

（3）对外投资频频失利

面对美国国债危机，中投很淡定，但是却不得不让人担心中投的其他美元资产。

前面提到，3.2 万亿元外汇储备中，70% 是美元资产。受美国国债危机影响，美国经济前景难料，美元资产投资缩水难以避免。

其实，追溯过去，中投也不乏投资失败的案例。

2007 年 5 月，筹备中的中投展开海外投资，第一笔就是斥资 30 亿美元购买 10% 的黑石股票，锁定 4 年，浮亏达 18 亿美元。

2007 年 12 月，中投再斥巨资 56 亿美元投资摩根士丹利，此后多次增资抄底，投资额度约达到 68 亿美元。但遗憾的是，金融危机以来，摩根士丹利股价不断下跌，按购买的平均价格 25.9 美元计算，至今账面浮亏高达 25 亿美元。

货币基金按理说安全性较高，但是 2008 年 9 月，中投投资的主要储备基金（Reserve Primary Fund）被迫核销，所持雷曼兄弟债券引发大规模赎回潮。直到 2009 年 7 月，中投才收回全部投资。尽管本金上没有亏损，但是长达两年多的资金机会成本又有谁能算得清？

2012 年日本大地震，东京电力公司旗下核电站爆炸损失惨重。不幸的是，中投在该公司上也有巨额投资，媒体报道大约有 359 亿日元。

（4）加快外汇储备多元化进程

美国国债投资前景堪忧，中投公司未来投资方向，被一致认为需要分散外汇储备投资力度。有迹象显示，中国正在加快外汇储备多元化的进程。

2010 年的年报显示，中投减少了投资组合中的现金占比，现金占比从 2010 年初的 32% 降到年末的 4%，已基本实现满仓运作。手中的资产加大了私募股权、房地产（尤其是房地产投资信托基金）、基础设施和直接投资的比重，由 2009 年的 6% 提高到 21%。

在区域市场投资方面，中投降低了在北美洲与拉丁美洲的投资比例，增加了在亚太、欧洲及非洲的投资比例。

渣打银行估计，2012 年中国将大约 3/4 的新增外汇储备投入了非美元资产，前 5 个月，中国购买了大约 240 亿美元的德国、法国所发行的 AAA 级债券以及 720 亿美元的欧洲公司债。

在行业方面，与国内投资市场普遍较为看好医疗、消费品等行业不同，中投全球组合中最为青睐金融，投资比例达到 17%，能源和材料次之，分别为 13% 和 12%。

国务院发展研究中心金融研究所所长、央行货币政策委员会委员夏斌建言，中国目前亟待评估自己作为美国国债主要投资者所面临的风险，并加快外汇储备多元化的步伐。从短期看，中国可通过调整外汇储备资产结构降低风险，就中长期看，关键是将外汇储备规模维持在一个合理水平。

国务院发展研究中心金融研究所副所长巴曙松更是直接指出：如果投资结构不进行重大调整，作为一个具体的外汇储备投资决策，大概只能在比较差的美元债，还有更差的欧元债或者日元债之间作选择。加大战略性资源的配置并推进结构调整，肯定是一个大方向。

最新的消息是，中投频频出手海外油气资源。2012 年 8 月 10 日中投拟投资 40 亿美元和法国燃气苏伊士集团合作油气开发。2012 年 8 月 9 日，中石化还对澳大利亚昆士兰州天然气出口设施投资了 17.65 亿美元。

二、作业与思考题

（一）填空题

1. 公债产生的初始原因是为弥补财政收支缺口而采取________方式筹集收入。
2. 国债最基本的功能是______________。
3. 公债如期还本付息，是保持____________的重要条件。
4. 国际公认的外债规模的指标主要有__________和__________。

（二）单项选择题

1. 弥补财政赤字的最佳选择是（　　）。
   A. 扩大内需　B. 增加公支出　C. 国债　D. 减少公支出
2. 中期国债的偿还期限是（　　）。
   A. 1 年　B. 2 年　C. 1 ~10 年　D. 10 年
3. 长期国债的偿还期是（　　）以上。
   A. 1 年　B. 2 年　C. 1 ~10 年　D. 10 年
4. 国债的方式不包括（　　）。
   A. 抽签法　B. 公募法　C. 报销法　D. 公卖法
5. 政府以债务人的身份，根据信用原则取得的财政收入是（　　）。
   A. 上缴利润　B. 税收　C. 发行公债　D. 专项收入
6. 公债与其他财政收入形式明显区别的是（　　）。
   A. 强制性　B. 灵活性　C. 直接返还性　D. 有偿性
7. 国家信用的基本形式是（　　）。
   A. 银行借款　B. 贷款　C. 公债　D. 透支
8. 公债的基本功能是（　　）。
   A. 调节经济　B. 弥补财政赤字
   C. 收入再分配　D. 稳定货币流通
9. 各国政府偿还国债的基本手段是（　　）。
   A. 设立偿债基金　B. 预算盈余
   C. 经常性预算收支　D. 发行新债
10. 我国国库券的发行是从（　　）年开始的。
    A. 1979　B. 1980　C. 1981　D. 1985
11. 将公债划分为国内公债和国外公债，这是按照（　　）划分的。
    A. 举债方法不同　B. 流通与否

C. 举债主体不同　　D. 发行区域不同

12. 国债作为一种取得财政收入的形式，首先在（　　）牢固地确立起来。

A. 地中海沿岸　　B. 西班牙　　C. 荷兰　　D. 英国

（三）多项选择题

1. 国债的功能包括（　　）。

A. 弥补财政赤字　　B. 筹集建设资金　　C. 扩大内需　　D. 调节经济

2. 国债以筹措和发行的性质为标准分为（　　）。

A. 内债　　B. 强制国债　　C. 外债　　D. 自由国债

3. 国债的发行方式有（　　）。

A. 公募法　　B. 包销法　　C. 公卖法　　D. 摊派法

4. 国债的偿还方式有（　　）偿还法。

A. 买销　　B. 抽签　　C. 一次　　D. 调换

5. 公债产生的基本条件是（　　）。

A. 政府支出的需要　　B. 商品货币经济高度发达

C. 公债利息较高　　D. 完备的证券市场

E. 社会上存在借贷资本

6. 公债偿还的资金来源，主要有（　　）。

A. 经常性预算收入　　B. 预算盈余

C. 发行新债收入　　D. 偿债基金

E. 信贷基金

7. 公债的作用包括（　　）。

A. 弥补财政赤字

B. 调节预算收支差额

C. 为加快经济建设，调节产业结构筹集资金

D. 调节宏观经济运行

E. 促进对外开放

8. 政府公开向社会发行债券的主要方式有（　　）。

A. 直接推销　　B. 委托银行及其他金融机构代售

C. 特别发行　　D. 在金融市场出售债券

E. 支付发行

9. 各国偿还国债的方法有（　　）。

A. 轮次偿还法　　B. 比例偿还法

C. 一次偿还法　　D. 市场买销法

E. 抽签偿还法

10. 我国衡量债务适度规模的指标体系主要有（　　）。

A. 对外债务使用效益的指标体系　　B. 债务增长指标体系

C. 债务清偿率指标体系　　D. 债务负担率指标体系

E. 举借外债的规模

（四）判断题

1. 国债存在和发展的必备条件是国家职能的需要和商品货币经济的发展。（ ）
2. 弥补财政赤字是国债产生的直接动因。（ ）
3. 中期国债是指偿还期在5年以内的国债。（ ）

（五）名词解释

1. 国债
2. 国债市场
3. 国家信用
4. 货币公债
5. 保值公债

（六）简答题

1. 简述国债的功能。
2. 简述国债的发行原则。
3. 简述国债的管理内容。
4. 我国公债规范化管理应遵循哪些原则？
5. 简述公债产生和发展的条件。
6. 发行公债的方式主要有哪些？
7. 公债偿还方法主要有哪些？

（七）论述题

试述公债与税收等其他财政范畴的区别。

三、作业与思考题参考答案

（一）填空题

1. 有偿
2. 弥补财政赤字
3. 政府信誉
4. 偿债率 负债率

（二）单项选择题

1. C	2. C	3. D	4. A	5. C	6. D
7. C	8. B	9. D	10. C	11. D	12. C

（三）多项选择题

1. ABD　2. BD　3. ABCD　4. ABCD　5. AE　6. ABCD
7. ABCDE　8. ABCDE　9. ABCDE　10. ABCD

（四）判断题

1. T　2. T　3. F

（五）名词解释

1. 国债是整个社会债务的重要组成部分，具体是指政府在国内外发行债券或向外国政府和金融机构借款所形成的国家债务。

2. 国债市场是指政府通过证券市场所进行的国债交易活动，是证券市场的组成部分。

3. 国家信用是国家（政府）以债务人或债权人的身份，通过信用形式筹集或运用财政资金的一种国民收入再分配形式。

4. 货币公债即以货币为本位的公债，或者说是以货币为发行对象的公债。它又分为本币公债和外币公债两种。

5. 保值公债是国家为了维护债权人的利益和公债的信誉而发行的一种特殊的公债。它的年利率随人民银行规定的3年定期储蓄存款利率浮动，加保值贴补率，外加一个百分点。

（六）简答题

1. 答：①弥补财政赤字。②筹集建设资金。③调节经济功能。

2. 答：①短期财源需要的原则。国家预算收入中，用经常性的税收难以满足国家实现其职能在时间上所出现的临时资金需要时，国家就可以通过发行短期国债来调节预算入不敷出的差额。②负担限额的原则。从法律上规定发行余额，使国债的发行限制在国民经济能够承受的范围内，以避免国债发行过量而引起通货膨胀、物价波动对生产和人民生活所起的负效应。③稳定经济的原则。国债的发行必须坚持稳定经济的原则，为整个国民经济持续、快速、健康发展创造有利的环境和条件。④吸收社会游资的原则。国债发行应坚持以吸收游资为主的原则，尽力避免减少社会的生产资金或中央银行货款，以减少国债的排挤效应。如果过度挤压企事业单位的生产资金，或过多挤占中央银行的信贷资金，很可能降低资源配置效率。⑤低成本原则。讲究社会经济效益是商品信用经济运行的一般规律，国债发行也应当追求社会经济效益的最大化，必须进行成本与效益的比较分析，衡量其筹资成本。这也是由国债分配的财政属性——无偿性或低偿性所决定的。

3. 答：①降低国债发行成本，减少国债发行费用。②控制债务依存度。③国债的调换与整理。

4. 答：①按期偿还本息原则。这是维护国家信用的重要原则。②经济效益原则。

即债务资金必须用于经济建设，不能用于行政性开支。③自由认购转让原则。一方面公债的发行一般不能强制推销；另一方面发展债务市场，促使公债自由交易转让。④节省发行费用原则。

5. 答：公债产生需要具备的必要条件：一是政府支出需要；二是存在闲置资本。

公债发展需要具备更多的条件：①国家职能扩展，政府支出日益增长超过税收等无偿收入承担能力。②商品货币经济的发展，社会闲置资本的存在。③宏观经济调控职能促进公债发展。④物价和币值稳定，不发生大的波动。⑤证券市场的形成，使公债拥有较大的流动性。⑥法制和财政制度的建立健全。

6. 答：①公开发行方式，即政府公开向社会发行债券。其具体包括直接推销方式、政府委托银行或其他金融机构代售，在金融市场出售债券和支付发行方式。②银行等金融机构承受方式。如中央银行和专业银行或商业银行承受，即由银行机构承购所发生的全部公债，然后由银行转向社会销售。③特别发行方式。即政府在发行公债时，向政府设立某些基金机构直接发行，由它们承购。

7. 答：①一次偿还法。政府按期偿还公债时连本带利一次支付。②抽签偿还法。它是指政府采取定期专门抽签的方法，确定每次偿付债券的号码，如约偿还本息。③轮次偿还法。即政府在发行公债时，规定按公债券号码的顺序，固定其偿还期限，此后，每年按照次序偿还到期的部分。④市场买销法。政府通过公开市场业务陆续将发行的债券购回。⑤比例偿还法。政府将公债分为若干份，每年按份偿还。

（七）论述题

答：（1）公债作为国家信用，是采取有偿方式取得收入，税收和国有企业利润上缴则以无偿方式强制征收，或按国家规定上缴财政。

（2）从筹集财政收入方式看，税收以强制方式征收，纳税人不能抗拒缴纳，纳税是每个公民的义务。公债发行不能依靠强制推销，一般是采取自愿认购方式，只有在特殊情况下，如战时才采取强制方式，正常情况下多以经济方式自由认购。

（3）税收和公债对经济产生不同影响。税收是政府以政治权力为依托强制分配一部分国民生产总值或国民收入以增加财政收入来满足国家执行职能的需要。与此同时减少纳税人开支，减少业主投资。公债发行主要是吸收社会游资转为政府使用，可以将居民等认购公债者的钱用于满足政府开支需要，其中有一部分用来建设公共工程，改善经济环境，可以推动经济和公益事业发展。

（4）公债、税收对资源的动员和利用产生不同影响。增加税收无疑会增加财政收入，但与公债比较，不如公债容易被人们接受。税收只能以强制手段动员国内资源，而举借外债则可动员部分外国资源，弥补国家资源短缺。但当还本付息时公债却会将本国部分资源流入外国，这一点不同于内债。

第十三章　国家预算和预算管理体制

一、教学案例

案例一：财政部部长谢旭人作2008年中央决算报告

受国务院委托，财政部部长谢旭人2008年6月24日向全国人民代表大会常委会作了国务院关于2008年中央决算的报告。谢旭人说，2008年中央预算执行情况较好。汇总中央和地方决算，全国财政收入61 330.35亿元，比2007年增加10 008.57亿元，增长19.5%，完成预算的104.9%；全国财政支出62 592.66亿元，增加12 811.31亿元，增长25.7%，完成预算的102%。中央财政收入33 626.93亿元，增加5 014.98亿元，增长17.5%，完成预算的103.4%；中央财政支出36 334.93亿元，增加6 574.98亿元，增长22.8%，完成预算的102.5%；安排中央预算稳定调节基金192亿元以备以后使用，支出总量合计36 526.93亿元。中央财政赤字1 800亿元，控制在第十一届全国人民代表大会一次会议批准的数额之内。

报告显示，中央财政2007年各主要收入项目中，除证券交易印花税仅完成预算的48.8%之外，其他项目全部超额完成预算。谢旭人介绍，证券交易印花税未完成预算主要是受2007年股票市场低迷、降低税率及单边征收的影响。

报告显示，2007年国内增值税、国内消费税、营业税分别为13 497.76亿元、2 568.27亿元、232.1亿元，分别完成预算的100.7%、104%、103.2%。进口货物增值税、消费税7 391.13亿元，完成预算的107.8%，企业所得税、个人所得税分别为7 173.55亿元、2 234.23亿元，完成预算的111.6%、110.1%。此外，车辆购置税989.89亿元，完成预算的104.2%，关税1 769.95亿元，完成预算的110.6%。

谢旭人指出，2008年下一阶段，中央财政将狠抓增收节支，将在实施好结构性减税政策的基础上，依法加强税收征管，强化非税收管理，努力做到应收尽收，促进财政收入增长。要牢固树立过紧日子的思想。严格控制一般性支出，压缩公务购车、用车，公务接待和出国（境）经费。严格控制党政机关楼堂馆所建设。全面推行财政科学化、精细化管理，提高财政管理绩效。

谢旭人强调，2008年下一阶段，中央财政将在认真落实各项重大财税政策措施的同时，着力保障和改善民生，推进资源税改革，调整和完善消费税制度，统一内外资企业和个人的城市建设维护税、教育费附加等制度。

资料来源：财政部部长谢旭人作2008年中央决算报告［N］. 中国财经报，2009年

6月。

简要分析：历年的中央决算报告都清晰地说明了财政资金的来龙去脉，指出财政收支管理中的问题及今后财政预算管理的重点。

思考题：请对比2008年财政预决算数字，分析影响财政收入、支出变动的具体因素。

案例二：财政透明度仅20分，《中华人民共和国预算法》需修订

2009年3月6日，《广州日报》、搜狐财经联合专访了全国政协委员、上海财经大学公共政策研究中心主任蒋洪。在此次两会上，蒋洪提交了一份提高财政透明度的提案。在这份提案里，蒋洪指出，我国当前财政管理中的一个急待解决的问题是信息不公开，缺乏透明度。因此，他建议修订《中华人民共和国预算法》。

据蒋洪介绍，课题组做了一个研究项目，该研究项目对我国三十一个省级财政透明度进行了评分和排序。上海财经大学公共政策研究中心的数百名学生，以普通公民的身份按《中华人民共和国政府信息公开条例》的规定向各省政府信息公开办公室、财政厅提出信息公开申请，并通过对政府网站和出版物检索来收集财政信息。结果表明，在这项研究所设定的113项基本财政信息中，公众能够获得的信息平均为22项，仅约为所调查信息的1/5。因此，如果以100分为满分的话，我国财政的透明度总体情况大约为20分左右。根据蒋洪的这个“名次表”，排在第一位的是福建省，其次是内蒙、安徽和北京，再次是辽宁、江苏、天津。最高分折合为百分制是62.7分，最低的省份为15分左右。需要说明的是，该项评估所采取的是一种要求非常低的评判标准，调查只考察财政信息是否能够获得，没有考虑这些信息的规范性、真实性与及时性，也没有过多地涉及信息细节。也就是说，即使按最起码的标准来衡量，我国财政透明度也处在极低的水平上。

蒋洪认为，《中华人民共和国预算法》需要修订。《中华人民共和国预算法》的目的就在于制定一种规则，使得公共资源的筹集和使用符合广大人民群众的愿望和要求，保证效率和公平，防止浪费和腐败。但现行的《中华人民共和国预算法》没有对财政信息的公开作出明确规定，公众的社会监督无从谈起，人民代表大会的审批和监督能力受到极大的制约，使得该法不能发挥应有的作用。因此，他建议修订《中华人民共和国预算法》，在新的《中华人民共和国预算法》中规定政府财政必须公开透明，财政信息以公开为原则，不公开为例外。蒋洪对财政信息的公开作出具体建议：公民以及各级人民代表大会有权要求政府相关部门提供财政信息；财政信息的披露应覆盖所有公共基金，包括一般政府基金、社会保障基金和各专项基金以及国有企业基金；财政信息应包括各类公共基金的收入、支出、余超、资产、负债、所有者权益及其构成，以及与上述内容相关联的统计和说明；财政信息公开的详尽程度和信息公开的时间以满足公民以及人民代表大会行使法律赋予的权利和义务为原则；财政信息应以对信息需求者来说最便捷、获取成本最低的方式，特别是在互联网上予以公布；所公布的财政信息必须符合公认的政府会计和统计规范。

资料来源：祝慧，政协委员蒋洪，财政透明度仅20分　预算法需修订——访全国

政协委员、上海财经大学公共政策研究中心主任蒋洪［EB/OL］. 搜狐财经网，2009 年 3 月。

简要分析：2009 年，中国财政赤字将扩增至 9 500 亿元，创新中国成立 60 年来最高值。巨额赤字支出如何使用的，实际使用是否具有效率，公众应当具有知情权。我国当前财政管理中的一个急待解决的问题是信息不公开，缺乏透明度。当前财政预算改革，应突出财政的透明度，规定政府财政必须公开透明，财政信息以公开为原则，不公开为例外，让预算能够使社会公众看得懂，也能够看得清。

案例三：美国的财权划分方式——财源共享和分率计征

美国实行联邦制，政府机构分联邦、州、地方三个层次，各级政府都有明确的事权、财权，实行分别立法、财源共享和分率计征的财权划分方式。美国联邦、州、地方三级政府都有各自相对独立的税收体系，享受各自的税种设置、税率设计、税款征收管理的权利。三级政府各自行使归属于本级政府的税收立法权、司法权及执行权，这使得美国形成了统一的联邦税收制度和有差别的州和地方税收制度并存的格局。各级政府都有一些属于自身的税种，且各级政府都有自己的主体税种。联邦政府的主要税种有：个人所得税、公司所得税、社会保险税、国内消费税、遗产税、关税和赠予税，其中以个人所得税为主体税种；州政府的主要税种有：销售税、州的个人所得税、公司所得税、消费税等，其中以销售税为主体税种；地方政府的主要税种有：财产税、地方政府的销售税、个人所得税等，其中以财产税为主体税种。各级政府也同时采用共享税源、税率分享的形式来划分税收。

参考资料：哈维·罗森，财政学，中国人民大学出版社，2003 年。

简要分析：事权划分清晰，使美国各级政府财权明晰化与各级财政的独立性具备了前提条件。美国的这种同源课税、财源分享的划分财政收入方式，在世界各国的财政体制中具有其独特性，对我国政府间财权的划分有很大启示。也就是说，我国政府间财权划分方式的改革和完善，既要以事权划分的清晰为前提，又要以法制的健全、税制的完善为基础。

思考题：你认为应如何完善我国政府间的财权划分?

案例四：财税改革应让地方有可靠的收入来源

现行的分税制财政管理体制是 1994 年税制改革的结果。对于几个大的税种，增值税、企业所得税、营业税在中央和地方之间的分割结果是：增值税的 75% 归属中央，25% 归地方；中央企业所得税归中央，地方企业所得税归地方；营业税全部属于地方。这个划分，无论从当时实际，还是十几年的运行实践看，都基本符合事权和财权、财力相符合的原则。

有中央税和地方税之分，是因为中央财政和地方财政各有其独立性。中央财政提供全国性公共物品，诸如国防、外交、跨流域治理等。而地方财政提供地方公共物品，特别是义务教育、社会保障、环境保护以及公共安全等。税种在中央和地方之间划分的依据是各自的事权。根据这样的基本原则，地方财政也应该有稳定、可靠的收入来源。

地方财政必须有稳定、可靠的收入来源的另外原因在于：根据法律规定，地方政府无权举债。所以，如果地方财政拮据，入不敷出，又不能举债，就不能避免其从非正规渠道获得收入。最近几年各地城市房屋价格明显上涨，很大程度上，是因为地方政府从土地出让中获得大量收入，这个收入成为房屋成本的重要组成部分。除此之外，各种名目的乱收费虽经多方治理，成效并不明显。财政这种乱象的根源，就在于地方财政从正规渠道获得的收入不能满足支出的需要。

中国是发展中的大国，区域差距明显，而且一般省级行政区域比很多国家都要大，需要地方政府承担的职责，不是越来越少，而是越来越多。根据事权与财权、财力相匹配的原则，地方的财权应该适当加强而不是相反。财税体制的进一步调整和完善，需要解决的核心问题之一，就在于地方财政的自我保证能力的提高。虽然中央财政的转移制度也有助于达到这个目的，但是地方政府作为一个特定级次的财政，必须要有自己的平衡能力，否则就不会有主动服务的动力。

简要分析：中国共产党第十七次全国代表大会提出要深化财政体制改革，财税改革的各项传闻不断见诸媒体。两大部委、财政部的财科所以及发改委的宏观经济研究院，提出了它们的财税改革方案。虽然财政体制改革模式还在制定中，但改革应兼顾地方的财权和财力的合理要求，实现中央财政与地方财政的财权和事权的匹配仍是财税改革的主旋律。

资料来源：王福重，财税改革应让地方有可靠收入来源，上海证券报，2008－05－16。

思考题：你对分税制财政管理体制改革有何建议？

二、作业与思考题

（一）填空题

1．财政管理是国家管理的组成部分，财政管理的对象是____________。

2．财政管理的特性表现为____________和____________。

3．财政管理的主要目标是________________。

4．新中国成立以来，我国财政管理体制由________________的管理体制，逐步实行多种形式的________________管理体制。

5．我国现行的财政管理体制是 。

（二）单项选择题

1．国家预算由中央预算和（　　）组成。

A．省总预算　　B．市总预算　　C．自治区总预算　　D．地方总预算

2．国家预算法不包括（　　）类型。

A．条文法　　B．权责法　　C．程序法　　D．组织法

3. 我国的《中华人民共和国预算法》于（ ）通过。

A. 1993 年　B. 1994 年　C. 1995 年　D. 1996 年

4. 国家预算的执行机构由（ ）和职能机构组成。

A. 国务院　B. 省政府

C. 各级人民政府　D. 各级人民代表大会

5. 财政管理体制的中心组成部分是（ ）。

A. 国家预算管理体制　B. 国家税收管理体制

C. 国家信用管理体制　D. 国家投资管理体制

6. 国家预算管理体制的基本原则是（ ）。

A. 统一领导　B. 分级管理

C. 统收统支　D. 统一领导，分级管理

7. 整个国有资产管理的重点是（ ）。

A. 有形资产　B. 无形资产

C. 经营性国有资产　D. 非经营性国有资产

8. 至今为止，我国的预算管理体制共调整和改革了（ ）。

A. 五次　B. 八次

C. 九次　D. 十次多选

9. 在预算执行中，组织新的预算收支平衡的一个重要方法是（ ）。

A. 动用预备费　B. 编制预算草案

C. 动用周转金　D. 预算调整

10. 我国现行财政管理体制的类型属于（ ）。

A. 以分税制为基础的分级财政体制

B. 对地方实行多种形式的财政包干体制

C. 高度集中的财政管理体制

D. 以中央集权为主，适当下放财权的体制

11. 各级预（决）算应由同级（ ）审查批准。

A. 人民政府　B. 财政部门

C. 税务部门　D. 人民代表大会

12.（ ）是建立财政管理体制的基本原则。

A. 责、权、利相结合　B. 统一领导，分级管理

C. 统筹兼顾　D. 收支挂钩

13. 财政管理体制是财政上的一项根本制度，它属于（ ）。

A. 经济基础　B. 上层建筑

C. 既非经济基础，又非上层建筑　D. 既是经济基础，又是上层建筑

（三）多项选择题

1. 国家预算按其编制形式分为（ ）。

A. 单式预算　B. 增量预算　C. 复式预算　D. 零基预算

2. 国家预算按其收支管理范围分为（　　）。

A. 单式预算　　B. 分预算　　C. 复式预算　　D. 总预算

3. 国家预算的原则有（　　）。

A. 公开性　　B. 完整性　　C. 可靠性　　D. 统一性

4. 国家预算法主要分为（　　）种类型。

A. 两　　B. 三　　C. 四　　D. 五

5. 财政管理体制建立和完善的原则是（　　）。

A. 统一领导　　B. 以社会注意市场经济体制为基础

C. 从国情出发　　D. 以国家经济管理体制相适应

6. 税收管理权限包括（　　）。

A. 税收立法权　　B. 税收征管权

C. 税收管理权　　D. 税收减免权

7. 按国有资产按经济用途分为（　　）。

A. 经营性国有资产　　B. 非经营性国有资产

C. 无形资产　　D. 有形资产

8. 分税制财政管理体制中的中央和地方共享收入包括（　　）。

A. 增值税　　B. 证券交易税

C. 资源税　　D. 营业税

E. 消费税

9. 分税制财政管理体制按税种把税收划分为（　　）。

A. 中央税　　B. 地方税

C. 增值税　　D. 营业税

E. 中央和地方共享税

10. 我国财政管理体制大体上可以划分为以下几个类型（　　）。

A. 高度集中的财政管理体制

B. 以中央集权为主，适当下放财权的财政管理体制

C. 中央对地方实行各种形式的财政收支包干体制

D. 建立在分税制基础上的财政管理体制

E. 以地方分权为主的体制

11. 财政管理追求的双重效益是指（　　）。

A. 宏观效益　　B. 微观效益

C. 经济效益　　D. 社会效益

E. 中观效益

（四）判断题

1. 预算年度是指国家预算收支起止的有效年限，通常指十年。（　　）

2. 我国的《中华人民共和国预算法》是在1994年3月22日第八届全国人民代表大会通过的。（　　）

3. 国家预算的执行机构由各级人民政府和各级人民代表大会组成的。（　　）
4. 国家预算管理体制是财政管理体制的中心组成部分。（　　）
5. 财政管理体制的实质是正确处理中央与地方的自己分配关系。（　　）
6. 激励国家预算管理体制的基本选择是统一领导，分级管理。（　　）
7. 国有资产的重点是非经营性国有资产。（　　）

（五）名词解释

1. 国家预算
2. 预算外资金
3. 国家预算管理体制
4. 国有资产
5. 财政管理
6. 财政管理体制
7. 预算调整
8. 单式预算
9. 复式预算
10. 分税制

（六）简答题

1. 简述国家预算的原则。
2. 简述预算外资金的内容。
3. 国家预算编制前应做好哪些准备工作?
4. 简述分税制财政体制的优越性。

（七）论述题

1. 论述国家预算的编制原则。
2. 试述财政管理体制的实质及原则。
3. 论述分税制财政体制的主要内容。
4. 试述分税制改革前，我国财政管理体制存在的弊端。

三、作业与思考题参考答案

（一）填空题

1. 财政分配活动
2. 宏观全局性　管理的综合性
3. 提高管理效益
4. 高度集中　分级

5. 分税制 财政管理体制

（二）单项选择题

1. D 2. A 3. B 4. C 5. A 6. D
7. C 8. D 9. D 10. A 11. D 12. B
13. B

（三）多项选择题

1. AC 2. BD 3. ABCD 4. B 5. BCD 6. AC
7. AB 8. ABC 9. ABE 10. ABCD 11. CD

（四）判断题

1. F 2. T 3. F 4. T 5. F 6. T
7. F

（五）名词解释

1. 国家预算是指政府制定的、经法定程序批准的、具有法律效力的国家年度财政收支计划。

2. 预算外资金是其所有权和支配权都归政府所有，只是不纳入政府预算内管理的，但却用于满足政府履行职能需要的财政资金。

3. 国家预算管理体制是国家处理中央与地方以及地方各级政府之间分配关系，划分各级政府的预算收支范围和确定其预算管理权限的一项根本制度。

4. 国有资产是指产权属于国家所有的一切资产。

5. 财政管理是指在认识财政运动规律的基础上，国家权力机关制定具有权威性的财政改革、财政管理体制和管理办法，运用经济手段发挥财政、税收等经济杠杆作用以及运用行政、法律手段，规定、约束和引导财政工作按照一定的准则和规范活动。

6. 财政管理体制是财政管理的一项重要制度。它规定财政分级管理的根本原则，划定各级政权之间，国家同企业、事业单位之间在财政管理方面的职责、权限以及财政收支范围。

7. 预算调整是指经全国人民代表大会批准的中央预算和经地方各级人民代表大会批准的本级预算，在执行中因特殊情况需要增加支出或者减少收入，使原批准的收支平衡的预算的总支出超过总收入，或者使原批准的预算中举借债务的数额增加的部分变更。

8. 单式预算是在预算年度内，将全部收支统一编在一个总预算内，而不再按各类财政收支的性质分别编制预算。

9. 复式预算是在预算年度内，将全部财政收支按经济性质分别编成两个或两个以上的预算。

10. 分税制是“分税制财政管理体制”的简称，是在划分中央和地方政府事权的基础上，按税种划分各级政府财政收入的一种财政管理体制。

（六）简答题

1. 答：①公平性。②完整性。③可靠性。④统一性。⑤法律性。⑥年度性。

2. 答：一是行政性收费。二是事业性收费。三是政府性基金（附加）。四是政府性提成。五是经营、服务性收入。

3. 答：①对本年度预算执行情况的预测和分析。②拟定下年度预算收支控制指标。③颁发、编制国家预算草案的指示和具体规定。④修订预算科目和预算表格。

4. 答：分税制财政管理体制与其他体制相比具有四个方面的优越性。

①它有利于中央和地方财政分配关系的规范化，促进各级政府管理财政的主动性和积极性。②在保证中央和地方财政收入增长的前提下，它有利于尽快改善中央财政状况，逐步提高中央财政收入占财政总收入的比例，加强中央宏观调控能力。③中央税和共享税由中央税务机关负责征收，它可以保证中央财政的税基不受侵蚀，保证中央财政收入的稳定增长。④它有利于消除为谋取地方利益阻碍商品流通的弊端，促进全国统一市场的形成和发展。

（七）论述题

1. 答：①正确贯彻中国共产党和国家的各项方针政策。国家预算是国家的基本财政收支计划，直接关系到国家职能的实现以及国民经济发展的规模和方向。因此，中国共产党和国家在各个时期规定的政治、经济任务以及为实现这些任务而制定的各项方针政策，就是预算编制的首要原则。当前，在编制我国国家预算时，要体现“以经济建设为中心，坚持两个基本点”的要求，根据中国共产党和国家制定的具体方针政策来组织收入和安排支出。②正确处理国家预算与国民经济和社会发展计划的关系。国民经济和社会发展计划是国家发展国民经济的总计划，它规定了我国经济建设的规模和速度，也规定了国民经济各部门之间的比例关系。而国家预算作为国家的基本财政计划，是国民经济和社会发展计划的重要组成部分，是实现国民经济和社会发展的财力保证，两者的关系实质上是财政与经济的关系。由于经济决定财政，财政影响经济，因此国家预算的编制必须以国民经济和社会发展计划为依据，同时又要通过国家预算促进、制约和监督国民经济和社会发展计划的执行。③坚持预算收支平衡，略有结余。预算收入的安排要实事求是，并积极开辟财源，努力增加收入；预算支出的安排要兼顾生活和生产各方面的合理需要。第一，要把必要的支出打足，再考虑发展需要，不留支出缺口，不随意加大支出指标。第二，要按规定留足财政预备费以及增设必要的周转金，把收支预算安排在积极可靠的基础上。

2. 答：财政管理体制的实质是正确处理中央与地方、地方各级政府之间以及国家与各部门、企事业单位之间在财政资金分配上的集权与分权关系。我国财政管理体制的建立和完善必须遵循三个原则：一是以社会主义市场经济体制的理论为基础的原则。二是要从我国基本国情出发的原则。三是与国民经济管理体制相适应的原则。

3. 答：分税制是在划分中央和地方政府事权的基础上，按税种划分各级政府财政收入的一种财政管理体制。1994 年 1 月 1 日我国实行分税制改革的内容有：

（1）按照中央和地方事权，划分财政的支出范围。根据现在事权的划分，中央财政主要承担国家安全、外交和中央国家机关运转所需经费，调整国民经济结构、协调地区发展、实施宏观调控必需的支出以及由中央直接管理的事业发展支出。地方财政主要承担本地区政权机关运转所需支出以及本地区经济、事业发展所需支出。

（2）中央和地方收入的划分。根据事权与财权相结合的原则，收入按税种划分中央与地方的收入。将维护国家权益、实施宏观调控所必需的税种划分为中央税；将同经济发展直接相关的主要税种划为中央与地方共享税；将适合地方征管的税种划分为地方税。

（3）中央财政对地方税收返还数额的确定。为了保持原有地方的既得利益格局，逐步达到改革的目标，中央财政对地方税收返还数额以 1993 年为基期年核定。1994 年以后，税收返还额在 1993 年的基数上逐年递增。

（4）妥善处理原体制中央补助、地方上解以及有关结算事项。为顺利推行分税制改革，1994 年实行分税制以后，原体制的分配格局暂不变，过渡一段时间再逐步规范化。

4．答：①财政包干体制不利于正确处理中央和地方的分配关系，在地方财政增收的同时不能保证中央财政增收，导致中央财政收入占财政总收入的比重不断下降，影响中央宏观调控能力。而且，由于利益固定化，地区相互之间自成体系，阻碍了全国统一市场的形成和生产力合理布局，这是与建立社会主义市场经济体制相矛盾的。②利益格局固定化导致财政运行机制发生紊乱现象：擅自减税、免税，随意退税、包税，滥摊派、各种集资屡禁不止，财政流失严重。而且，与财政并行参与国民收入分配的部门愈来愈多，这大大降低了财政的分配协调职能。③税收制度不规范、不健全，不同经济成分和不同经济形式的企业所得税不统一，内外资企业流转税制不一致，征管比较混乱。④国家与国有企业利润分配关系没有理顺，企业普遍实行的“包死基数，超收多留”的承包办法，不但制约了财政收入的合理增长，而且不利于企业之间的公平竞争。

第十四章　财政平衡和财政赤字

一、教学案例

案例一：解读乡镇财政困难迷局

乡镇财政是我国现行五级财政的基础环节，也是最薄弱环节。近年来乡镇赤字与债务成为社会普遍关注的问题之一。本书旨在通过对乡镇财政赤字与负债的调查研究，探讨解决乡镇赤字与负债的途径。

乡镇负债一般包括显性债务和隐性债务。显性债务有银行贷款、农金会或其他基金贷款、统筹中借款和其他；隐性负债一般有欠发工资、欠发公务费、欠付楼堂馆所等基建基金、欠付修路桥等公益项目资金、财政担保和其他方面可能形成的债务。

从云南、青海、湖南、吉林和哈尔滨等省市的调查统计来看，乡镇赤字与债务规模相当庞大，已成为拖累我国经济发展、阻碍农村税费体制改革的重大问题。尤为严重的是，在一些地方，乡镇过度负债的状况仍在继续恶化：一方面，捉襟见肘的财政平衡不了刚性支出，迫使乡镇再度举债，不良信誉更使新的债务成本提高；另一方面，老债务不能按期偿还，利息不断堆积，部分利息被迫转为本金，“雪球”越滚越大，陷入恶性循环。

1. 乡镇财政赤字与负债形成的原因

（1）经济不发达及财税体制缺陷使乡镇财政处于困境

①经济发展水平低是乡镇财政的基础原因。目前，我国相当一部分地区农村经济欠发达，市场化程度不高，农产品加工业尚属初级阶段，难以形成高附加值、高税利的农产品生产、加工系列，使得乡镇政府难有充足的财源。

②“分税制”的不完善，使乡镇财政缺乏稳定的收入来源。1994 年起我国开始实行“分税制”，但至今省以下“分税制”体系并未完全到位，致使许多乡镇财政因分配关系不明确而缺乏稳定的收入增长机制。目前我国“分税制”采取了不尽合理的基数法，而且企业所得税是按照隶属关系划分的，其弊端是：首先，基数本身的确定采用平均的方法并不科学，考虑的因素不够全面。二是按企业隶属关系划分收入，一些效益好的乡镇企业常常被上划，而效益差的则被下划。这一方面使原本就不宽裕的乡镇财源行政性地减少，另一方面又增加了乡镇财政经济发展的不稳定性。三是每年各级财政收入都有硬性任务指标，从而使“分税制”在一定程度上变相成为“包税制”。财政收入任务往往是层层分解，限期上解。有的县政府对下实行完不成财政收入则

“一票否决”，给基层政府造成很大压力，有时基层政府不得不举债完成上解任务，这也迫使一些乡镇财政为了首先保证上解任务完成而使本级财政难以自求平衡，只好拖欠职工的工资，日积月累，造成基层财政滚存赤字越来越大。与“分税制”相配套的是政府的转移支付制度。目前我国各级财政的转移支付制度正在探索和建设之中，对乡镇财政来说，大多还缺乏规范、透明的转移支付办法。

③税收管理体制的缺陷加重了乡镇财政困难。目前在乡镇一级，有许多地方是国、地两税均由条条统管，负责工商各税的征收，而乡镇财政只负责征收农业四税和相关收入，这客观上造成了一些扯皮现象。另外，税务机关往往从完成收入任务指标出发，当年任务完成后不愿过多超收，以便为下年“留有余地”，造成人为的收入流失。税收立法权的高度集中统一，也在一定程度上制约了地方组织收入的能力。税制改革以后，农业税划归为地方税种，虽然刺激了地方政府对农业税的征收工作的积极性，但地方的立法权依然在中央，地方政府无法根据当地的特殊情况对税目和税率进行调整，更无权根据实际情况自行开征新的税种，使一些地方税收随经济增长的弹性受到一定的影响。

④整顿农村收费后，乡镇赤字问题大量显露。“税不够，费来补”是前几年乡镇政府解决经费不足的主要出路。许多地方县、乡两级收入的50%以上是靠各种形式的集资、收费（包括乱收费）筹集的。因此，在1997年国家大规模治理整顿收费和扩大农村税费改革试点以来，随着收费的控制和农民负担的减轻，乡镇行政职能又没有相应地进行改革，就造成了近年来乡镇赤字与债务突出的问题。例如：安徽青阳县税费改革使财政减收1 069万元（减负幅度在36%左右），占全县财政收入的1/5以上。江苏沭阳县潼阳镇税费改革使农民减负421万元左右，减负率达54%。这些减负规模相应体现为乡镇收入的减少。由于行政体制改革未能配套进行，机构照样臃肿，乡镇困难必然“水落石出”，形成近年来乡镇赤字规模加速发展、债务累积速率加快的现状。

（2）政府职能转轨不到位，乡镇财政缺乏有效的制约和监督机制

①乡镇政府包揽过多经济管理职能。许多乡镇政府债务成因于乡镇企业亏损和破产遗留下来的“包袱”。这些乡镇出于发展经济、壮大财力的良好愿望，按照政府直接投资办企业的旧思路，在没有摸清市场行情的情况下，盲目举债上项目，兴办各种乡镇企业，但由于人才、信息、技术、管理、销售、市场变化等原因，致使投资失败。例如湖南省常德市德山乡枫树岗村在过去几年先后办了精麻厂、鞭炮厂等7个企业，目前5家倒闭，2家停产，该村负债940万元。在乡村债务大户中，企业亏损占了多数，还有不少乡镇片面理解扶持企业发展，由政府出面为企业贷款作担保，企业不景气，政府自然落得个债务缠身。

②乡镇政府不顾当地条件大搞“政绩工程”、“形象工程”。现行的干部考核制度过分注重干部的政绩，却忽视了离任审计的制约；同时，乡镇达标和“一票否决”活动层出不穷。因此乡镇干部考虑问题往往从政绩出发，为了得到升迁或保住乌纱帽，常常不顾本地条件，超越财政承受能力，寅吃卯粮，大兴土木，搞一些所谓的“政绩工程”、“形象工程”，以致债台高筑。这种不负责任的做法不但得不到批评，反而成为一些人官场升迁的“捷径”。另外，国家对交通、通信、能源、广播电视等基础设施投

资的项目，一般都要求当地财政按一定比例配套资金，项目争取得越多，配套的资金也越多。但乡镇政府几乎不考虑本地的配套能力，建设项目多多益善，财政无力承担时，乡镇政府就向农民集资或利用其他借款，财政负担转变成了农民负担或直接累积为负债。从我们调查四省一市的情况看，乡镇的不少债务都源于此。

③机构臃肿，财政供养人口失控。乡镇作为一级政府，就要配备政府的全套机构，所谓“麻雀虽小，五脏俱全”。我国共有乡镇政府45 462个，若按8亿农民平均算，每个乡镇只有1万多人，相当一部分乡镇人口偏少或面积偏小，但不管地域多大，人口多少，财政承受能力如何，乡镇机构设置都要求上下对口，导致乡镇机构臃肿，财政供养人口庞大。从四省一市的情况看，平均每个乡镇吃“皇粮”的人员竟达近200人，致使乡镇财政不堪重负。有一渔业乡，人口仅有3 000多人，但在编和不编人员却达百余人，再加上学校、医院、法律服务所、经管站、水利站、文化站、兽医站等“7站8所”人员一百多人，平均10个人就要供养一个吃“皇粮”的人员（全国平均比例为1∶30）。该乡镇政府预算内外收入加起来还不足150万元，而一年的支出要250多万元，乡政府人员工资已有一年多没有发放。调查显示：越是经济不发达的地区这个问题越突出，因为这些地区就业机会少，收入普遍较低，进入政府机构无疑具有很大的吸引力，尽管国家已经规定大中专生不包分配，国家只安置转业军人而不安置复员军人的工作，但不少乡镇或迫于上级的压力，或处于“善良”的愿望，慷国家之慨，将这些本不应由政府解决的问题统统包揽下来，再加上自己的七姑八舅，一律想办法捧上“铁饭碗”，致使乡镇机构臃肿的现象有增无减。

④乡镇财务管理混乱，缺乏监督机制。不少乡镇政府或财政所岗位职责不清，没有合格的会计，财务管理松散，支出缺乏预算约束，多头审批，随意性强。一些乡镇支出缺乏监督，凭白条支付各种费用，购买小轿车、租车和招待费用过多过滥，少数干部挥霍腐化，人为加重了乡镇债务负担。由于缺乏必要的财政监督机制，一些乡镇干部挥霍起来有恃无恐，利用公款大吃大喝，甚至支付“三陪”服务，诸如此类的报道已经屡见不鲜。不少“赤字”乡镇将财政支出安排的顺序颠倒过来，本应列入第一位的职工工资、教育经费却被排在最后，而将那些租车、招待、买轿车、盖办公楼等项目优先安排，因为他们知道拖欠了工资上级迟早要帮助解决，而少花了招待费、没买轿车却是自己吃亏。

（3）基层政府机构增设带来的深层问题

我国政府的大规模建设始于20世纪70年代末期，此前是政社合一的人民公社，它既是生产的组织者又是县政府的派出机构，每个公社一般有1~2个拿工资的干部。随着人民公社解体和土地承包经营的开展，生产经营的自主权下放给了农民，按说政府管的事情少了，但乡镇政府的建设却加强起来，国家成立了一系列的机构，特别是20世纪80年代中期开始建立乡镇政府，使得过去1~2个人干的事情现在不仅有了全套人马，还有了自主的财力。这种权力下放的同时又大规模增设机构的逆向发展，在一定程度上反映了生产力与生产关系、经济基础与上层建筑之间的不适应性。这可能是形成乡镇财政赤字与负债的根本性原因。

2. 乡镇财政赤字与负债的危害

庞大的乡镇财政赤字与债务规模造成了诸多负面影响：

第一，巨额赤字与债务影响了基层政权的正常运转，增加了整个财政的风险。由于乡镇财政困难，债务累积，政府只能疲于应付，其所承担的社会基本保障职能和公共职能根本无法实现，一些乡镇政府大量挤占专款，拖欠工程款，导致农业等基础设施投入不足。许多乡镇政府的职工数月甚至数年不开支，生活无法保障（据调查，现有一半左右的乡镇存在拖欠工资的现象），人心不稳，工作得过且过，这使得乡镇政府处于半瘫痪状态。乡镇巨额赤字与负债如果不能得到及时、有效解决的话，必然会牵连上级财政，成为引发整体性财政风险的一个重要因素，危及政府信誉，造成极其不良的影响。

第二，巨额赤字与债务会进一步加重农民的负担，影响农村税费改革的顺利进行。在现行体制下，巨额的乡镇赤字与债务是难以轻易消除的，因为乡镇财政基本没有偿还能力，经济的发展也不可能在一朝一夕产生飞跃，可导致负债的因素依然存在，这使得乡镇债务近似于一个"无底洞"，如没有上级财政的支持，只有向农民摊派、集资，别无他途。由此一些地方政府擅自出台政策，强行征收各项费用的现象屡禁不止。如果导致乡镇负债的主要原因不从根本上得到解决，那么目前正在进行的农村税费改革效果将大打折扣，其战果很难持久。其一，在政府负债中，有一部分是向农民个人借款（打白条）、抬款（高利贷），这部分债务不解决好，农民将"以债抵税"，致使农业税的正常征收受到影响，会进一步加大县乡政府的压力。其二，税费改革后，收费取消，乡镇总财力减少，即使上级政府帮助解决了旧债，乡镇政府面临大量支出的压力，很快将迫使乡镇政府为维护运转而变相地向农民伸手，造成农民负担的反弹。

第三，农民的过重负担影响了中国共产党和政府与群众的关系。乡镇赤字与负债问题，乍看起来只是一般性的经济问题，但它的负面影响远远超出了经济范畴。在许多地方，由此引起的社会问题日益严重，造成乡镇政权和社会不稳定因素的增加。据调查，凡是赤字、负债过重的乡镇，干群关系都比较紧张，干部威信普遍下降，基层政权各项工作阻力重重。在各种媒体报道中，不难看到一些地方因为干部强行向农民收费致使矛盾激化的事例。

3. 解决财政赤字与负债的对策

乡镇赤字和过度负债问题由来已久，原因复杂，牵涉面广，化解难度大，如果没有切实可行的具体措施，没有全方位的综合治理和深层次的改革，很难从根本上解决问题。

解决乡镇赤字与债务的总体思路应该是针对其发生的原因而采取标本兼治的方式进行。可采取如下措施：

（1）解决农民负担过重的长远性、制度性措施

我国目前实行中央、省（自治区）、市、县（区）和乡五级政府的行政级次设置，而且各级政府在行政职能上仍然存在着包揽过多的问题。机构臃肿、人浮于事，一方面降低了行政运行的效率，另一方面也无疑会加重公众的负担。在行政机构过分沉重的情况下，靠简单的"修补"措施显然是不可能有效减轻企业和农民负担的，国家应

下决心从制度上采取根本性的办法。

①逐步将乡镇政府转变为县级政府的派出机构。这是有效杜绝人员膨胀、消赤减债和减轻农民负担的根本性办法。

从行政管理的角度看，政府级次的划分应以高效和便利为原则。世界上绝大多数规模较大的国家都是三级政府的框架设置，而我国目前的五级政府架构恐怕在世界上是少有的。因此，我国行政改革应该朝着“转换职能，精兵简政”的方向努力，政府只管那些社会和市场无法承担的公共事务，而不再管可以由社会和市场承担起来的事务。从机构上可以逐步减少政府层次，将乡镇政府变成为县政府的派出机构。这样一来，乡镇政府不必要的“脏腑”就可以合并，人员可以大幅度减少，行政运行经费也相应下降。从现实情况来看，随着土地承包的逐步规范，乡镇教育和公安等职能的上划县里，乡镇政府的职能所剩不多，转变为县政府派出机构的条件已经成熟。试点可选择在欠发达地区或财政难以为继的乡镇首先实行，精简机构和冗员，取消乡镇五大班子，撤并“7站8所”，从而为根本解决乡镇财政赤字与负债难题创造条件。另外，对于经济发达、人口密集的一些乡镇，在条件具备时可以升级为县或市，走乡镇小城市化的道路。

②在暂时不易取消或确实需要保留乡镇一级政府的地方，也要尽快撤乡并镇、精简人员和转变乡镇政府职能，按照公共财政的要求框定政府职责和财政支出范围，从根本上改变乡镇政府包揽过多、干预过分的格局，从而为乡镇财政创造较为宽松的环境。减少行政机构设置是未来政府职能转换、减轻企业和农民负担、缓解财政困境的必由之路。撤乡并镇、“拆庙放和尚”，是遏止乡镇财政赤字与负债的有效措施，也和改革的大势相吻合。撤乡并镇，既减少了行政机构设置，降低了行政费用，也有助于减轻农民负担。

（2）政策和管理层面的解决措施

①国家应建立领导责任制，遏制乡镇赤字与债务。从现实情况来看，领导的重视是解决问题的先决条件之一。各级政府，特别是县、乡镇政府，要对乡镇的财政赤字与负债的危害引起高度重视，积极研究问题形成的具体原因和相应的对策、措施，使困扰农村经济、政治发展的财政赤字与负债问题得到根本性解决。要树立“增收是政绩，消赤还债也是政绩”的观念，切实防止“新官不理旧事”的历史痼疾，有必要建立一种有效的领导责任制来予以保证。

②国家应采取切实有效的措施消化现存债务。目前一些地方，乡镇赤字与债务的化解措施是值得借鉴的。如湖南省常德市的做法是：以拍卖、租赁等方式盘活资产、资源，解决部分债务；通过债权债务转换消除债务；搞好乡镇企业的改组转制，转移偿债义务，即一方面把公办企业转变为民营企业，转移偿债义务，另一方面对资不抵债的企业，实行破产改制、资产重组，培植新的经济增长点；加大清欠力度，想方设法收回“老欠”；落实降息、减息政策，一方面出台文件规范利率标准，对已经拿到利息超过本金的借款实行“停息挂账”，尚未支付的借款利息一律降至6‰以下，以消除债务压力。实际上，许多地方都进行了类似的尝试，取得了较好的业绩。如湖北省监利县对乡镇政府超编小车举办拍卖会，拍卖当日成交11辆，金额达66万多元。至今，

已收缴超编小车近40辆，拍卖所得将全部用于乡镇还债或由县财政统筹。总的来说，在消除乡镇债务与赤字方面，国家应该适当给予各地不同的债务化解创新空间，以提高基层政府消赤减债的积极性。

③国家应进一步建立规范的政府间分配体系。国家应从制度上给予乡镇政府较为充裕的财力，如给予相当程度的税收分享比率、相对独立的税种（如财产税），给予乡镇更规范的转移支付。另外，国家要杜绝非规范的负担转移现象，尽量减少对基层政府搞“升级达标”活动。与此同时，国家应适当加大对乡村基础设施建设的投入，以减轻乡镇政府的负担，减轻农民的负担。为解决旧的债务，上级财政和有关部门通过转移支付或专项补助等方式给予乡镇政府必要的资金援助（包括贴息）是极为重要的。金融部门也可以考虑在适当条件下通过停息挂账、免除部分乡镇债务等方面给予支持。

④国家应采取种种措施内在地防止乡镇政府产生新的赤字和债务。

第一，大力精简财政供养人口，遏制行政经费的扩张。要加强乡镇自身的制度建设，实现乡级财政管理的制度化和规范化。实施政务公开，财务公开，强化监督，提高行政工作的透明度。要努力提高乡镇干部素质，使其清正廉洁、精通业务，并结合县乡机构改革严格进行考试，对不具备基本条件的人员要调换岗位，直至下岗。这将为良化乡镇财政运行创造制度条件和组织保证。

第二，推行综合预算。把乡镇的各项预算收入，各部门收入的各项行政事业性收费、乡镇收取的各项管理费、乡镇政府的自筹资金和统筹资金以及其他未纳入预算管理的财政性资金统一纳入乡镇综合财政预算管理范围，采取统一支出标准、统一核算口径、统一安排资金的方法，管好预算内外资金，解决“三权”归属问题；同时，把实施乡镇综合财政预算管理与实施县级财政综合改革、县乡财政“收入上台阶工程”和“自立工程”结合起来，提高改革的综合效益。综合财政预算管理延伸到乡级应该是规范、壮大乡镇财政的重要举措。

第三，强化收入征管。乡镇政府和财税部门要全面掌握本乡镇的税源情况，将税源的阶段性普查与经常性调查形成制度，增强工作的主动性，逐步降低税收成本；建立财税部门联席会议制度，落实组织收入目标责任制，及时研究解决问题，确保财政收入全面完成和及时入库；财税部门要建立工商各税、车船税、屠宰税和农业特产税税源的分类台账，实行户籍化的动态管理。

第四，严格支出管理，确保重点支出。乡镇财政支出，首先要保证的是国家公教人员工资的全额发放。当年新增的收入首先用于个人新增补贴部分的开支和消化工资性欠账。其次是保证国家机关运转的最低需要。最后国家要创造条件逐步增加社会保障、农业、科技、教育、环保等重点支出。乡镇政府要合理界定支出范围，大力压缩非必要性支出（如招待费等），优化支出结构。采取财政供养人员和可用财务挂钩的办法，对财政供养人员实施总量控制。要转换乡镇目前的“以支定收”观念，实行“以收定支”管理。基层政府拥有的资源有限，更应该遵循谨慎财政原则。

第五，乡镇政府要转变观念，为发展乡镇经济搞好服务。发展农村经济是乡镇财政走向良性循环的基础。乡镇企业在农村经济发展和农村财源建设中发挥了重要的作用，但也造成了大量的乡镇“负累”。今后，乡镇政府不应该再自办乡镇企业，但可以为乡镇经济的发展创造种种便利条件（如信息技术支持、财政贴息等手段），突破经济成份的界限，放手发展个体私营经济，充分发挥其市场优势，多业并举，促进农村产业结构的转变和均衡协调发展。

案例二：第二次世界大战后到20世纪70年代末美国财政政策的实践

第二次世界大战后，除了局部战争，资本主义国家经历了较长的稳定时期，经济有了一定的发展，但经济波动并未消除。1946—1985年，美国、日本、前联邦德国和英国先后发生了7次程度不同的经济波动，法国也爆发了5次。第二次世界大战后，主要资本主义国家普遍接受了凯恩斯主义的主张，重视运用财政政策和货币政策来调节经济。

从第二次世界大战后到20世纪70年代末，美国的财政政策大致可以分为三个阶段：

第一阶段是1945—1960年，杜鲁门和艾森豪威尔时期坚持平衡预算。

尽管第二次世界大战时期的成就说明了赤字财政在一定的条件下的积极作用，但杜鲁门和艾森豪威尔并没有简单地接受赤字财政思想。他们交替运用扩张性和紧缩性财政政策对付波动，然而，他们却没有放弃年度平衡预算和周期平衡预算的目标，因而在他们的任期内出现的财政赤字数额较小。在杜鲁门的任期内的1948年，他曾采取过减税措施，但是由于第二次世界大战结束后联邦支出急剧下降，到1948年联邦支出已降到360亿美元。所以，在杜鲁门任期的八个财政年度中，美国有四个年度出现了盈余，八个财政年度的赤字净额为44亿美元。艾森豪威尔1953年就任美国总统后表示要紧缩开支和减少国债。1954年，美国国会又一次通过减税法，但艾森豪威尔坚持减税必须以平衡预算为前提。1958年，艾森豪威尔又提出了整个经济周期预算平衡的观点。在艾森豪威尔任期的八个财政年度中，美国也有三个年度出现了盈余，八个财政年度的赤字净额为158亿美元。在艾森豪威尔任期结束时，经济上看得见的成绩是从1953年到1960年消费物价指数只增加了12.7%，和以后物价上涨的幅度相比是令人满意的。然而劳工为此付出了重大代价。自1953年以来失业率在任何一年都没有低于4%。同时，经济增长缓慢。从1953年到1960年实际国民生产总值每年只增长了2.5%。

第二阶段是1961—1968年，肯尼迪和约翰逊时期实行赤字财政。

20世纪60年代初，肯尼迪上台。他在一批受过凯恩斯主义系统教育的经济学家影响下，明确提出不怕赤字预算的观点。肯尼迪认为，艾森豪威尔时期失业率上升，国民生产总值增长不快，是因为财政政策过于保守，国家必须通过积极的财政政策促进经济发展，解决就业问题。不过他的侧重点不在扩大政府开支而在减税。1963年初，他向美国国会递交了减税和改革税制的特别咨文，要求削减个人所得税20%，个人所得税最高税率由91%下降到65%，公司所得税最高税率由52%下降到47%。这次减税以解决发展不足与失业问题为目标，特点是在还有赤字的条件下减税，这和艾森豪威尔以平衡预算为条件实行减税的政策形成鲜明对比。肯尼迪遇刺后，约翰逊继承了他的政策，这个减税法案于1964年被国会通过并实施。此后在很长一段时间里，美国经济有了较快的发展，国民生产总值每年递增5.2%，失业率有了较大的下降。1963年看上去像钉住不动的5.7%的失业率到1964年下降到5.2%，1965年再降到4.5%，到了1966年失业率已降到了被认为是自然失业率的4%以下，美国出现了持续几年的经济增长。这是凯恩斯主义赤字财政政策的全盛时期。

但是，就在凯恩斯主义者认为赤字财政可以消除经济衰退的时候，美国经济却已经潜伏了危机。一方面，由于把赤字财政作为常规手段，财政赤字越来越大。肯尼迪任期的两个财政年度均出现赤字，累计赤字达119亿美元。约翰逊任期的六个财政年度有五个财政年度出现赤字，六个财政年度的赤字净额为420亿美元。另一方面，20世纪60年代美国经济的一时繁荣是在消费信贷支持下对住房和汽车等耐用消费品需求增大以及越南战争不断升级刺激下得到的，不可能长久持续下去。这些都为美国经济20世纪70年代的停滞埋下了祸根。

第三阶段是1969—1980年，赤字财政政策遇到麻烦。

这个时期对美国来说是一个政治上动荡、经济上陷入“滞胀”的时期。美国政权先后经历了尼克松、福特、卡特三次换班，加上石油输出国组织大幅提高油价，经济增长缓慢，通货膨胀加剧，失业率和通货膨胀率同时上升，经济呈现出不稳定的周期循环。20世纪70年代年平均失业率为6.2%，年平均通货膨胀率为7.4%，均居于很高的位置。详情如表14-1所示。

表14-1　美国20世纪70年代失业率与通货膨胀率

年份	1970年	1971年	1972年	1973年	1974年	1975年	1976年	1977年	1978年	1979年
失业率(%)	4.9	5.9	5.6	4.9	5.6	8.5	7.7	7.1	6.1	5.8
通货膨胀率(%)	5.5	3.4	3.4	8.8	12.2	7.0	4.8	6.8	9.0	13.3

资料来源：《总统经济报告》，第204页、第205页，1983年2月。

由于周期性不稳定、迅速提高的失业与通货膨胀的作用，20世纪70年代的经济显得一片混乱。这十年可分为三个阶段：1970—1973年的周期，1973—1978年的周期和1979年谷底。各周期均呈金字塔形，每一周期阶段均具有高失业率和占国民生产总值比重大的财政赤字（20世纪70年代美国每年均有巨额财政赤字，共达3 275亿美元）。由于通货膨胀保持甚至提高了名义收入，虽然就业减少，但税收并没有下降。然而，由于税收落后于支出的增加，因此财政赤字占国民生产总值的比重上升。这些现象还因为人为的扩张性措施而得到强化，其中包括1971年、1974年与1978年的历次减税措施。20世纪70年代的内在稳定因素在财政政策中未起到维护经济稳定的作用，相机抉择的财政政策的调整也并非总是有效，而货币供应量又急速增加，财政政策和货币政策都没有缓解失业与通货膨胀同时上升的压力。高通货膨胀和高失业率，使得经济增长停滞。这种“滞胀”困境是凯恩斯主义无法解释和解决的。相反，人们却把这种现象归罪于凯恩斯的赤字财政政策。于是，反对国家干预，主张依靠资本主义内在力量调节经济，实行平衡预算，抑制通货膨胀的新自由主义思潮又重新抬头。

二、作业与思考题

（一）填空题

1. 宏观经济调控目标是__________。

2. 财政赤字和信用膨胀是造成__________的重要原因。

3. 举债收入弥补收支差额后仍有赤字，靠增发货币弥补，此种赤字称为____。用公债收入弥补的财政赤字，习惯称__________。

4. 财政结余有两种形式：一种是__________，表现为银行账户的__________；一种是__________，表现为工商企业的__________。

5. 财政、信贷平衡的实质是__________。

（二）单项选择题

1. 在国民经济核算中，总量平衡的恒等式为（　　）。

A. C + S = G + X　　B. C + S + T = I + G + X

C. C + S + T = C + I + X　　D. C + S + T + M = C + I + G + X

2. 财政平衡是实现社会总需求和总供给平衡的（　　）。

A. 前提条件　B. 内在因素　C. 重要保证　D. 关键措施

3. 我们所说的财政平衡的概念是指（　　）。

A. 收支数量绝对相等　B. 收大于支，略有结余

C. 收支大体平衡，略有赤字　D. 支大于收，举债弥补

4. 在弥补财政赤字的方式中，最易引起通货膨胀的方式是（　　）。

A. 动用财政结余　B. 发行政府债券　C. 向银行透支　D. 增税

5. 实现社会总供给与总需求平衡的关键取决于（　　）。

A. 企业收支平衡　B. 信贷收支平衡

C. 财政收支平衡　D. 财政收支和信贷收支统一平衡

6. 1978 年以前，我国产生财政赤字的根本原因是（　　）。

A. 调整价格　B. 基本建设规模过大

C. 对企业放权让利　D. 提高职工收入水平

7. 在宏观调控目标中，最主要的是（　　）。

A. 财政、信贷、外汇与物资的综合平衡

B. 资源的合理配置

C. 经济增长

D. 社会总供给与社会总需求的平衡

8. 下列哪些手段会直接增加社会总需求（　　）。

A. 增加税收　B. 减少财政支出　C. 增加债务收入　D. 增加政府投资

（三）多项选择题

1. 研究财政平衡要注意的问题有（　　）。
   A. 财政平衡不是绝对平衡
   B. 要用动态平衡的观点
   C. 要有全局的观点
   D. 注意平等的真实性
2. 财政后备是预算编制时必须考虑的问题，它通常表现为（　　）。
   A. 预备费
   B. 预算周转金
   C. 预算外资金
   D. 信贷基金
   E. 规费收入
3. 实现社会总供给与总需求平衡的关键取决于（　　）之间的统一平衡。
   A. 企业收支
   B. 信贷收支
   C. 财政收支
   D. 物资收支
   E. 外汇收支
4. 为了达到抑制社会总需求的目的，国家应该（　　）。
   A. 增加税收
   B. 减少税收
   C. 增加财政补贴
   D. 减少财政补贴
   E. 增加财政支出

（四）判断题

1. 财政平衡就是国家收支绝对平衡。（　　）
2. 研究财政平衡时，我们要考虑时间因素，不能静止地研究。（　　）
3. 赤字也是财政调节经济的手段。（　　）
4. 税收是属于财政政策的政策工具。（　　）

（五）名词解释

1. 财政平衡
2. 均衡财政
3. 非均衡财政
4. 财政收支平衡
5. 硬赤字
6. 软赤字
7. 财政结余
8. 财政赤字
9. 财政透支
10. 财政投融资
11. 信用膨胀

（六）简答题

1. 简述研究财政平衡应注意的问题。
2. 简述财政平衡与社会总供求的关系。
3. 简述财政收支平衡的意义。
4. 简述市场经济条件下财政模式的选择。
5. 财政投融资的特征表现在哪些方面？

（七）论述题

试述市场经济体制下财政平衡对经济运行作用的特点。

三、作业与思考题参考答案

（一）填空题

1. 国民经济按比例均衡协调发展
2. 通货膨胀
3. 硬赤字　软赤字
4. 货币形式　财政性存款　实物形式　库存商品
5. 正确处理协调两者之间的交叉关系

（二）单项选择题

1. D　2. B　3. B　4. C　5. D　6. B
7. D　8. D

（三）多项选择题

1. ABCD　2. AB　3. BCDE　4. AD

（四）判断题

1. F　2. T　3. T　4. T

（五）名词解释

1. 财政平衡是指国家预算收支在量上的对比关系，按我国统计口径是指当年的收支对比而言。

2. 均衡财政是指处于收支平衡状态的财政。

3. 非均衡财政是指处于不平衡——赤字或结余状态的财政。

4. 财政收支平衡指财政收入大于财政支出，略有结余。广义的财政收支平衡是指国家预算收支平衡和财政性预算外收支平衡，狭义的财政收支平衡即为国家预算收支平衡。

5．硬赤字是指举债收入弥补收支差额后仍有赤字，靠增发货币弥补，即为“赤字货币化”。

6．软赤字是指用债务收入弥补的赤字。

7．财政结余指年度预算执行的结果收支相抵后的余额。它有两种表现形式，即货币形式和实物形式。

8．财政赤字亦称“预算赤字”，是指在财政年度中支出大于收入的差额。在会计处理上，通常用红字把这个差额填在收方，以取得预算表的平衡，故称“赤字”。财政赤字表明当年由国家分配使用的物资量超过了其通过正常收入集中的物资量。财政赤字如果没有可靠的弥补来源，势必会冲击市场供求平衡。

9．财政透支是指财政发生赤字时向银行借款弥补赤字的方法。财政透支一般会引起信用膨胀和通货膨胀的后果。只有银行信贷资金比较充裕，或在财政透支后贷款规模有压缩的余地，国家才可避免出现通货膨胀和信用膨胀的问题。

10．财政投融资是政府财政活动的重要组成部分，它以政府信用为基础筹集资金，以实施政府政策为目标形成固定资产。

11．信用膨胀是指银行发放贷款过多，其超过了生产和流通增长的需要，超过正当资金来源，银行发放了一部分没有物资保证的贷款。

（六）简答题

1．答：①对财政平衡不能绝对地理解。②研究财政平衡要有动态平衡的观点，不能局限于静态平衡。③研究财政平衡要有全局观念。④研究财政平衡，可以从中央预算平衡和地方预算平衡分别考察。⑤研究财政平衡，必须注意其平衡的真实性。

2．答：财政平衡和社会总供求关系表现在三方面。

首先，财政平衡是社会总供求平衡中的一个组成部分，必须从国民经济的整体平衡研究财政平衡。

其次，国民经济整体平衡的目标是社会总供求的大体平衡，财政平衡不过是其中的一个局部平衡，因而对社会总供求平衡而言，财政平衡本身不是目的，而是一种手段。

最后，公式中储蓄、投资以及进出口属于个人和企业的经济行为，是通过市场实现的，而财政收支属于政府行为，因而财政收支平衡是掌握在政府手中进行宏观调控的手段。财政平衡可以直接调节社会总需求，间接调节社会总供给。

3．答：

（1）财政收支平衡是制约社会总需求和总供给平衡的保证。财政收支平衡是社会总需求和总供给及其结构平衡的重要构成部分。财政收支是否平衡，对于在国民经济和社会各项建设事业协调发展过程中，制约社会总需求和总供给平衡及结构平衡具有重要意义。

（2）财政收支平衡有利于实现无通货膨胀的经济运行。财政赤字和信用膨胀是造成通货膨胀的重要原因。坚持财政收支平衡才能防止从财政渠道造成的通货膨胀。

财政收支出现赤字（指依靠举债收入弥补后的“硬”赤字），即表明投入了一定数量的没有收入来源、没有物资保证的支出。弥补差额（赤字）的办法，主要是向银行借款、透支。这种情况往往造成银行被迫增加财政性货币发行，使社会上出现过多的货币购买力，助长通货膨胀，导致物价上涨。因此国家需要坚持财政收支平衡。

4．答：在社会主义市场经济体制下，选择什么样的财政模式必须审慎。国家既可以选择预算年度收支平衡的均衡财政模式，也可以选择预算年度交替实行均衡财政和非均衡财政模式。

（1）选择预算年度收支平衡的均衡财政模式。把预算年度收支平衡（不包括债务收入）绝对化，在国民收入分配格局变化的情况下，既不易实现，也难以符合经济均衡运行的客观要求，并且会削弱财政宏观经济调控的适应能力。

（2）选择预算年度交替实行均衡财政和非均衡财政模式。根据经济运行和社会事业发展现状，有的年份实行不包括债务收入在内的均衡财政模式，经常收支平衡后的剩余财力投入经济建设，保持预算年度收支平衡；有的年份，不要求预算年度内收支平衡，实行非均衡财政模式，其含义是：允许预算年度出现赤字或结余，以调控经济进行，关键是采用适宜的方法弥补赤字。

5．答：从财政投融资一般概念可见，其特征主要表现在五个方面。

（1）财政投融资是政府的投资融资活动，以实施政府政策为主要目标。

（2）财政投融资以政府信用为基础筹集资金。

（3）财政投融资采取信用形式有偿使用资金。资金投入要求按期收回本金和使用费用（利息）。

（4）财政投融资资金属于投资性资金，主要用于政策性固定资产投融资。

（5）财政投融资属于政府采用信用形式的特殊财政活动，是政府财政活动的组成部分。

（七）论述题

1．答：国民收入分配格局的变化和资源配置主体及其方式的变化，引起财政收支关系的变化，使财政平衡对经济运行作用的变化，并呈现出新的特点。

（1）宏观经济运行作用能力减弱。财政收入占国民收入的比例大幅度下降，这使财政在经济运行中的作用有所减弱。它表现为：①它减弱了财政对宏观经济的调控能力。财政收支即便是不出现赤字，在达到收支平衡的状况下，它对社会总需求和总供给平衡的影响和制约作用也明显减弱。②财政统收统支时期财政在国民收入分配和再分配中的枢纽地位和主导作用明显减弱。③财政赤字对产生通货膨胀的导源作用有所减弱。

（2）财政收支失衡压力增大。为解放和发展生产力，以财政减税让利为突破口进行体制改革，扩大企业和地方财权，增加机动财力；落实农村政策，调动农民生产的积极性，提高农副产品的收购价格，增加财政补贴；减免农村税收；安排劳动就业，增加职工工资；财政对大型重点建设项目投资，对改善经济环境的基础产业、基础设施投资，对公共事业设施的投资继续增加，不能减少；内、外债务还本付息以及增加国防、科研经费等。所有这一切减收增支因素，都助长了财政收支失衡的压力。

（3）出现有利于缓解财政失衡的经济条件。在市场经济体制形成过程中，随着市场机制的建立和完备，我国出现了资金市场。资金市场的出现，改变了计划经济体制时期单靠财政征税、企业上缴利润等筹集收入和拨付资金、发放财政性贷款形式配置资源的格局；同时也创造缓解财政失衡的新经济环境。财政可能通过资金市场筹集、融通资金，以国家信用形式缓解财政收支矛盾，减轻赤字压力。

第十五章 财政政策

一、教学案例

案例一：日本政府事权与财权的划分

日本是单一制国家，第二次世界大战后，建立了地方自治制度，实行地方长官民选，改变了第二次世界大战前中央对地方的直接管理和领导体制。

从事权划分看，日本第二次世界大战前实行中央高度集权的行政体制，许多行政事务由中央负责，但中央又部分地委托地方办理，这就形成了许多事务由中央和地方共同承担的局面。而日本现行的中央与地方事权划分大致为：国防和外交由中央负责；消防、港口、城市规划和住宅等由地方负责；公路、河流、教育、社会福利、劳动、卫生、工商、农林、行政等大多数行政事务则由中央与地方共同负责。

从财权划分看，日本实行财政立法权集中，执行权分散，财政收入集中，支出使用相对分散的制度。中央与地方收入划分的特点有两个：一是中央财政的集中度较高，国税的税源大、范围广，地方税则相反；二是日本中央税与地方税的划分由国会负责，主要地方税的设置和税率也由国家法律确定。国税由大藏省所属国税局负责征收，地方税分都道府县和市町村税，分别由本级财政局下属的税务部门征收。中央、都道府县和市町村三级财政都有自己的主体税。中央财政的主体税种是个人所得税、法人所得税；都道府县的主体税种是事业税和居民税；市町村的主体税种是居民税和固定资产税。

简要分析：虽然日本名义上实行了地方自治制度，但是中央政府的触角却几乎遍及地方政府活动的各个领域。由于收入集中于中央，支出大部分又落在地方，地方财政收入难以支撑其财政支出，而使地方不得不在很大程度上依赖于中央的转移支付。因此，日本地方自治范围内的大部分事务，名义上属于地方事务，实际上是一种中央地方“共同事务”。中央政府对地方事权范围的事务，可以通过提供经费进行干预，并引导、纠正、调控地方政府的支出活动，实现中央政府的政策目标。从实际效果看，这一做法虽然不符合严格意义上的“财权事权统一”原则，但对确保某些领域全国行政水平的统一发挥了重要作用；同时也应该看到，日本的这一事权与财权划分模式也存在干预过多、管理过细、监督过频、成本过高等缺陷，这一案例对中国政府间事权与财权的划分有一定的警示作用。

思考题：你认为集权与分权之间应怎样进行适度安排?

案例二：美国的财权划分方式——财源共享和分率计征

美国实行联邦制，政府机构分联邦、州、地方三个层次，各级政府都有明确的事权、财权，国家实行分别立法、财源共享和分率计征的财权划分方式。美国联邦、州、地方三级政府都有各自相对独立的税收体系，享受各自的税种设置、税率设计、税款征收管理的权利。三级政府各自行使归属于本级政府的税收立法权、司法权及执行权，这使得美国形成了统一的联邦税收制度和有差别的州和地方税收制度并存的格局。各级政府都有一些属于自身的税种，且各级政府都有自己的主体税种。联邦政府的主要税种有个人所得税、公司所得税、社会保险税、国内消费税、遗产税、关税和赠予税，其中以个人所得税为主体税种；州政府的主要税种有销售税、州的个人所得税、公司所得税、消费税等，其中以销售税为主体税种；地方政府的主要税种有财产税、地方政府的销售税、个人所得税等，其中以财产税为主体税种。各级政府也同时采用共享税源、税率分享的形式来划分税收。

简要分析：事权划分清晰，使美国各级政府财权的明晰化与各级财政的独立性具备了前提条件。美国的这种同源课税、财源分享的划分财政收入方式，在世界各国的财政体制中具有其独特性，对我国政府间财权的划分有很大启示。也就是说，我国政府间财权划分方式的改革和完善，既要以事权划分的清晰为前提，又要以法制的健全、税制的完善为基础。

思考题：你认为应如何完善我国政府间的财权划分？

案例三：我国地方政府间在基础设施建设上的分工

在基础设施建设上，省、市、县、乡四级政府所承担的事权与相应的财权不同，层次较高的政府总是让下级政府共同参与、出资共建基础设施，往往采取共同受益、共同出钱的方式，由较高层级的政府提供补贴或出面组织管理，如国道和省道的建设，往往由国道和省道所经过市、县政府自己筹措资金，分段进行建设，由各市、县负担辖区内国道和省道的建设费用，即“上级政府请客，下级政府掏钱”。而较低层次的地方政府，如县、乡级政府，往往以集资、摊派、捐工出力、企业和个人赞助等方式来筹集资金。

简要分析：上级政府层层甩出基础设施支出的责任，使较低层级的地方政府承担更重的责任，这也是导致基层政府预算外资金、制度外资金膨胀，甚至债务负担加重的重要原因，不利于政府行为规范。我国地方政府间在基础设施建设上事权与财权的这种分工方式，与一些国外发达国家的做法恰好形成鲜明的对比。这些国家对于具有外部性的公共建设往往是由更高一级的政府来组织。

思考题：你认为基础设施建设的责任应如何在各级政府间分担？

案例四：我国的“统收统支”财政体制

1980年以前，我国实行的是中央集权的计划经济体制，在管制价格、集中财力、统一金融和计划投资的基础上，实行资源的高度集中计划配置，对财政职能的定位是

"发展经济，保障供给"。政府通过操纵价格"剪刀差"，把农业等部门的剩余资金转移到工业部门，并以此作为强制性积累机制，较容易地从工业部门获取财政所需的税利，从而实现对财力资源的占有和配置。与此相适应，政府间财政收支关系基本上是以"统收统支"为特征的。在这种体制下，中央要求地方将所有的财政收入上缴中央，地方提供公共物品以及生产建设所需要的资金均由中央核定拨给，财政支出覆盖了整个社会生产、流通和消费的各个方面，财政在国民收入分配和再分配中处于绝对控制地位。

简要分析：这种供给式的财政体制在当时特定形势下为在短期内完成我国的工业化进程筹集了大量建设资金，为巩固新政权起到了重大历史作用。但是，这种体制将地方的财政收入与财政支出完全割裂开，截断了地方财政收入与地方公共物品和劳务供给的直接联系，形成缺乏激励与约束的"大锅饭"机制，财力的可能与需要之间存在巨大缺口，造成制度性财力普遍短缺、资源配置低效率，形成了长期的财政压力。

思考题：怎样看待我国计划经济体制下高度集中的财政体制？

案例五：我国的"分灶吃饭"财政体制

改革开放后，财政体制改革刚刚开始进行，理顺中央与地方财政关系所面临的首当其冲的问题，就是打破"大锅饭"，朝着分级财政体制的方向运作。于是从 1980 年起，国家实行"分灶吃饭"财政体制，其基本内容是：按行政隶属关系，明确划分中央和地方财政收支范围，地方以收定支，自求平衡，包干使用。

在收入方面，国家实行分类分成，即将财政收入分为：①中央与地方的固定收入。中央所属企业收入、关税、国债、国外借款为中央固定收入。地方所属企业收入、盐税、农牧业税、工商所得税、地方税和其他收入为地方固定收入。②中央与地方固定比例分成收入。各地方划给中央各部门直接管理的企业收入，80% 归中央，20% 归地方。③中央与地方的调剂收入。以工商税为调剂收入，其比例根据各地区收支情况确定。

在支出方面，国家按企业、事业的隶属关系及支出性质将财政支出划分为：①中央支出。中央所属企业的流动资金、挖潜改造资金和新产品试制费，地质勘探费，国防战备费，对外援助支出，国家物资储备支出，以及中央级的文教、卫生、科学事业费，农林、水利、气象等事业费，工业、交通、商业部门事业和行政费等，归中央财政支出。②地方支出。地方的统筹基本建设投资，地方所属企业的流动资金、挖潜改造资金和新产品试制费，支援农村人民公社支出和农林、水利、气象等事业费，工业、交通、商业部门事业费，城市维护费，城镇人口下乡经费，文教、卫生、科学事业费，抚恤和社会救济费，行政管理费等，均归地方财政支出。③中央专项拨款。特大自然灾害救济费、特大抗旱防汛补助费、支持经济不发达地区发展资金等，由中央专项拨款；在收支指标的确定方面，按照划分的收支范围，以 1979 年收入预计数字为基数计算，地方收入大于支出的，多余部分按比例上缴中央，不足者以调剂收入弥补，调剂收入仍不能补足者，由中央按差额给予定额补助。地方上解比例、调剂收入分成比例及定额补助数由中央核定后，原则上 5 年不变。地方每年的各项支出，根据国民经济计划要求和本身财力自行安排，自求平衡，多收可以多支，少收就要少支。中央各企业、事业主管部门对应由地方安排的各项生产建设和文教事业，不再归口安排支出和向地方下达支出指标。

简要分析："分灶吃饭"财政体制打破了"统收统支"体制下"千家花钱，一家（中央）平衡"的局面，这一体制无论在深度和广度上都超过了历史上任何一个时期的改革，不仅有体制方法上的调整，而且有实质性的进展。"分灶吃饭"财政体制的实行使得我国财政体制开始由集权型向分权型转变，开始重视利益机制和激励机制，开始探索以规范方式处理中央与地方财政关系。但是，这毕竟只是改革总进程中迈出的第一步，我国的财政体制仍处于体制转换的探索阶段。从整体上看，这一体制虽已具备了分级财政体制的明显特征，但还没有完全突破传统体制的基本构造，因此还不是一种完备的体制类型，而是一种过渡性的体制。

思考题：你认为国家应该如何正确处理中央与地方之间的财政分配关系？

案例六：印度的中央与地方财政分配关系

印度是联邦制国家，中央与地方实行分级分税制的财政管理体制，在划分事权、财权的基础上，印度的财政管理体制形成了中央、邦、市三级独立预算。从中央与邦的财政收支划分看，财政收入划分为中央财政固定收入、地方财政固定收入、中央和地方共享收入三类。中央财政固定收入主要包括关税、法人所得税、利息税、赠与税、福利税、联邦领地占用税、中央非税收入、债务收入等。地方财政固定收入主要包括销售税、农业所得税、土地收入、印花税、特种商品税、交通税、旅游税、地方非税收入、来自中央政府的补助等。中央与地方共享收入主要包括个人所得税和产品税等；在中央与地方的财政支出划分上，中央财政支出主要包括中央计划项目支出、债务还本付息支出、国防支出、行政管理支出、社会公益事业费、经济部门事业费、对地方的财政补助等；地方财政支出主要包括地方计划项目支出、行政管理费、社会公益事业费、经济部门事业费、对市级政府的财政补助等。中央财政在整个财政体系中占支配地位，财权、财力的集中程度较高。中央财政收大于支，邦和市支大于收。中央本级筹集的财政收入占全国三级政府财政总收入的70%以上，邦和市的财政收入加在一起接近30%。中央用于本级的支出则不到三级政府财政总支出的一半，所余的财力用于自上而下对邦政府的补助；从中央与邦的财政资金往来看，印度中央与地方财政关系是通过财政委员会制订的五年财政计划确定的，即由财政委员会具体确定每五年中央与地方的收入分成比例及财政补助，五年财政计划一旦被议会批准，就具有法律效力，在执行过程中不得调整。中央对邦的资金分配关系体现中央实施各邦之间的"横向均等化"，即通过中央政府自上而下进行补助，调节各邦间的发展和平衡。中央政府对25个邦级政府实行补助，近年来邦级政府的财力约有40%来自中央政府的补助拨款。中央政府对地方政府的财政补助制度，实际上是中央政府对不同邦在收入、支出两方面因自然、社会、经济、种族等各种因素而形成的客观差异，以及因政策目标、努力程度和工作效率等因素而形成的主观差异加以调节，给予各地不同数量的补助数额，从而使自然、经济环境迥异的不同地区的公民都能得到基本同等水平的公共服务。

而能够实行这种补助的一个必要前提，就是前面所述印度中央政府因收大于支而掌握着可用于补助的一定数量的财力，其操作的关键环节是由联邦委员会制订五年财政计划，使转移支付能够比较合理地量化和具体化。

简要分析：印度和中国同属发展中国家，两国虽然具体国情有差异，但印度在处理中央与地方财政关系上的做法对我们是有启发意义的。

中央财政在财政分配中的支配地位为基础的中央政府较强的宏观调控能力，及其使全国各地公民都能得到基本同等水平的公共服务为目标的合理规范的转移支付制度，无疑对我国当前分税制财政体制的完善有借鉴作用。

思考题：印度在处理中央与地方财政关系上的做法对我们有什么启示？

案例七：财政政策层面、财政政策类型与积极的财政政策

背景：1998 年，为了应对亚洲金融危机对中国的影响，中国政府作出了拉动经济增长、扩大内需的战略决策，并实施了积极的财政政策。这对中国经济近几年持续平稳的增长起到了不可替代的作用。然而经济学界也一直在探讨一个问题，即积极的财政政策到底有多大空间和可持续性。近两年来，有的学者提出积极的财政政策要淡出（马栓友，2001）；有的学者认为积极的财政政策应转型（安体富，2002）；有的学者甚至提出要防止出现“凯恩斯依赖症”（杨继绳，2002）。很显然，不管是否承认，很多学者已经把 1998 年以来实行的积极的财政政策简单地等同为凯恩斯主义的扩张性财政政策了。但是，这种简单的等同是有一定偏颇的。因此，从理论和实践上对 1998 年以来实行的积极的财政政策再认识是十分必要的。笔者认为：①中国并不完全存在凯恩斯主义的宏观经济背景模式，因而，中国 1998 年以来实行的积极的财政政策并不完全是凯恩斯所主张的扩张性财政政策，而是更接近新古典综合派的增长性财政政策。②中国要实现到 21 世纪中叶达到中等发达国家水平的第三步战略目标，经济的可持续发展和在中、长期保持平稳、高速增长，至关重要。这需要包括增长性财政政策在内的政策组合来支撑。③积极的财政政策作为政府财政工作的指导原则和行动纲领，国家应加以坚持并使之更加有效。

简要分析：从经济学理论上说，财政政策包含两个层面。第一层面是财政政策的构成要素，它包括三个方面的内容：一是政策目标，即短期或中长期目标；二是政策主体，即政策制定者及行为规范和政策实施者及行为约束；三是政策工具，它包括税收、政府投资、转移支付等。第二层面是财政政策类型，即通常所说的诸如扩张性财政政策、紧缩性财政政策和中性的财政政策等。可见，第一层面指的是政策的决策框架；第二层面指的是政策的操作模式。作为政府财政工作的指导原则，积极的财政政策无疑是贯穿第一层面的整个决策框架，并对第二层面起导向作用。

（1）积极的财政政策表明了政府决策及理财的理念，其目的在于维持一种与社会经济发展所需要的经济制度。在此基础上，政府财政当局对税收和政府开支等政策工具可以根据不同的宏观经济运行状况进行多种组合，选择不同类型的财政政策进行操作。

（2）积极的财政政策是集短期目标和中长期目标于一身的政府财政工作的行动纲

领，在此基础上，政府财政当局在操作机制上可“逆对现行经济风向”，选择财政政策的操作模式。

(3) 积极的财政政策与稳定性的货币政策相配合的目的在于造就一种良好的经济环境。正如保罗·萨缪尔森在其《经济学》中指出的：积极的财政政策就是决定政府税收和开支的方法，以便有助于削弱经济周期的波动，和维持一个没有通货膨胀和通货收缩的不断成长和高度就业的经济制度。

显然，积极的财政政策并不等同于（也不应仅仅等同于）扩张性财政政策。事实上，就财政政策的类型而言，除了经典意义上的扩张性、紧缩性和中性的财政政策类型以外，在当今复杂的经济运行中，财政政策的类型也在不断变化。如以阿尔文·汉森、保罗·萨缪尔森等经济学家为代表的新古典综合派，就是在不断对凯恩斯的需求管理进行修改和补充的基础上，先后提出了以“熨平”经济周期的补偿性财政政策；以反“停滞”来刺激经济快速增长的增长性财政政策和各种针对单个市场或部门的宏观财政政策的微观化。

思考题：怎样理解各种类型的财政政策对经济的影响？

案例八：扩张性财政政策与增长性财政政策的区别

从形式上看，扩张性财政政策与增长性财政政策都对经济的扩张和增长发挥作用。但是，这两种类型的财政政策的操作空间、可持续性和对经济的效应是不尽相同的。为了从理论上对我国宏观经济运行所需要的财政政策的类型作出准确的定位，研判它们之间的区别是十分必要的。扩张性财政政策与增长性财政政策的区别主要体现在以下三方面：

(1) 财政政策的性质与目的不同

扩张性财政政策本质上是一种反危机的政策，因而只能是一种短期政策。其主要目的在于通过从投资和消费两方面扩大社会有效需求，以逼近充分就业来使总需求与总供给达到均衡。增长性财政政策本质上是一种反“停滞”的政策，因而可以是一种中长期的政策。该政策形成的历史背景可能是最好的注释：第二次世界大战后资本主义发达国家出现了相对稳定而缓慢的发展，这使得从长期的角度来研究经济增长速度和克服经济增长缓慢的问题，成为西方经济学的一个重大理论问题。增长性财政政策的基本主张是，不但在萧条时期要实行财政扩张政策，即使在经济回升时期，只要实际产量低于充分就业的潜在产量，也要实行财政扩张政策。其主要目的在于促进经济快速增长，达到潜在增长率。

中国的潜在经济增长率应该是财政政策取向的基本出发点。

据世界银行计算，从1979—1995年，中国的潜在经济增长率为9.1%，其中46%来自资源的重新配置，是制度改革的结果（世界银行，1998）。但如果缺少制度变革，中国的潜在经济增长率大致在5%的水平（世界银行，1999）。可见，在一定的条件下，政府重新配置资源，有利于推动中国市场化的进程，使经济的增长潜力得到充分的发挥。国家统计局相关资料提供的事实表明，1998—2001年，财政扩张和政府重新配置资源拉动中国国内生产总值的增长率分别为1.5个百分点、2个百分点、1.7个百分点和1.8个百分点。用增长性财政政策来定位中国1998年以来的财政政策类型更符合实际情况，也具有更大的空间和可持续性。

（2）运用的政策工具有所区别

一般说来，扩张性财政政策和增长性财政政策的政策工具组合都有减税和扩大政府开支的作用。但在具体操作上，扩张性财政政策和增长性财政政策还是有所区别：一是在减税方面，扩张性财政政策的政策工具是减免所得税，从而刺激私人消费和私人投资，但同时，凯恩斯特别主张加强对富人直接税的征收，从而有利于提高社会消费倾向和资本的生长；而增长性财政政策的政策工具强调多层次的结构性减税，除了强调减少个人所得税外，还有实行投资税收优惠政策以刺激投资，降低耐用品消费税以刺激消费，扩大了财政政策的可操作空间。二是在扩大政府开支方面，扩张性财政政策的政策工具运用主要是通过政府举债来兴办公共工程等投资项目；而增长性财政政策的政策工具运用主要是扩大政府赤字来增加政府支出，既包括增加政府的公共投资，也包括增加转移支付等其他政府支出内容。

尤其要强调的是，增长性财政政策的操作思路认为，财政赤字不能仅靠举债来弥补，因为政府大量举债会导致利率上升，遏制私人消费和投资。为了不使赤字支出政策失灵，国家必须同时实行扩张性货币政策，其结果实际上是把财政赤字的弥补更多地与铸币税和通货膨胀税联系起来了。

中国1998年以来运用的财政政策工具组合具有增长性财政政策的主要内容：一是扩大赤字，增加政府开支。中国的赤字率，1997年仅为0.78%，近几年来，上升较快，1998年为1.16%，1999年为2.12%，2000年为2.79%，2001年约为2.58%。虽然对于中国的赤字率，经济学者们有不同的测标口经和测标方法，得出不同的结果，并由此对目前的财政政策的可持续性提出了大相径庭的看法。但一般认为，中国目前的赤字率参照《马斯特里赫特条约》规定的不超过3%的水平是适宜的。从实践的结果来看，1998年以来中国政府扩大赤字对经济增长的拉动作用，反过来也表明了，较高的经济增长率对支撑目前较高的赤字率是有重要的物质保障基础的。二是实行投资税收优惠政策以刺激投资。它包括停止征收固定资产投资方向调节税，对符合国家产业政策的企业技术改造项目购置国产设备投资实行投资抵免40%企业所得税等。三是降低耐用消费品方面的税收，如降低房产交易契税以刺激住宅消费以及调整和清理税费政策，刺激家庭汽车消费等。可见，中国1998年以来实行的财政政策已不是传统意义上的扩张性财政政策，而是一种符合中国国情的增长性财政政策。

（3）分析模型不同

凯恩斯在《就业、利息和货币通论》中建立的宏观经济模型，是一个假想的静态封闭模型，并未考虑国际因素对本国的均衡国民收入的影响。并且在讨论商品市场均衡时，假定已存在货币市场的均衡利率；而在讨论货币市场均衡时，又假定已存在商品市场均衡。

在此模型下提出的扩长性财政政策的主张，显然无法适应第二次世界大战后的复杂的国际经济格局，更无法适应当前经济全球化的国际环境。新古典综合派的宏观经济模型是一个开放的经济模型，并主要运用希克斯—汉森模型来进行宏观分析。希克斯—汉森模型同时考虑到了商品市场和货币市场均衡，能更好地阐明财政政策对经济生活的影响。因此，新古典综合派主张的增长性财政政策更适合中国当前的实际经济运行格局。

简要分析：1998 年中国启动财政扩张政策的主要原因在于，受亚洲金融危机影响，中国出口对经济的拉动作用明显下降和国内消费不旺以及国家出现了通货紧缩的迹象，增加政府投资可弥补出口和消费对经济增长贡献率下降所带来的需求不足。这是中国在对外开放的格局和推进市场化的进程中面临的新课题。

因此，对中国宏观经济的分析，必然要选择开放的经济模型，并要兼顾商品市场均衡和货币市场均衡。就财政政策和货币政策效应分析而言，希克斯—汉森模型比收入—支出模型更为全面和动态化。

思考题：政府应怎样合理地运用扩张性财政政策与增长性财政政策？

案例九：财政政策的经济背景模式与财政政策的目标选择

政府在运用财政政策对宏观经济进行调控时，首要的任务是研判所面对的经济背景模式。理查德·A. 马斯格雷夫在《比较财政分析》中针对财政政策的宏观作用，分析了两种不同的经济背景模式：一种是凯恩斯主义模式。即“在发达经济中，当总需求水平低得无力购买充分就业产出时，凯恩斯主义的失业问题就会出现……补救的办法都是在于提高需求的政策措施上，这种需求既可以是私人的（通过货币扩张或税收减少），也可以是公共的（通过增加公共支出）”。二是古典主义模式。在低收入国家，就业不足（不同于凯恩斯主义的失业）的存在可能完全是因为它无力对劳动进行支付。资本存量很小，劳动生率从而工资率都非常低。只有增加资本存量才能增加就业，而且财政政策只有在能够完成使命的条件下才是有效的。同时，他在分析了财政政策在高收入经济和低收入经济之间的差异的不对称性后指出：在低收入经济中经济增长的基本问题是一个供给问题而且并不适合以需求扩大的简单办法来加以解决。”

参考资料：《比较财政分析》，理查德·A. 马斯格雷夫，上海人民出版社。

简要分析：上述两种经济背景模式和与之相适应的财政政策的目标选择对分析经济体制转轨时期的中国经济的背景有着十分有益的借鉴意义。

（1）在计划经济时期，中国财政政策的经济背景模式更接近古典主义模式。与之相适应，财政政策的目标选择，长期以来主要是由政府从供给方面来增加资本存量，从而增加就业量。在实际经济生活中形成了典型的“生产型财政”和“低工资、高就业、冻结物价”的模式，也可以称古典主义的充分就业。

（2）经济体制转轨以来，中国财政政策的经济背景模式出现了极为复杂的状况，既不完全是古典主义模式，也不完全是凯恩斯主义模式。也正是在这个时期，中国经济发展过程中又出现了两个新的特征：一是从过去长期的“短缺经济”转而步入“过剩经济”；二是净出口对经济增长的贡献率日趋重要，1997 年该指标高达 3.6%。可见，1998 年启动的积极的财政政策，所面对的是具有中国特色的经济体制转轨时期的社会主义市场经济背景：一是不存在凯恩斯主义的失业问题，因而简单地用凯恩斯的静态封闭模型中关于紧缩缺口的分析来作为财政政策的取向已经失去了实际意义；二是1998年以来，中国经济的确出现了高增长、低通胀（或低通缩）同时并存的所谓“缩长”的经济现象。但笔者认为，1998年以来的通货紧缩现象，既在一定程度上是对中国上一个经济周期（1996年“软着陆”前）高通货膨胀的正常修正和补偿，也与为了防范金融风险，货币供应量增长率偏低相关。而消费不旺实际上是在经济体制转轨后，迫使人们对消费结构（包括消费的品种结构、时间结构）在预期的基础上进行了合理的调整。尤其是过去长期由政府提供的诸如福利分房、公费医疗、子女教育、养老保险等准公共物品，已不得不成为人们在消费时必须要考虑的重要因素。

（3）经济平稳、高速增长仍是财政政策选择的首要目标。1998年，中国提出了1998年经济增长率为8%的增长目标。面对当时严峻的国际、国内经济形势，政府启动了财政政策来拉动经济增长，并把拉动经济增长的重心移向扩大国内需求。

显然，确保经济增长是财政政策的目标，而扩大内需只是确保经济增长的手段。近几年，中国虽然没有定出每年确定的经济增长目标，但实际上仍是把经济增长率紧盯在7%以上，而且在未来较长的时间里，不会有太大的变化。还应指出的是，近几年政府扩大公共投资，从短期看是一种投资需求，但从中、长期来看，又是政府从供给方面增加了资本存量，从而为增加就业提供了物质条件。

因此，在未来较长的时间里，中国仍需要实施增长性财政政策。

思考题：政府应怎样根据经济形势的变化来确定财政政策的目标？

案例十：1998—2002年国债发行和成果

背景：1998年，为了应对1997年的亚洲金融危机对中国的影响，拉动内需，中国政府开始发行长期国债。1998—2002年的五年间，国家共发行长期建设国债6 600亿元。其主要成果有：

（1）1998—2002年，国债发行每年拉动经济增长1.5~2个百分点，累计创造就业岗位750万个，并集中建设了一大批重大基础设施项目；

（2）加高、加固长江干堤3 576千米，使长江抗洪能力显著提高，同时在长江沿岸实施了平垸行洪、退田还湖、移民建镇工程，除险加固大中型病险水库680个，保障了人民群众的生命财产安全；

（3）建设铁路新线5 500千米，新增公路7.6万千米，改建和新建机场35个，交通运输对经济发展的瓶颈制约基本消除；

（4）实施了技术改造、高新技术产业化、装备本地化，推动了产业结构升级；

（5）生态建设和环境保护全面展开，实施了大规模的退耕还林、天然林保护、重点防护林和京津风沙源区治理工程，“三河三湖”等重点流域的水环境质量显著改善，拉开了再造秀美山川的序幕；

（6）投资2 885亿元进行的农村电网建设与改造，使全国农村到户电价平均每度下降了0.1~0.3元，每年可减轻农民电费负担300多亿元；

（7）农村人畜饮水工程建设解决了3 000多万人的饮水困难，村村通广播、电视，高校、高中扩招，中小学危房改造，血站建设，以及近1 000项城市供水、道路、污水和垃圾处理工程，为提高人民物质和生活水平创造了条件；

（8）利用国债加大了西部大开发力度，开工建设青藏铁路、“西电东送”等跨世纪宏伟工程。

简要分析：我国近年来发行长期国债是在特定情况下实施的特殊政策：一是国际经济环境严峻和国内需求不足的大背景，二是发行长期国债具备一定条件，如银行存款较多、物资供给充裕、物价持续负增长、利率水平较低等，发行国债搞建设，既可以利用闲置生产能力，拉动经济增长，又可以减轻银行利息负担，也不会引发通货膨胀，因而是一举多得的重要举措。

思考题：政府应怎样有效处理国债与经济增长的关系？

案例十一：三大需求对经济增长贡献率情况（表 15－1）

表 15－1　　三大需求对经济增长贡献率情况　　单位：%

年份	消费贡献率	投资贡献率（资本形成贡献率）	净出口贡献率
1990 年	43.63	18.83	37.54
1991 年	60.14	36.24	3.62
1992 年	61.23	46.23	2.54
1993 年	48.98	62.08	－1.06
1994 年	54.26	34.97	34.97
1995 年	57.86	39.06	3.08
1996 年	64.86	30.45	4.69
1997 年	54.47	24.23	21.30
1998 年	68.79	26.49	4.72
1999 年	90.38	31.49	－21.87
2000 年	73.22	26.90	－0.12
2001 年	46.82	53.57	－0.39
2002 年	41.50	54.00	4.50

资料来源：《管理世界》，2003 第 1 期。

简要分析：三大需求对经济增长贡献率情况如表 15－1 所示。1990 年以来，三大需求对中国经济增长总的发展态势的影响主要体现在三方面：

（1）在三大需求对经济增长贡献率中，净出口贡献率波动最大，因此，对经济增长的贡献率主要仍靠内需。尤其从 1998—2002 年来看，净出口贡献率连续几年呈下降趋势，2002 年才有所回升。

（2）在内需中，消费贡献率与投资贡献率大体上呈此消彼长的格局。这反映了这一时期对应中国经济增长率的两种模式：一是高投资率加低消费率；二是低投资率加高消费率；这两种模式都可以为中国经济增长提供一个中长期环境。因此，应从经济周期的角度作进一步分析。

（3）从内需对经济增长贡献率看，在经济周期的低谷时期（如 1990 年的国内生产总值增长率为 3.8%；1999 年的增长率为 7.1%），经济增长主要靠投资需求来拉动，呈明显的投资主导型模式。而投资需求增长对政府投资仍有一定的依赖性，如1998—2002年，中国政府就发行了6 600亿元长期国债，平均每年拉动经济增长1.5~2个百分点。

思考题：怎样理解投资、消费与出口对经济增长的影响？

二、作业与思考题

（一）单项选择题

1. 下列不属于财政政策特征的是（　　）。
   A. 法制性　　B. 稳定性　　C. 概括性　　D. 系统性
2. 下列不是按目标性质划分的财政政策是（　　）。
   A. 供给管理型财政政策　　B. 配置型财政政策
   C. 稳定型财政政策　　D. 再分配型财政政策
3. 财政政策的构成要素不包括（　　）。
   A. 政策目标　　B. 政策原则　　C. 政策主体　　D. 政策工具
4. 下列能刺激经济增长，扩大就业，但会带来通货膨胀的是（　　）。
   A. “双紧”政策　　B. “双松”政策
   C. 紧财政政策与松货币政策　　D. 松财政政策与紧货币政策
5. 为了解决结构平衡问题，财政政策和货币政策的组合方式是（　　）。
   A. “双松”政策
   B. “一松一紧”的财政政策与货币政策
   C. “双紧”政策
   D. “一紧一松”的财政政策与货币政策
6. 当总供给 > 总需求，经济呈剧烈波动时，国家应采用（　　）。
   A. “双松”政策　B. “双紧”政策　C. 财政平衡政策　D. 财政赤字政策
7. 当总需求 > 总供给，经济呈剧烈波动时，国家应采用（　　）。
   A. “双松”政策　B. “双紧”政策　C. 财政平衡政策　D. 财政盈余政策

（二）多项选择题

1. 财政政策的特征包括（　　）。
   A. 法制性　　B. 稳定性　　C. 概括性　　D. 系统性
2. 财政政策按作用对象划分为（　　）。
   A. 微观财政政策　B. 宏观财政政策　C. 中观财政政策　D. 客观财政政策
3. 积极财政政策特征有（　　）。
   A. 稳定性　　B. 适应性　　C. 时效性　　D. 深刻性
4. 实行货币政策，调节货币供应量的政策工具为（　　）。
   A. 公开市场业务　　B. 贴现率政策

C. 法定准备率　　　　　　　　D. 汇率政策
E. 控制利息率

5. 财政政策与货币政策的组合方式通常有（　　）。
A. 松的财政政策和松的货币政策　　B. 紧的财政政策和紧的货币政策
C. 紧的财政政策和松的货币政策　　D. 松的财政政策和紧的货币政策
E. 中性的财政政策和中性的货币政策

（三）名词解释

1. 财政政策
2. 财政政策工具
3. 扩张性财政政策
4. 紧缩性财政政策
5. 货币政策

（四）简答题

1. 简述作为财政政策工具必须符合的条件。
2. 简述财政政策、货币政策搭配的方式。

（五）论述题

论述财政政策与货币政策的组合方式及其适用条件。

三、作业与思考题参考答案

（一）单项选择题

1. C　2. A　3. B　4. B　5. B　6. A
7. B

（二）多项选择题

1. ABD　2. ABC　3. BCD　4. ABCDE　5. ABCDE

（三）名词解释

1. 财政政策是针对一定时期的政治、经济目标，依据特定的财政理论，为指导财政工作和协调财政关系所制定的基本准则和措施。

2. 财政政策工具是政府为实现既定的财政政策目标而采取的调控手段与措施。

3. 扩张性财政政策是宏观财政政策的类型之一，简称“松的财政政策”。它是指通过降低财政收入或增加财政支出以刺激社会总需求增长的政策。由于减收增支的结果集中表现为财政赤字，因此，膨胀性财政政策也称“赤字财政政策”。

4. 紧缩性财政政策是宏观财政政策的类型之一，简称“紧的财政政策”。它是指通过增加财政收入或减少财政支出以抑制社会总需求增长的政策。由于增收减支的结果集中表现为财政结余，因此，紧缩性财政政策也称“盈余性财政政策”。

5. 货币政策是中央银行为使总需求与总供给达到均衡控制货币与信用，根据经济运行状况，扩大或收缩货币与信用。其政策目标是消除失业和通货膨胀。

（四）简答题

1. 答：作为财政政策工具必须符合以下三个方面的要求。

第一，财政政策工具为实现财政政策目标服务，具有可操作性。

第二，财政政策工具必须由政府直接控制，政府能够在既定目标出现偏差时实施纠正。

第三，财政政策工具应具有启发市场机制的作用，它能够通过市场机制，靠近财政政策目标。

2. 答：财政政策与货币政策的搭配方式可以有多种类型，在实践中，通常是两类四种，即：①松的财政政策与松的货币政策；②紧的财政政策与紧的货币政策；③紧的财政政策与松的货币政策；④松的财政政策与紧的货币政策。前两种属于一类，“双松”、“双紧”是同方向组合。后两种属于一类，“一松、一紧”是反向组合。

（五）论述题

1. 答：财政政策与货币政策的组合方式一般可分为两类四种，其中“双松”、“双紧”属于同方向组合；“一松一紧”、“一紧一松”属于反方向组合。它们适用于不同的经济环境和条件。

“双松”政策的适用条件：一般来说，“双松”的财政政策与货币政策可以刺激经济的发展。为使经济发展，就要扩大投资，提高投资率，这就需要通过松的财政政策与货币政策去实现。松的财政政策，其措施是减税让利或扩大财政支出，这可以刺激投资，促进经济增长，但结果往往是引起财政赤字。松的货币政策，其措施是降低利率，扩大贷款，这也能刺激投资，但容易造成信用膨胀。因此，“双松”政策的结果必然是通货膨胀。

“双紧”政策的适用条件：“双紧”的财政政策与货币政策，通常是在经济过热、需求过旺和通货膨胀压力下采取的对策，其目的是调整经济，压缩需求。紧的财政政策，其措施是增加税收和利润上缴，缩减财政支出，结果是财政赤字减少或有财政结余，经济增长速度下降。紧货币政策，其措施是提高利率和减少贷款，即收紧银根，这会压缩投资，平抑物价。但“双紧”政策的结果可能带来经济萎缩。

第十六章　开放经济下的财政问题

一、教学案例

案例一：美国财政问题的长期性和两难性

美国历史上首次丧失 AAA 长期主权信用评级其实并非偶然，这凸显了美国债务攀高的不争事实以及美国当前经济增长乏力、经济政策困顿难行的两难局面。

(1) 债务攀高由来已久

美国联邦政府债务攀升的局面已延续多年。小布什政府在2001 年和2003 年推出的大规模减税方案、耗资上万亿美元的伊拉克和阿富汗两场战争、奥巴马政府制定的经济刺激方案、开支增幅数倍于经济增速的医疗支出是美国债台高筑的四大推手。

仅是小布什总统任期内2001 年和2003 年的减税方案就让联邦政府新增赤字 1. 6 万亿美元；在小布什总统任期内，美国联邦政府累积的公共债务增加了约 5 万亿美元，几乎把所有前任总统留下的公共债务总额翻了一番。

在奥巴马任期内，美国政府公共债务新增额已逾 3 万亿美元，2011 年 9 月底结束的 2011 财年美国财政赤字势必再破 1 万亿美元。如按这个速度发展，奥巴马任期内四年美国公共债务累计额就可能超过小布什总统任期内八年的公共债务累计总额。

美国财政部的数据显示，从 1960 年至此次提高债务上限之前，美国联邦政府提高公共债务上限多达 78 次，其中 49 次是在共和党总统任期内，29 次是在民主党总统任期内。可以说，美国目前公共债务居高不下，“驴”、“象”两党都负有不可推卸的责任。

(2) 减赤方案引发疑问

经过两党长达数月的激烈博弈，2012 年 8 月 2 日，在奥巴马签署两党妥协法案之后，美国联邦政府的公共债务上限被调高，这是美国政府自 1960 年以来第 79 次上调公共债务上限。该法案内容包括：提高美国债务上限至少 2. 1 万亿美元，同时决定在未来十年内削减政府赤字 2. 1 万亿美元以上。不过，到 2013 年初，美国将再次面临提高债务上限问题。

但两党最后达成的减赤方案在两方面让标准普尔公司和投资者产生疑问。

一方面，这一减赤目标与标准普尔公司此前强调的美国避免评级被下调的 4 万亿美元减赤门槛相距甚远，而且两党妥协方案中留有减赤的“弹簧门”，其最终效果尚待观察。

美国外交学会资深研究员塞瓦斯蒂安·马拉比这样评价此轮两党妥协方案：从政治角度看，白宫与共和党达成的提高债务上限协议可能是最好的协议；但从经济角度看，这是一个糟糕的协议，它既没有解决美国面临的长期财政问题，也没有消除政策的不确定性。

标准普尔公司全球主权信用评级主管戴维·比尔斯指出，虽然美国两党在提高债务上限并削减财政赤字方面达成了协议，但就如何实施双方仍有分歧，很可能让法案变成一纸空文。

另一方面，减赤方案的达成只是美国改善财政状况的第一步，它并没有扭转美国寅吃卯粮的财政旧习，美国提高财政可持续性仍任重而道远。彼得森国际经济研究所所长弗雷德·伯格斯滕2012年8月9日对新华社记者说，美国的政治机制并没能有效应对国内长期的债务难题，美国长期的财政状况不可持续，而近期两党达成的这一妥协方案并不能解决这一问题。

按照美国国会预算局测算，按照联邦政府目前的收入和支出速度，未来十年美国新增赤字将在7万亿美元以上，即便当前的减赤方案要在十年内将赤字减少2.1万亿美元以上，美国未来十年内净增的赤字规模还将在5万亿美元上下。

目前，美国两党对谁该承担主权信用评级被下调的责任互相推诿，但除了党派攻击之外，两党都无法拿出更具政治可操作性和约束力的减赤方案。奥巴马2012年8月8日提出要通过提高富人收入所得税税率等途径来平衡财政预算，但其建议马上遭到共和党高层的反对。

（3）减赤和增长的两难

在两党达成的减赤方案中，波及最大的是包括基础设施、教育等在内的非安全类国内项目开支，占总支出的比例已降至半个多世纪以来的最低水平。然而，该类支出对创造就业和提振民众和商家信心至关重要。众多经济学家担心，过度削减这一领域的开支将威胁到美国的就业创造和税收增长，从而进一步恶化美国的债务状况；美国当前迫切需要执行兼顾中长期财政可持续和短期内刺激经济增长的平衡型、睿智型经济政策。

美国前财政部部长劳伦斯·萨默斯在2012年8月表示，美国提高公共债务上限消除了经济发展短期内的不确定性，不过美国当前面临的最迫切挑战是创造就业等提振经济议题；如果按照美国当前的经济增速和现行经济政策，美国失业率很难在2012年年底降至8.5%以下；美国经济2012年上半年的增长几乎陷于停滞状态，而且还面临欧洲主权债务危机的冲击；如果美国政府不采取任何提振需求和刺激增长的新举措，美国经济有1/3的可能性会滑向二次衰退。

诺贝尔经济学奖获得者保罗·克鲁格曼等专家多次提醒，减赤是把双刃剑，使用应注意适度；美国确保长期的财政可持续固然重要，但是在有效需求和就业岗位不足的背景下，美国应当在短期内加大政府投入，解决迫在眉睫的就业危机，这样才能拉动消费，刺激经济复苏和改善中长期的财政状况。

案例二：七个自然人与财政部的一场产权诉讼

“如果不是错发了一张企业国有资产产权登记证，我们也不至于如此尴尬。”2012年3月10日，财政部的一位官员对记者说。两个多月前，正是这张被北京市第一中级人民法院认定为“缺乏事实及法律依据”的产权登记证，导致财政部在一起行政诉讼案中最终败诉。

（1）发端

与财政部对簿公堂的是戴武威。1986年4月，为解决富余职工就业问题，时为第十三冶金建设公司第四工程公司（以下简称“十三冶四公司”）开发部职工的戴武威，带领十三冶四公司职工子弟8人、职工4人以“戴武威小分队”的名义到山西河津县揽工。该小分队对外称“河津工程指挥部”，隶属于十三冶四公司开发部。

开发部与河津工程指挥部签订了企业内部抵押承包经营责任制合同书。该合同书约定，河津指挥部完成上交任务后，超额全留：其中50%作为生产发展后备基金与集体福利金，30%作为职工奖金，20%作为经营者的风险收入与其他支出。

1988年，十三冶四公司塑料再生加工厂成立。根据太原市花城区计委文件，该厂属集体所有制企业，独立核算、自负盈亏，隶属于十三冶金建设公司集体企业管理处，归口北城区劳动服务公司，法定代表人：戴武威，注册资金：5万元人民币。

1990年，该塑料厂更名为“太原市保健食品厂”，注册资金变更为10.5万元。1991年该厂又更名为“十三冶四公司金属制品厂”（以下简称“金属制品厂”），法定代表人仍为戴武威。1996年，金属制品厂注册资金变更为100万元人民币。

1999年8月，十三冶四公司对金属制品厂进行财务审计，认为金属制品厂财务管理混乱、亏损严重，遂于1999年12月免去戴武威的厂长职务，同时宣布接管该厂资产，该厂副厂长、财务会计也遭解职。

2000年7月，戴武威联合原金属制品厂副厂长、财务会计一共7人向太原市中级人民法院提起民事诉讼，请求法院确定金属制品厂的产权归集体所有而非国有资产。2000年11月，太原市中级人民法院以“产权界定过程中与主管单位发生产权纠纷时，应由劳动行政部门会同同级国有资产管理部门进行调解和裁决”为由，驳回戴武威的起诉。

之后戴武威向山西省高级人民法院上诉，但山西省高院维持了一审裁定。

在诉讼的同时，戴武威通过太原市杏花岭区劳动服务公司，向山西省产权事务中心提出了对金属制品厂进行产权界定的申请。

2000年12月，山西省产权事务中心下达了《关于十三冶四公司金属制品厂产权界定意见书》，该意见书确认金属制品厂的产权归河津工程指挥部和十三冶四公司金属制品厂的劳动者集体所有。考虑到河津工程指挥部自留积累资金中含有戴武威的承包兑现奖和承包风险收入，根据有关规定戴武威应按协议规定的比例享有一定的收益。

与此同时，十三冶四公司也通过其上级总公司——中国冶金建设集团公司向财政部提出了关于办理金属制品厂占有国有资产产权登记的申请。2001年2月，财政部依据《企业国有资产产权登记管理办法》，正式向金属制品厂颁发了企业国有资产产权登记证，“同意十三冶四公司金属制品厂依法占有、使用国有资本 100 万元，并承担国有资产保值增值责任”。这就意味着金属制品厂 100 万元的注册资本归国家所有。

于是，围绕这两份结论完全相反的产权界定，戴武威与财政部之间展开了诉讼。

（2）交锋

2001 年 5 月 13 日，戴武威正式向财政部条法司提出了行政复议申请，要求撤消财政部给十三冶四公司颁发的企业国有资产产权登记证。理由有三条：该登记证在程序上越权违法；该登记证所采用的财务审计报告虚假；该登记证认定的 100 万元注册资本归国家所有与事实不符。

2001 年 7 月 20 日，财政部发布行政复议决定书，针对戴武威的上述意见逐一进行了批驳，最后维持金属制品厂颁发的产权登记证。

对此，戴武威显然不能接受，遂又于 2011 年 10 月向北京市第一中级人民法院提起行政诉讼，状告财政部“认定事实错误，越权违法行政”，要求法院判令财政部撤消给金属制品厂颁发的产权登记证。北京市第一中级人民法院以戴武威不具备法定的诉讼主体资格将其诉讼请求驳回。7 天后，戴武威向北京市高级人民法院提起上诉，要求撤消北京市第一中级人民法院的一审裁定。

2002 年 3 月，北京市高级人民法院撤消北京市第一中级人民法院的一审裁定，由该院继续审理。庭审中围绕戴武威在行政复议中提出的 3 条意见，原告、被告展开了激烈的辩论。

关于程序越权违法问题，戴武威认为，财政部、国家经贸委、国家税务总局出台的《城镇集体所有制企业单位清产核资产权界定工作的具体规定》明确规定：产权界定工作由各级人民政府分级组织，具体工作由当地集体企业主管部门负责实施。山西省劳动厅、山西省国有资产管理局、山西省地方税务局于 1997 年 8 月发布的关于转发国家三部局《关于颁布〈劳动就业服务企业产权界定规定〉的通知》规定：凡在山西境内的劳服企业（包括中央国家机关、团体、企事业等单位创办的劳服企业）的产权界定工作，要按照分级管理的原则，由同级劳动、国资、地税部门统一组织进行。

戴武威认为，十三冶四公司营业执照、劳服企业资格认定应由太原市北城区工商局和劳动服务公司管辖，因此，财政部直接给在太原的十三冶四公司金属制品厂颁发产权登记证，违反了分级管埋、属地管理的原则，超出了行政职责范围，在程序上是错误的，是越权行政。

财政部则对此回应，根据《企业国有资产产权登记管理办法》及《企业国有资产产权登记管理办法实施细则》的相关规定：财政部负责中央国有企业以及中央国有企业投资设立的企业的国有资产产权登记工作。而十三冶四公司金属制品厂是作为中央国有企业十三冶投资设立的，其国有资产产权登记工作理应由财政部负责办理；同时，山西省各部门的文件只是地方上的规范性文件，不能作为法律依据。

关于财务报告审计问题，戴武威认为财政部在向金属制品厂颁发产权登记证时，依据的是由山西智博会计师事务所于 2000 年 3 月出具的审验报告，该报告认定：该公司注册资本为 100 万元，由十三冶四公司于 1988 年投入。但该会计师事务所之后出具给山西省产权事务中心的“说明函”中，却又对此作了特别声明：经查证，该厂（十三冶四公司金属制品厂）原始注册资金5万元整，1996年变更为100万元。

对此，财政部坚称办理产权登记证是严格按照规定的程序和要求进行的。

关于注册资本归国有与事实不符问题。戴武威认为：金属制品厂作为一家集体所有制企业，自成立以来没有任何一家国家授权的投资机构或国有企业向其投入国有资本或国有法人资本。根据国家有关规定该厂的产权毫无疑问应归企业集体和个人所有。

财政部辩称金属制品厂是由十三冶四公司创办，其5万元注册资金是由十三冶四公司开发部和河津工程指挥部资金投入的。由于十三冶四公司开发部与河津工程指挥部均为十三冶四公司所属内部核算单位，不具有独立法人资格，他们对十三冶四公司金属制品厂的原始投资应视为十三冶四公司的投资行为，产权应归国家所有。

最后，北京市第一中级人民法院作出了一审判决，该判决最终采用了国务院第192号令《企业国有资产产权登记管理办法》第四条规定：企业产权归属关系不清或发生产权纠纷的，可以申请暂缓办理产权登记。认定财政部在向金属制品厂颁发产权登记证之前，山西省产权事务中心已经对其资产作出界定。在此情况下，财政部颁发产权登记证，认定金属制品厂的资产属于国有资产的行政行为"缺乏事实及法律依据"，据此撤消财政部向金属制品厂颁发的企业国有资产产权登记证。

（3）余音

北京市第一中级人民法院的判决下达后，财政部没有提起上诉。但事情并没有因此而结束，一审中的第三人——十三冶四公司金属制品厂却于2003年1月12日向北京市高院提出了上诉，并将财政部列为第一被上诉人，要求撤消一审判决，维持财政部给金属制品厂颁发的产权登记证。

"这些事情马上就要交给国资委处理了。"2003年3月7日，金属制品厂的代理人黄志明律师说。

财政专家王福重博士指出，财政部既要负责对全民性的公共收入和支出进行预算，又要代表国家负责监管分布在全国17万户国有企业中的近11万亿庞大的国有资产，它将不堪重负。因此，在王福重看来，成立国资委是财政部"瘦身"的必然之选。

根据获得第十届全国人民代表大会通过的成立国资委的改革方案，国资委成立后，监管国有资产的职能将从财政部剥离，财政部将只负责对公共财政收入和支出进行预算。王福重认为监管国有资产的职责从财政部剥离更符合独立公平的经济和司法原则。

资料来源：2003年3月24日，《21世纪经济报道》。

案例三：国、地税机构为何分别设立？——析论中央与地方对财力资源的竞争

（1）描述

从1993年起，为配合税制改革和财政体制改革，中国税务机构实行重大改革：成立了正部级的国家税务总局，将省以下税务机构分设为国家税务局和地方税务局两个系统，中央税和共享税由国家税务局负责征收，共享税中地方分享的部分，由国家税务局直接划入地方金库；地方税由地方税务局负责征收。到1994年底，全国有27个省、自治区、直辖市基本完成地、市、县税务机构的分设组建工作。随着国、地税机构的分设，税务干部编制也大幅增加。1993年底全国税务系统人员总数为58.1万人，

到1999年初已达99.2万人，其中国家税务局系统57.5万人，地方税务局系统41.6万人。有人测算，国、地税机构的分设后，征税成本大约增加40%。

(2) 评析

为什么国、地税机构必须分设？或许从世界历史中能够找到这一问题的答案。

先看看美国历史。熟悉美国历史的人都记得，最初的“United States of America”并不是联邦制国家，而是一个邦联。联邦与邦联的区别在理论上有多种解释。但就美国历史而言，在邦联时期，邦联政府是不直接征税的，邦联政府履行职责要由各States（邦国）协商出钱。（现在人们称State为州，在邦联时期，State应称为邦国。我们在中文译名上如此精雕细刻是为了避免发生误解，因为美国毕竟离我们很远，美国建国初期离我们就更远了。而美国人自己学习了美国历史，就知道建国初期的States和现在的States虽然仍为同一个字，但内容已经大不相同了。）美国建国几年以后，刚刚取得对英作战的胜利，内部的纷争便日益激化，权力很小的邦联政府难以处理各邦国之间的矛盾，各邦国开始甩开邦联搞双边或多边协议来处理争议，邦联的生存岌岌可危。一批政治人物认为邦联体制无法满足政治、经济的需要，难以为继，各邦国必须在邦联解体和邦联改为联邦两者之间进行选择。于是产生了世界上最著名的美国联邦宪法。在短短的几年之内，“United States of America”虽然名称没有改变，但体制已经由邦联改为联邦了。与我们讨论的问题有关的也是令人深感兴趣的是，在美国联邦宪法中，各States决定授予联邦政府的诸项权力中，赫然列在首位的是征税权！也就是说，美国人想建立一个真正的中央政府时，他们认为这个中央政府所需要的权力中最重要的是征税权。当然他们也为宪法生效后的各States（州）保留了自己的征税权。有人认为美国宪法史的主要脉络之一，就是中央、地方权力分配变动的历史，还有为美国没有和欧共体国家一样实行增值税，主要原因之一是实行增值税必须剥夺目前各州保留的征收零售税的权力，而这是各州难以接受的。我们不准备对这些观点进行深入的讨论，只是想通过这些材料说明，征税权对中央政府的重要性。是否可以说征税权是中央政府的生命线之一，是不可缺少的生存条件？

再看看苏联解体的历史。苏联解体的原因非常复杂，也不是我们讨论的内容，但下面的史实也不能不令我们思考。

1991年3月，苏联联盟委员会通过新联盟条约草案提交各共和国最高苏维埃审议，包括俄罗斯在内的多数共和国都表示愿意签署新联盟条约。这个条约大大缩小了联盟的权力，扩大了各共和国的权力。但在谈判中关于征税权的问题却成为分歧焦点之一。戈尔巴乔夫要求改变原征税体制，联盟政府要拥有征税权。为此他不惜以退出谈判来向对方施加压力。但叶利钦与其他共和国坚决不肯让步，即使戈尔巴乔夫退出会议也在所不惜。最后，在共和国承诺上缴部分收入的前提下，征税权仍由各共和国行使，联盟征税权被否定。历经“八一九”以后的风云变幻，一切保留苏联的努力均告失败，苏联最终解体了。但在我们阅读一些历史材料时，一个小小的细节会令我们感兴趣：伴随着各共和国独立的过程，先有一些共和国拒绝向苏联财政部上缴税收，经戈尔巴乔夫请求，俄罗斯仍承担上缴任务。也就是说，戈尔巴乔夫要依赖叶利钦领薪水了。最后在叶利钦宣布不再向苏联财政部上缴收入之后的第3天，苏联政府就彻底关门了。

苏联的解体是20世纪末期最深刻而复杂的事件之一，我们当然不能认为征税权发挥了多么了不起的作用。但这些史料也不能不使我们警觉：中央政府不把握征税权行吗？

问题回到中国。众所周知，20世纪50年代初期，中国的经济体制是学习苏联的，征税体制也一样。征税权由各级政府行使，税收通过预算在各级政府之间进行划拨，以满足支出的需要。如果考虑到征税成本，将已经分设的税务机构合并，对国家税务局和地方税务局来说，困难不是不可克服。但是，谁愿意放弃自己的征税权呢？有人指望中央政府放弃征税权，再回到1993年以前的局面，这个指望恐怕是不可能的。历尽艰辛才建立起来的中央征税机构有谁会轻易抛弃呢？有人指望地方政府放弃征税权，这种可能性不能说没有，但究竟有多大就很难说了。其实，在讨论1993年税制改革方案时，中央政府的态度就很明确：中央政府建立征税机构是既定方针，如果哪个地方政府愿意委托中央征税机构征收地方收入，中央征税机构愿意承担，并且不要地方政府出经费。事实是，面对这样优厚的条件，没有一个地方政府愿意将地方收入全部委托给中央征税机构。恰恰相反，在新税制实施的几年中，看到的是不同级别的地方政府也为各自收入的征税权发生争论。所以，对两个税务机构能不能合并的问题，最好的回答就是只要哪个地方政府愿意放弃其征税权，当地的地方税务局就可以撤消并入国家税务局。到目前为止，还没有迹象表明有哪个地方政府愿意放弃其征税权，所以，在可以看得见的未来，两个税务局合并的前景是不存在的。

案例四：政府预算的年中调整意味着什么？——析论预算的经济稳定效应

（1）描述

1998年3月6日，财政部部长在全国人民代表大会第九届一次会议上作预算报告，强调1998年要继续实行适度从紧的财政政策，严格控制财政支出，中央财政赤字要比1997年的执行数560亿元减少100亿元。1998年8月，财政部向全国人民代表大会常委会提出预算调整方案获得批准。预算调整方案的基本内容是：增发1 000亿元长期国债，用于基础设施专项投资，它使中央和地方的预算支出各增加500亿元，中央财政赤字由年初预算的460亿元扩大到960亿元。如此大幅度的年中预算调整是建国以来所罕见的。那么，这种调整意味着什么呢？

（2）评析

如此大幅度的年中预算调整，意味着政府启动了积极的财政政策。积极财政政策的要义就是，在经济萧条时政府采取的旨在提升经济景气的适度扩张的财政政策。财政政策是扩张还是紧缩，判断的依据是收支变动状况。增支减收为扩张，增收减支为紧缩。何时扩张何时紧缩，要看处于经济周期的哪个阶段。如果以C为消费，S为储蓄，T为税收，M为进口，I为投资，G为政府支出，X为出口，则宏观经济均衡必须满足下面的条件：$C+I+G+X=C+S+T+M$，即$I+(G-T)+(X-M)=S$。在经济处于萧条阶段时，$I<S$，因而维持上面的等式，应使$(X-M)+(G-T)>0$。如果$X<M$，则国家必须使$G>T$。当经济处于繁荣阶段时，则国家应做相反的操作。

1998年之所以由适度从紧的财政政策改为积极的财政政策，是由以下背景所决定的。①东南亚金融危机的影响。以1997年7月2日泰国宣布放弃联系汇率制为标志而爆发的东南亚金融危机，引出一浪又一浪的冲击波。到1998年，东南亚金融危机已席卷了整个亚洲，并扩展到俄罗斯，波及拉丁美洲，进而使欧洲和美国也受到影响，其对亚洲乃至世界经济的影响之巨，大大超出早些时候一般人的估计。中国经济被认为受影响最小，但到1998年，外贸的增长幅度也明显放缓，并于1998年5月出现负增长。②金融危机的影响与经济周期低谷阶段相叠加，经济增长趋缓，并出现通货紧缩迹象。中国经济增长率（以国内生产总值增长率衡量）从1993年的13.5%回落到1997年8.8%，平均每年下降约1个百分点，这时被认为还处于比较适宜的区间，但惯性下滑并未停止。1998年上半年经济增长率仅为7%，与全年8%的增长目标形成明显差距；同时，物价水平持续负增长，1998年1月至7月居民消费价格比1997年同期下降0.4%，商品零售价格下降2.2%。③20年的改革开放终于告别“短缺经济”的局面。中国经济在改革开放前一向以供给不足为主要特征。改革开放以来，这种局面逐步改观。在几个经济周期的低谷阶段上，先后出现过1983年的“局部买方市场”，1990年的“市场疲软”，终于在1998年走到了较全面的所谓“买方市场”，市场上供不应求的商品种类已寥寥无几，供大于求或供求平衡的占绝大多数。企业产成品库存总量不断增加，1998年的企业产成品库存量已达4万亿元，约相当于国内生产总值的40%以上。④“国有经济战略性改组”带来了大量的下岗和失业人员。近20年的改革，经过一系列的前哨战和外围战，走到了国有经济战略性改组的攻坚战阶段。在“软着陆”后需求不旺的宏观环境下，为了对企业维持必要的优胜劣汰改组压力，总体上已不再沿用过去的种种优惠与关照手段挽救效益不佳的企业，而是积极促进企业的兼并重组乃至破产；加上前述内、外部增长减速因素的叠加，使微观层次困境加剧，于是出现了大量的下岗分流人员，一年约1 000余万人，失业压力增大。缓解失业压力成为决策上和社会各方所关注的大问题。⑤货币政策连续、密集运用，但政策效果不够明显。针对我国经济“软着陆”过程中的情况，货币政策方面国家采取了一系列放松银根、刺激需求的政策。1996年5月之后的两年多时间里，中央银行先后多次降低存、贷款利率，并在1998年年初取消国有商业银行的贷款限额控制（改为资产负债比例管理和风险管理），降低准备金率，颁布积极实行贷款支持的指导意见等，以求扩大企业贷款需求，刺激投资。货币政策如此连续、密集的运用，可以说是“竭尽全力”的，然而，迟迟没有产生足够明显的政策效果，其操作余地已经相对狭小。很显然，1998年年中的预算调整是英明的决策，事实也充分证明了这一点。从1998年到2001年，累计发行长期建设国债5 100亿元，国债项目投资直接带动经济增长分别为1.5个百分点、2.0个百分点、1.7个百分点和1.8个百分点。长期来，我国一直把“当年收支相抵略有盈余”看作是理想的状态。其实，判断预算收支对比结果不外乎盈余与赤字，两者的取舍一定要着眼于经济运行状况。因为与经济均衡相比较，预算平衡是第二位的，不应为达到预算平衡而置经济均衡于不顾，相反，宁可以牺牲预算平衡为代价实现经济均衡。当然，赤字与债务也不是无限度的，从这个意义上说，无论扩张的还是紧缩的财政政策，都要相机抉择而不可永恒不变。

案例五：预算监督——广东人民代表大会监督之利剑

审查和批准地方财政预算，是《中华人民共和国地方组织法》和《中华人民共和国预算法》赋予地方人民代表大会的一项主要职权。但这项职权在相当多的地方形同虚设。如何行使好法律赋予地方人民代表大会的这一神圣职责，广东人民代表大会又一次走在了全国前列。

审查批准地方财政预算，原本是地方组织法和预算法赋予地方人民代表大会的基本权力之一，但长期以来，在相当一些地方，地方人民代表大会审查批准本级财政预算的权力形同虚设，往往只是地方党委、政府"一把手"和个别分管领导"知底"。即使一些"知法"的地方政府向本级人民代表大会报告财政预算工作时，也常常采取"只让代表知道大账，不让代表知道小账"的办法，多报告"类"级预算，少报告"类"级之下的"款"级预算，不报告"款"级之下的买电脑之类的"项"级预算，导致"外行人看不懂，内行人搞不清"，人大代表也不知道政府每年到底花了多少钱，这些钱都花到哪里去了，即使最后查出政府财政上的问题了，人民代表大会的这种"事后监督"也往往没有多大效力，严重影响了人民代表大会的权威。

这种现象一方面削弱了预算的配置功能，影响了财政资金的使用效率，不符合建立公共财政框架的要求；另一方面也使人民代表大会的这项职权形同虚设，人民代表大会监督难以真正发挥效力。久而久之，政府预算资金成了"唐僧肉"，许多人打着"扶贫"、"基建"等旗号的项目从中吃了一口又一口，但项目资金的使用却往往与预算不符。

在预算监督方面，一向敢说敢做的广东人民代表大会走在了全国前列。

1. 财政腐败：人大代表呼吁加强预算监督

2000 年 7 月下旬，广东省审计厅向省人民代表大会常务委员会递交了一份《关于广东省 1999 年省级预算执行和其他财政收支的审计工作报告》，人大代表在审议时发现的情况简直触目惊心：飞来峡水利工程移民经费被挤占挪用 3. 165 亿元；7. 6 亿元扶贫审计资金中查出违纪行为金额 1 328 万元；社会保险资金被挤占。这些被挤占、挪用的预算资金被一些不法官员盖楼、买车、变现为接待费用和个人补贴、搞"账外账"。尽管违法单位和个人受到司法查处，但政府预算资金使用的这种"无计划"，既造成了政府财力紧张，也严重损坏了政府形象。看着这些令人揪心的数字，人大代表震惊了，强烈呼吁省人民代表大会常务委员加强对政府财政的监督，以法律的形式加以保证，否则必将酿成大乱。省人民代表大会常务委员会在有关决议中要求省政府改革预算编制，细化预算，将安排使用超预算收入方案、防范化解金融风险资金的使用管理和审计报告中提出的问题的处理等情况报告常委会。

2000 年 8 月 30 日，广州市第十一届人民代表大会常务委员会第 19 次会议对《关于广州市 1999 年本级预算执行和其他财政收支情况的审计工作报告》进行审议，人大代表在分组审议时普遍表示对审计报告不满意。

人大代表们指出：整个审计报告过于简单，审计局审计中到底"审"了多少部门、单位？多少部门执行财政预算时违规操作？违规金额有多大？出现财政违规使用的部门、违规金额占总数多大的比例？这些在审计报告中没有完全反映，而且含糊其辞。市审计局年年拿两个审计“有问题”的部门出来应付市人民代表大会，遮掩其他问题。代表们提出，1999 年底市审计局的内部文件反映，广州市较大的市政工程建设项目——猎德污水处理厂有严重的挪用、截留财政资金的现象，但现在在审计报告中没有得到反映。

人大代表们指出，像市水利局，1998 年、1999 年已经连续两年被“审”出有挪用、截留珠江堤防整治等专项财政资金的现象，但 2000 年的审计报告中不仅没有提供往年的处理结果，又出现新的挪用、截留问题。1999 年市水利局局长还通过了市人民代表大会常务委员会的评议，这说明审计、人民代表大会的监督还要加强。有人大代表尖锐地提出，审计局在审计报告中没有反映审计的“真实情况”，是不是有关领导担心自己的“乌纱帽”？有人大代表建议，今后凡列入审计计划的部门，市人民代表大会可以指定要求审计局报告某个部门的详细情况，以增加人民监督的主动性。

短短两个月内，省、市两级政府审计报告先后引起人大代表的不满，在广东省人民代表大会历史上十分罕见。自此，广东省、广州市人大代表对政府预算进行制度性、规范化的细化监督的呼声就一直没有停止过。广东省人民代表大会常务委员会开始将预算监督的改革列入议事日程。

2. “深圳经验”：中国预算监督改革的先驱

广东的预算监督改革从深圳开始。

深圳市预算监督机制建设在全国都处于领先地位。1995 年，深圳市第二届人民代表大会常务委员会成立时即设立了计划预算审查工作委员会，并聘请了一批各方面的专家作为顾问协助工作，在全国人民代表大会系统起了领先作用。1997 年，深圳市人民代表大会制定了《深圳市人民代表大会审查和批准国民经济和社会发展计划及预算规定》，同时还制定了《深圳市人民代表大会常务委员会监督条例》，基本构成了计划预算审查监督工作较完整的法律规范。预算审查中以推进部门预算为核心，从 1999 年开始部门预算改革试点。2001 年部门预算试点扩大到全市 1/3 的部门和单位，共 34 个部门 143 个预算单位实行了部门预算改革；2002 年，深圳市部门预算改革则全面铺开，所有行政事业单位都实行了部门预算，初步建立了适应社会主义市场经济要求的部门预算制度；当年还开展了“绩效审计”，即不仅要管住政府怎么花钱，还要管住政府花钱的效率，这又是一个创新之举。预算监督方面的“深圳经验”为后来广东省人民代表大会制定预算监督地方法规提供了实践基础。在省人民代表大会常委会的授权下，从 1998 年起，广东省人民代表大会财经委员会就在对历年来各级人大及其常委会审查监督预算及其执行情况的工作进行认真总结的基础上，组织起草了《广东省预算审批监督条例（草案）》，1999 年 11 月 9 日省人民代表大会常务委员会主任会议同意，省人民代表大会财经委员会将条例草案提交于 1999 年 11 月召开的省第九届人民代表大会常务委员会第十三次会议一审。省人民代表大会常务委员会组成人员一致认为，条例对提高预算草案的透明度，深入审查政府预算，加强各级人大及其常委会对预算的审批监督工作，将发挥重要作用。在 2000 年年初召开的广东省第九届人民代表大会三次会议上，洪志铭等 11 名省人大代表再次提出《关于加强我省地方预算审批监督工作的议案》，要求切实履行宪法和法律赋予地方人大及其常委会的职权，贯彻依法治省方略，尽早制定关于审查批准政府预算的法规，确立和完善预算审查监督程序和相关制度。2000 年 3 月初，广东省人民代表大会同深圳、肇庆、清远、茂名、怀集等市、县人民代表大会常务委员会及财经工委，参照全国人民代表大会常务委员会于 1999 年 12 月出台的《关于加强中央预算审查监督的决定》，再次对 1999 年的条例草案进行了认真细致的修改。2001 年 2 月 19 日，《广东省预算审批监督条例》获省第九届人民代表大会四次会议一致通过，并规定于 2001 年 5 月 1 日起实施。

3. “广东特色”：政府预算科目列至项级

《广东省预算审批监督条例》共分五章三十八条，分别对预算草案审查批准程序及审查的主要内容，预算执行监督的内容、程序与基本要求，预算调整的程序，决算审批程序与审查的主要内容、预算审查意见落实与反馈的基本程序、预算执行监督等作了明确规定。其最大特点就是将预算项目细化到“项级”，既有高度的透明度又具可操作性，这在全国其他省份是绝无仅有的。过去，因国家有关法律没有规定政府报送预算草案应达到的深度要求，在实际工作中，政府报送人民代表大会审批的主要是预算报告，所附的“预算草案”只是大类的数字，人大审议批准政府预算时，只掌握二十多个类级收支总数；而且，各级人民代表大会常务委员会基本上只是每半年听取一次人民政府关于预算执行情况的报告，由于内容很粗、科目不细，往往流于形式。《广东省预算审批监督条例》对政府预算报告所列的“预算科目”，从原来仅列的“类级收支总数”，扩延到具体运用的 300 多个款级、500 多个项级财政资金，增加人大预算监督的透明度。新法还规定：财政部门应在同级人民代表大会举行前向同级人民代表大会财经委员会或常委会财经工委汇报预算草案编制情况，并同时提交本级总预算草案和本级预算草案以及编制说明等详细材料，本级预算草案必须列至款级预算科目，重要的列至项级预算科目，逐步做到全部列至项级预算科目；人民代表大会批准预算后，财政部门批复本级各部门预算时，要将批复的部门预算抄报同级人民代表大会财经委员会或常委会财经工委，使人大及其常委会对预算及其执行情况有更进一步的了解。按照新法，人民代表大会常务委员会经过审议后，认为同级政府安排不适当的，可责成同级政府严格执行人代会批准的预算；省、市人民代表大会常务委员会 5 人以上，县级人民代表大会常务委员会 3 人以上，对预算执行中同一问题提出疑问或者具体要求的，人民代表大会常务委员会财经委应将意见综合向人民代表大会常务委员会主任会议汇报，经主任会议决定，可以要求政府或其财政部门做出答复。政府或其财政部门应当提交书面答复并印发常委会全体组成人员。人民代表大会不仅对政府预算草案有了更具体、透彻的了解，同时也加强了对预算执行的监督，提高了人民代表大会对政府预算监督的效力和威力。

4. 政府买一台电脑也要向人民代表大会报告

2002 年 1 月底 2 月初召开的广东省九届人民代表大会五次会议上，广东省政府向人大代表们提供了一份长达 144 页的《2002 年度广东省省级部门预算试点单位预算表》。这份预算表，细到政府部门购进一台电脑的型号、价格等都一一列出。《广东：政府买一台电脑也要向人大报告》，成为一些媒体的大号标题。“广东人大、广东人大代表真厉害！”广东省人民代表大会监督的威力再次引起全国注目。2003 年 1 月召开的广东省第十届人民代表大会第一次会议上，省政府向省人代会提交足有 3 厘米厚、1 千克以上重、605 页长的“广东省省级部门预算单位预算表”，从省委办公厅到省红十字会再到一些省直中专学校，囊括了省政府所有的 102 个部门年度预算。每个部门的预算报告都遵循一个统一的格式：开头是部门收支预算总表，分“收入”与“支出”两方面，分别列出了 2003 年度共有多少收入（预算内收入和预算外收入）、将总共支出多少等；接着是两个关于支出的明细表：一是关于基本支出（日常公用、对个人家庭的补助、离退休人员补助等）；二是项目支出明细表，分专项性公用支出、固定资产购建、大修理专项、基本建设专项、其他项目支出等。报告将支出的每一个专项都列得清清楚楚，内容包括项目类别、项目名称、资金来源和简要说明等。所有的报告都详细到每一个具体的项目，比如某部门的单位食堂要整改、办公楼天花板要修理等。在项目外，还对用钱的理由作出说明，诸如“单位食堂拟社会化，因此需重新改造”等。102 个省级部门的预算总金额达 220 亿元，其中 105 亿元为预算内资金，另外 115 亿元为预算外资金。如此厚度的“预算草案”，让与会代表感慨不已：两年前我们能看到的全省预算报告用一张纸就写完了——简略得让人看不懂；今天这张纸居然变成了一大本书，让人看不完。2001 年，广东省政府部门首次开始向省人民代表大会提交部门预算，但当年提交的只有 7 个部门。2002 年，政府向省人民代表大会提交的预算报告扩展到 27 个部门。2003 年，全省 102 个省级部门全都向人民代表大会提交了预算报告，并在开支流向中列到了“项”。从“7 个政府部门”到“102 个政府部门”、从“类”到“项”、从“一页”到“605 页”，体现了广东省人民代表大会对省政府预算监督力度的加大。

5. 抽掉财政腐败的温床

广东省人民代表大会在预算监督上所为，引起业界、学术界和传媒的广泛好评。有人指出：广东省人民代表大会在财政预算审批中这种从形式上的审查批准走向实质性的审查批准这一创新之举，遏制了地方人大审查批准本级政府财政预算时普遍存在的不作为现象，降低了财政预算执行中相伴而生腐败的机率，代表人民攥紧了“钱袋子”。

2002 年年初，《广州市人民代表大会审查批准监督预算办法》也正式出台，《办法》中要求计划部门在起草计划过程中，通知人民代表大会财经工委参加计划工作会议和其他专业会议，保障人民代表大会的知情权。2002 年 7 月，广州市人民代表大会常务委员会在财经工委内增设了预算监督处，编制 4 人。2002 年年底，广东省人民代表大会常务委员会建立了预算监督室，加强事前审批与事后监督，从机构设置上进一步加强人民代表大会预算监督的力度。透明而高度细化的人民代表大会预算监督机制的确立，从根本上加大了广东省人民代表大会对“一府两院”的监督力度，有效地规避了“一府两院”及其官员对财政资金的乱用，减少了政治腐败和社会经济的发展风险。2002 年，深圳市人民代表大会在对市政府的预算审查中，代表们提出，在电脑设备的购置上，有的部门一台电脑支出两万多元，有的不到一万元，无统一标准，要求市政府制定。对深圳某市级医院要求购置先进的核磁共振设备，代表们认为，市里同类设备已有五六台，再添置会造成资源浪费，且不利于医疗资源共享。这些意见都纳入了审查报告，并得到大会采纳。尽管目前这种“细微而具体”的预算监督在广东及各级地方人民代表大会中还不多见，但这种人民代表大会监督的方向却不可逆转，正是人民代表大会这种职权淋漓尽致的发挥，才使政府在“钱袋子”向外支出时有所顾虑：是否用得妥当、用得合适，否则就会遭到代表们的质疑和责难。这是广东社会政治民主进步的一种突出表现。记者在私下与广东一些政府官员聊天时，“怕人民代表大会”已经成为他们潜意识中的一根紧绷的弦。特别是一些计划、财政方面的官员，在编制政府预算报告时，不敢有丝毫的懈怠，惟恐出了错，被人民代表大会或人民代表大会代表揪到“小辫子”；在财政开支上，也大大减少先前的随意性，花一分钱都要算计半天：这能通过人民代表大会那一关吗？特别是政府每年一度的审计报告，有关的政府审计官员常常担心不能被人民代表大会通过。有人以“广东现象”或“广州现象”来说明广东省人民代表大会及人大代表的公信力和权威性。广东的市场经济发展相对比较成熟，市场经济公正、公平、公开的原则大都已经深入人心，这不仅表现在人民代表大会及人大代表的行为上，“一府两院”官员及工作人员的这种市场经济观念也贯穿到他们的日常工作生活当中，对于人民代表大会监督并非视若“洪水猛兽”，尽管“监督”到自己头上时有些懊恼，但大都可以接受，并不完全持一种绝对排斥的态度，甚至还会为人民代表大会及人大代表的监督助威。这是一种很厚实的社会基础。没有这种观念上的共通，广东地区风起云涌的人民代表大会监督不会起到如今这样的社会效果。

二、作业与思考题

简答题

1. 简述税收管辖权的内容。
2. 简述国际重复征税的影响。
3. 减除国际重重征税的方法有哪些？
4. 实行税收饶让有何意义？
5. 国家应如何优化我国的关税政策？
6. 目前我国出口退税制度存在的问题有哪些？
7. 外债的功能有哪些？
8. 我国的外债种类与结构有何特点？
9. 如何正确选择外债种类和结构？

三、作业与思考题参考答案

简答题

1. 答：税收管辖权指一国政府有权自行决定对哪些人课税、课征哪些税和课征多少税。①属地原则与地域税收管辖权。一个主权国家政治权力所能达到的范围，是指这个国家所属领土的全部空间，包括领土、领海和领空；有权对发生在本国疆界范围内的所得征税。②属人原则与居民（公民）税收管辖权。一个主权国家，可以对它的公民或居民充分行使其政治权利，可以对本国公民或居民在全世界范围内取得的收益征税。③不同税收管辖权同时并用。

2. 答：①它会加重跨国纳税人的负担。②它违反了税收的公平原则。③它会阻碍国际经济的发展。④它会影响有关国家之间的财权利益关系。

3. 答：国际重复征税减除，实际是指行使居民（公民）税收管辖权的国家，通过优先承认纳税人向行使地域税收管辖权国家缴纳税收，借以减除国际重复征税的一种形式。减除国际双重征税的方法有：①免税法。居住国对本国居民来源于外国的跨国所得，在一定条件下，免于征税的一种消除国际重复征税的方法。②扣除法。居住国政府允许跨国纳税人将其向外国政府缴纳的所得税额，作为扣除项目从应税所得中扣除，就扣除后的余额计征所得税。居住国应征所得税额 =（居民国内、国外总所得 - 国外已纳所得税）× 适用税率。③抵免法。居住国政府在税法规定的限度内，允许本国居民用已缴纳收入来源国政府的所得税税额，来冲抵应缴纳本国政府所得税税额。居住国应征所得税额：居民总所得 × 适用税率 - 允许抵免的已缴来源国税额。④税收饶让，一国政府对其纳税人从国外得到的优惠减免的所得税款，视同已纳税款，准予抵免的一种特殊抵免措施。目的是为了使税收优惠确确实实地落在纳税人身上。

4. 答：税收饶让是税收抵免的延伸或扩展，与税收抵免有着极为密切的联系。因而，在研究税收抵免时必须涉及税收饶让。

税收饶让是指一国政府对本国纳税人在国外得到减免的那一部分所得税，同样给予抵免待遇，不再按本国规定的税率补征。在目前世界经济中，发展中国家为了吸引外国资本到本国投资，往往在税制上特别是对所得税给予许多减免优惠待遇。如果资本输出国（主要是发达国家）不给予税收饶让，则发展中国家给予的减免，会转化为发达国家的税收，而纳税人本身得不到任何好处，从而使税收抵免失去意义。实行税收饶让，可以维护投资者的利益，鼓励外国投资。

5. 答：根据关税保护理论并结合我国现实情况，我国应在关税税种结构、关税税率结构以及关税减免等方面优化关税政策。

（1）建立多元化关税制度结构。无论从保护重点产业还是从增加税收角度来看，完善多元化关税制度结构，建立全方位的关税税种是非常必要的。我国目前主要实行的是传统的从量关税、从价关税、复合关税以及配额关税，还应当设置差额税、季节性关税、反倾销税和反补贴税。特别是在与国际惯例接轨过程中，国家应积极考察开征反倾销税和反补贴税，改变过去单凭税率调整来保护国内生产和消费的局面，以提高我国产品在国际市场上的竞争力。

（2）完善关税税率结构。从理论上来说，合理的关税税率应根据产品的加工程度，建立逐步升级的税率结构，即原材料进口免税，中间投入品免税或轻税，最终产品重税即税率最高，目的在于对最终产品的有效保护程度大大高于名义关税税率水平。目前，我国应选择部分重点扶持产品。在降低税率的同时，拉大原材料、半成品和制成品之间的税率差，使重点产品在整体关税水平降低的同时，仍能得到较高的关税实际保护水平。

(3) 严格控制关税减免。随着我国关税制度的不断完善和关税水平的逐步降低，关税减免政策的效应与作用逐渐弱化。过去许多不规范的且名目繁多的关税减免，造成我国实际关税税率大大低于名义税率，导致大量税收流失。根据市场效率原则，关税减免有不利于市场公平竞争的原则，因此，我国今后应当严格控制关税减免。

6. 答：(1) 出口货物退税运用范围较窄。目前，我国出口退（免）税仅限于增值税和消费税，并未涵盖所有间接税，与世界贸易组织规则及国际税收惯例还有差距。

(2) 两种类型的退税管理办法的运用存在问题。"免、抵、退"税办法因其先进性和科学性而成为当今国际上流行的一种出口退税管理办法。但是，我国采用这一方法时附加了较多的限制条件，已在一定程度上削弱了"免、抵、退"税办法自身的优势。

(3) 对不同的出口企业采取不同的退（免）税办法。不同的退税办法，对不同的企业在政策运用和退税结果上是有所不同的，从而导致退税受益上的差异。在加工贸易出口上，对来料加工两头在外的企业采取免税，导致企业放弃使用国内原材料而盲目使用进口原材料，这不利于我国发展出口代替品。

(4) 现行不同出口货物退税率不一致。目前不同货物的出口退税率不一致，且出口货物退税率调整频繁。一般来说，在出口形势较为严峻时，国家就会适当调高出口退税率，以达到鼓励出口的目的；当出口形势较为宽松时，国家会调低出口退税率，以减轻出口退税额激增给国家财政造成的压力。

(5) 出口退税管理制度不完备。出口货物退税涉及外经、海关、税务、外管、工商、技监等多个政府职能部门，各职能部门对其行政执法都有自己的一套管理体系，但由于各部门之间联系不紧密，协作配合不到位，电子信息化手段不衔接，容易产生重复交叉和执法盲点，给骗税分子以可乘之机，也给相关出口企业带来不必要的麻烦。

7. 答：(1) 平衡政府的国际收支。任何参与国际政治经济活动的国家都有国际收入和支出，而国际收入和支出的关系也有平衡、盈余（顺差）和赤字（逆差）三种状态。国际收支是用外币核算的，国际收支出现逆差也必须用外币来弥补。当国家拥有外汇储备时，可以动用外汇储备弥补当年国际收支逆差，而当外汇储备拮据时，就需要举借外债来弥补。外债的这一功能与内债弥补国内财政赤字的功能是相同的，只是形式不同而已。

(2) 筹集建设资金是外债的主要功能。举借外债的首要目的是补充国内建设资金的不足，加速本国的经济建设。这种功能表现在两个方面：一是通过举借外债，购入本国短缺的原材料和设备；二是通过举借外债，引进先进设备和先进的科学技术，促进本国生产效率的提高，并最终实现民族经济的腾飞。

(3) 外债的经济调节功能是"增量型"的。外债首先表现为资金的流入，也就是国内资金的增加，同时反映社会可支配商品量的增长。当社会总需求超过总供给时，举借外债使外国商品流入来可以缓解供求关系；当社会产业结构或产品结构失调时，举借外债可以使薄弱的环节得到加强，而又不影响其他产业和产品生产的正常发展。

总之，外债的总量调节不是“压”而是“补”，外债的结构性调节不是调减而是加强，是一种“增量”的或“注入式”的调节。这与内债通过对社会资源再分配进行的“消长式”调节是不同的。

8. 答：(1) 我国的外债结构中外国政府贷款和国际金融机构贷款的比重较大，商业银行贷款较小，发行外币债券收入目前还较少，这是与我国的经济条件相适应的。

(2) 外债余额中长期债务所占比重越来越高，短期债务的比重从18%左右逐渐下降到11%左右，大大低于短期外债占全部外债25%为上限的外债期限结构标准，这非常有利于我国长期经济建设资金的稳定需要。

(3) 我国近年来的外债余额规模虽然增长较快，但外债风险指标都在国际公认的安全线之内，这说明我国外债在现有基础上仍可以适当增加。

9. 答：正确选择外债种类和结构是合理运用外债的重要环节。

(1) 从外债种类选择上看，国际金融机构和外国政府的贷款条件一般比较优越，即低息或无息，偿还限期较长，但贷款用途往往受到一定限制。外国商业银行贷款的利息较高，但限制条件较少，资金来源比较充裕。向国外发行外币债务的限制条件最少，但要顺利发行，发行国政府必须具备较高的国际信誉，而且利息高，发行费用大。各国政府在举借外债时，必须根据资金用途和偿还条件来权衡利弊，对各类外债加以选择。

(2) 从外债结构选择上看，外债期限结构合理才有利于外债的还款和使用，在可能的情况下国家应尽量扩大长期债务，减少短期债务。外债币种结构合理与否的主要标准是尽量不要单纯采用一种外币计价，而以“硬币”与“软币”搭配为好。外债持有者结构或外债来源结构的合理化，应是资金来源分散，持有者广泛。这种结构可以扩充外债渠道，币种容易搭配，不致受某一个国家的控制。

参考文献

[1] 韩晓琴. 扩大内需的财政支出结构的优化选择. 中共南京市委党校学报，2009（5）.

[2] 刘汉屏. 公共财政与公共财政政策选择. 财政研究，2001（7）.

[3] 张馨. 公共财政论纲. 北京：经济科学出版社，1999.

[4] 哈维 S 罗森，等. 财政学. 4 版. 郭庆旺，赵志耘，译. 北京：中国人民大学出版社，2000.

[5] 程晋烽. 中国财政支出的绩效管理研究. 北京：中国市场出版社，2009.

[6] 朱志刚. 财政支出绩效评价研究. 北京：中国财政经济出版社，2010.

[7] 宋友春. 财政支出绩效评价面临的问题及对策. 天津：南开大学出版社，2008.

[8] 李琮. 当代资本主义的新发展. 北京：经济科学出版社，1998.

[9] 成思危. 虚拟经济理论与实践. 天津：南开大学出版社，2003.

[10] 胡锦涛. 高举中国特色社会主义伟大旗帜，为夺取全面建设小康社会新胜利而奋斗. 北京：人民出版社，2007.

[11] 谷书堂. 社会主义经济学通论. 北京：高等教育出版社，2006.

[12] 阿兰·鲁格曼. 全球化的终结. 常志霄，沈群红，熊义志，译. 北京：生活·读书·新知三联书店，2001.

[13] 段炳德. 包税制的条件历史形态与成本效益的分析. 财经论丛，2005（6）.

[14] 赵云旗. 中国分税制财政体制研究. 北京：经济科学出版社，2005.

[15] 张道庆. 论我国分税制立法的完善. 行政与法（法学论坛），2004（10）.

[16] 曾国祥. 税收管理学. 北京：中国财政经济出版社，2003.

[17] 马洪. 什么是社会主义市场经济. 北京：中国发展出版社，1993.

[18] 吴树青，等. 政治经济学（社会主义部分）. 北京：中国经济出版社，1993.

[19] 程恩富. 现代政治经济学. 上海：上海财经大学出版社，2006.

[20] 洪银兴. 现代经济学. 南京：江苏人民出版社，2000.

[21] 迈克尔·帕金. 经济学. 梁小民，译. 北京：人民邮电出版社，2003.

[22] 高鸿业. 西方经济学（宏观部分）. 北京：中国人民出版社，2003.

[23] 张馨. 比较财政学教程. 北京：中国人民大学出版社，1997.

[24] 熊毅. 我国财政政策的评价. 人大复印资料体制改革，2005.

[25] 刘溶沧. 积极财政政策的理论分析与政策评价. 北京：社会科学文献出版社，2001.